ENCORE UNE LETTRE

DE

MONTAIGNE.

Paris. — Imprimerie Gerdès, rue St-Germain-des-Prés, 14.

RÉPONSE

A UNE

INCROYABLE ATTAQUE

DE LA

BIBLIOTHÈQUE NATIONALE

TOUCHANT UNE LETTRE DE

MICHEL DE MONTAIGNE

PAR

F. FEUILLET DE CONCHES

BILBOQUET. — Gringalet, ne laisse rien traîner.
GRINGALET. — Cette malle est-elle à nous?
BILBOQUET. — Elle doit être à nous!!

(*Les Saltimbanques*, acte I, scène XI, par M. DUMERSAN, conservateur adjoint à la Bibliothèque nationale.)

PARIS

LAVERDET, EXPERT EN AUTOGRAPHES
24, RUE DU HELDER

ET CHEZ LES LIBRAIRES

AMYOT
8, RUE DE LA PAIX

P. JANNET, SUCCESSEUR DE SILVESTRE
28, RUE DES BONS-ENFANTS

POTIER
9, QUAI VOLTAIRE

TÉCHENER
20, PLACE DU LOUVRE

1851

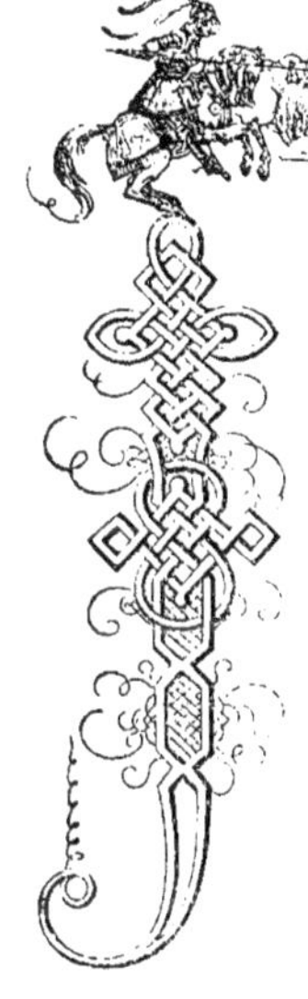

J'ai à répondre devant le tribunal civil à M. Naudet, administrateur général de la Bibliothèque nationale, qui m'intente un procès en revendication d'une lettre autographe de Michel de Montaigne que je possède depuis trente ans, dont l'indication nominale et descriptive n'existe sur aucun catalogue, sur aucune note du dépôt, une lettre qu'on suppose avoir été arrachée, au temps jadis, d'un volume de la collection Dupuy, et que cependant aucun de ses caractères extérieurs ne rattache à une propriété de l'État.

Ici M. Naudet soutient deux thèses : une de principe et une de fait, à savoir, la première : qu'on ne peut prescrire contre la Bibliothèque, et qu'elle a le droit de reprendre partout où elle le trouve, entre les mains d'un possesseur de bonne foi, tout manuscrit ou lettre entré dans son dépôt et qui en serait sorti, n'importe à quelle époque, même non estampillé, même vendu par elle; car elle a vendu. Et, par suite de cet axiome à son usage, subversif de toute possession ancienne et de bonne foi, mais dont, il est vrai, aucun arrêt de la cour suprême n'a consacré la jurisprudence, M. Naudet établit en fait que mon autographe de Montaigne doit revenir à la Bibliothèque comme ayant appartenu autrefois à cet établissement.

Les preuves dont il s'appuie ne sont point des preuves, ce ne sont que des allégations fondées sur les assertions irréfléchies d'une brochure récente, dont l'échafaudage tombe à l'examen ; car la brochure elle-même n'a d'autre fondement que l'erreur d'un témoignage ancien auquel des témoignages vivants viennent formellement donner un démenti. En pareille matière, ce qui n'est point palpable équivaut à ce qui n'existe pas.

Avant d'entrer dans le cœur de la discussion, et de démontrer combien il est fâcheux qu'une administration publique se commette à intenter une action si peu justifiée, je vais, pour plus de clarté, exposer les antécédents de l'affaire. Qu'il soit bien entendu toutefois, avant d'aller plus loin, que je ne combats point contre la Bibliothèque tout entière, je veux dire contre tous les hommes qui en composent le Conservatoire : il est parmi eux tels personnages distingués par le savoir et par le caractère contre lesquels je n'accepterais pas une lutte. Mes adversaires sont M. Naudet, l'administrateur général de cet établissement public, et M. Barthélemy Hauréau, conservateur des manuscrits depuis la révolution de février. J'aperçois bien aussi dans la coulisse quelques ombres qui tiennent les fils de la scène où l'on tente à faire de moi une victime; celles-là, nous les prendrons en flagrant délit dans le cours de cette note; chacune, sans exception, aura son tour. En résumé, je m'étudierai soigneusement à ne laisser échapper de ma plume rien de hasardé; je ne veux ici d'autre ornement ni d'autre force que l'exactitude et la vérité.

I.

De la lettre de Montaigne avant le procès.

Il y a trente ans, disais-je, que je possède l'autographe de Michel de Montaigne, et, comme aussi bien faut-il nettement connaître l'objet en litige, je vais ici en transcrire le texte et en donner le *fac-simile*.

« Monsieur l'action du Sr de Uerres prisonnier qui m'est tresbien conue merite qu'a son iugemant vous aportes uostre douceur naturelle si en cause du monde uous la pouues justemant aporter. Il a faict chose non sulemât excusable selon les loix militeres de ce siecle mais necessere et come nous iuiôs (jugeons) louable et l'a faict sans doubte fort presse et enuis (1). Le reste du cours de sa uie n'a rien de reprochable. Je uous supplie monsieur y ẽploier uostre attantion. Uous trouuerres lair de ce faict tel que ie uous le represante qui est poursuiui par une uoie plus malitieuse que n'est lacte mesmes. Si cela y peut aussi seruir ie vous ueus dire que c'est vn home nourri en ma maisô apparâte (apparenté) de plusieurs honestes familles et surtout qui a tousjours uescu honorablemât et innoçamât qui m'est fort ami. En le sauuant uous me charges d'une extreme obligatiô ie

(1) Malgré lui, *invitus*.

vous supplie treshûblemât l'auoir pour recôande (recommandé) et apres uous auoir baise les meins prie Dieu vous doner

« Môsieur lôgue et heureuse vie

« Votre affectione

« seritur

« Du Castera, ce 23 dauril.

« Môtaigne. »

Au dos est écrit : *A monsieur monsieur du Puy, Conseillier du Roy en sa Cô de Parlement de Paris a Xaintes* (1).

J'avais fait beaucoup de recherches, d'analyses, de copies aux archives des Affaires étrangères, dans ma jeunesse, pour Pierre Lémontey, de l'Académie française, que Napoléon avait, dès 1808, chargé d'écrire l'histoire de France durant le XVIIIe siècle, et qui ne commença à tenir parole que sous la Restauration. Quand il eut publié comme introduction à son entreprise l'*Essai sur l'Établisse-*

(1) La lettre ne porte point de millésime, et il faut quelques recherches pour le trouver avec précision. Il paraît évident que l'épître est adressée à Claude Dupuy, conseiller au parlement de Paris en 1576, mort en 1594, père de deux frères à qui l'on doit les belles collections de manuscrits qui sont à la Bibliothèque nationale, et dont nous aurons si souvent l'occasion de parler dans le cours de cet écrit. Quand Montaigne écrivit cette lettre, il est probable que Claude finissait la troisième et dernière année de sa mission pour la pacification des choses de la religion dans les provinces d'Aquitaine et de Saintonge, où il avait été envoyé, lui quatorzième, avec son beau-frère Jacques-Auguste de Thou, le grand historien, sous la présidence de Pierre Séguier. La commission avait été créée dans les premiers mois de 1581, en suite des articles signés à Fleix, près de Sainte-Foix, dans le château du marquis de Trans, le 26 novembre 1580, par le duc d'Anjou et Henri de Navarre en personnes; ratifiés à Blois par Henri III, le 26 décembre suivant, et enfin registrés en parlement le 26 janvier 1581. (Voir Benoît, *Histoire de l'édit de Nantes*, dans les preuves du tome Ier, page 54, et le *Corps diplomatique* de Dumont, tome V, page 381.) La commission siégea d'abord, dit le livre de Riault (*Viri amplissimi Petri Puteani Vita*, p. 11 et 12), à Bordeaux (*Burdigalæ*); ensuite à Agen (*Aginni Nitiobrigum*), où elle était encore le 5 décembre 1582; de là elle passa à Périgueux (*Vesunæ Petrocoriorum*), et en dernier lieu à Xaintes (*Mediolani Santonum*). On peut donc en inférer que la lettre est du 23 avril 1584, puisqu'elle est adressée au dernier siége de la commission.

ment monarchique de Louis XIV, il chercha le moyen de reconnaître mes bons offices gratuits. Sachant que je n'eusse pas accepté de l'argent et que j'étais amateur de curiosités autographiques, il me fit cadeau de la lettre de Montaigne et de quelques autres pièces (1). Ce Montaigne devint mon plus cher autographe, parce que ce fut longtemps le seul réellement important que j'aie possédé.

Peu expérimenté alors à reconnaître l'authenticité des écritures, n'ayant d'ailleurs jamais vu d'autographes de Montaigne, je me renseignai auprès de l'auteur du livre de *la Troade*, M. Lechevalier, attaché jadis aux Affaires étrangères sous M. de Talleyrand, puis nommé par M. de Champagny conservateur de la bibliothèque Sainte-Geneviève. Lechevalier me donna un mot pour l'abbé de Lespine, alors employé au département des manuscrits à la Bibliothèque royale, homme d'étude et de vieille expérience. C'était en 1820.

M. de Lespine me parut lire la pièce avec un intérêt tout particulier. Il la baisa. Il me déclara ensuite qu'en sa qualité de Périgourdin, il avait beaucoup cherché des lettres de Montaigne; qu'il n'en avait

(1) Les hommes qui ont joui de quelque célébrité ont presque toujours deux réputations. Pour savoir au juste sur eux la vérité, il faut avoir consulté ceux qui les ont vus de plus près et en déshabillé. Lémontey en est la preuve entre cent autres. On a mené grand bruit de l'avarice de ce littérateur excellent, à l'afféterie près. J'accorderai, si l'on veut, qu'il laissa à sa mort une fortune considérable dont il avait paru faire bien peu d'usage. Mais pour moi, qui l'ai vu souvent et qui ai connu beaucoup de détails de son intimité, c'est un devoir de déclarer que cet homme dur à lui-même se donnait le plaisir de distribuer de l'argent à de pauvres gens de lettres ou à des compatriotes malheureux. Son seul soin était de cacher sa main timidement et délicatement généreuse. Combien de fois ne m'a-t-il pas chargé de la distribution de sommes très-fortes! Il m'avait même demandé de lui découvrir des misères intéressantes, et, en me faisant cette prière, il me dit un jour ce mot dont je suis encore touché : « C'est un secret que je vous confie pour vous rembourser du temps que vous m'avancez. »

Cet homme, qui paraissait froid, avait une sensibilité profonde dans les questions d'humanité. Membre de l'Assemblée législative en 1791, il avait eu mission de faire un rapport sur les horreurs commises à Avignon par Jourdan *coupe-tête* et son acolyte; sa voix fut étouffée dans ses larmes, et il fut forcé de descendre de la tribune sans pouvoir achever.

jamais vu l'écriture, *la Bibliothèque n'en possédant pas;* qu'il ne pouvait dès lors par la comparaison établir l'authenticité de ma lettre, mais que tous les caractères extérieurs et paléographiques de la pièce la lui faisaient considérer comme autographe et de bon aloi. Sur ce, je me retirai, ne soupçonnant guère qu'au bout de trente ans la douane de la rue de Richelieu s'aviserait de me demander pour cette même pièce un acquit-à-caution.

Quatorze ans après, en 1834, Mme veuve Delpech avait fait lithographier pour son bel ouvrage de l'*Iconographie française* (1) une lettre de Montaigne empruntée au cabinet de Mme la comtesse Boni de Castellane. La feuille allait paraître, quand le scrupuleux éditeur, ayant appris par Mme de Castellane elle-même que l'autographe avait été argué de faux à la vente de la collection de cette dame, supprima la planche et me demanda de lui confier mon Montaigne pour en substituer le *fac-simile* à la feuille répudiée. Je prêtai ma lettre, et le *fac-simile* nouveau parut dans l'*Iconographie* avec cette indication : « Tiré de la collection de M. Feuillet. »

Ainsi, ma possession était déjà connue à la Bibliothèque depuis 1820. Elle va être de notoriété publique en 1837.

En effet, à cette époque, M. le docteur Payen, qui professe un culte particulier pour l'auteur des *Essais*, et qui a publié d'excellentes recherches sur ce grand sceptique (2), me fut adressé par un de mes confrères, et vint voir mon autographe. Ce fut alors que, de sa bouche et par la lecture de son travail bibliographique, j'appris ce que j'avais ignoré jusque-là, ce que le docteur lui-même n'avait appris que cette même année, à savoir, que ma lettre avait déjà paru

(1) ICONOGRAPHIE FRANÇAISE, *ou portraits des personnages les plus illustres qui ont paru en France depuis François Ier jusqu'à la fin du règne de Louis XVI*, grand in-folio. Paris, veuve Delpech; 1828 et années suivantes.

(2) NOTICE BIBLIOGRAPHIQUE SUR MONTAIGNE, par J.-F. Payen, D. M., parue d'abord en tête de l'édition des *Essais* de Montaigne donnée en 1836, par Buchon, dans le *Panthéon littéraire*, et publiée séparément, en 1837; Paris, imprimerie de Duverger, in-8°.

DOCUMENTS INÉDITS OU PEU CONNUS SUR MONTAIGNE, recueillis et publiés par le même. Paris, J. Téchener, 1847, in-8°.

lithographiée, dix-sept ans auparavant, au premier volume d'un livre intitulé *Galerie française* (1).

Téchener me procura ce livre dans lequel des notices sur nos illustrations nationales sont accompagnées de leurs portraits en lithographie, et le plus souvent de *fac-simile* de leur écriture. Je trouvai, en effet, vis-à-vis de la page 138 du premier volume, à la suite d'une étude sur Montaigne par M. Villemain, le *fac-simile* de ma lettre. Dans les notes rejetées à la fin du tome, et qui commencent à la page 277, l'éditeur, pour faciliter la lecture des autographes dont le déchiffrement est difficile (l'autographe de Montaigne est de ce nombre) à cause des abréviations, en donne la traduction (2). Il fait précéder celle de Montaigne par ces mots : *La lettre suivante est la seule de Montaigne que possède la Bibliothèque royale; elle fait partie du volume ayant pour titre :* Lettres françaises de divers grands hommes, *et est adressée à M. Dupuy, conseiller du roi en sa cour et parlement de Paris.*

Tel est le témoignage fondamental sur lequel repose tout le procès et qui, en dépit de l'adage de droit, vaudrait titre à la Bibliothèque nationale. Nous verrons en son temps quelle est la valeur de ce témoignage.

Une fois le mot donné par la *Galerie française*, le premier éditeur qui vint à publier les *Essais de Montaigne* (ce fut Amaury Duval, de l'académie des Inscriptions), ne manqua pas de reproduire le texte de la lettre avec cette note : « Dans la copie, on a suivi l'orthographe de l'auteur, dont l'original existe à la Bibliothèque royale. » Interpellé ensuite par M. Payen sur quelle autorité il avait donné cette mention d'origine, il le renvoya candidement à la *Galerie*

(1) Trois volumes in-4°. Paris, Lefort, 1821-1823. C'est un livre aujourd'hui au rabais qui devait avoir un volume de plus et n'a été achevé qu'en 1830.

(2) « I'escris mes lettres tousiours en poste, et si precipiteusement, que, quoyque ie « peigne insupportablement mal, i'aime mieulx escrire de ma main que d'y en em- « ployer une aultre; car ie n'en treuve point qui me puisse suyvre, et ne les transcris « jamais... »

(*Essais*, I, 39.)

française, qu'il avait, disait-il, copiée sans remonter plus haut (1). Il y paraissait d'ailleurs à l'orthographe inexacte de son texte, qui était littéralement celle de la transcription imprimée dans les notes de la *Galerie*, nullement celle de l'original.

Duval avait copié en 1823; il fut copié à son tour, en 1826, par M. Joseph-Victor Le Clerc, de l'Institut, qui donna sa belle et bonne édition des *Essais* dans la collection des *classiques* de M. Lefèvre. Même mention d'origine, même orthographe inexacte d'auteur. M. Le Clerc s'était borné à citer Duval et n'était pas plus que lui remonté à l'original.

Ce fut seulement en 1836 que, pour la rédaction de sa *Notice bibliographique* insérée au *Panthéon littéraire*, M. le docteur Payen songea le premier à vérifier *de visu*, de concert avec Buchon, à la Bibliothèque royale, l'assertion de la *Galerie française*. Buchon consigna dans ses *notes* le mauvais succès de ses démarches, et renvoya à la notice de son collaborateur. Voilà, du moins, un éditeur qui fait prudemment ses réserves; mais pour un qui veut être exact cent n'ont souci de l'être. Ainsi, cette note de Duval devenue traditionnelle, bien que réfutée par le *Panthéon littéraire* : « On a suivi l'orthographe de l'auteur, dont l'*original existe à la Bibliothèque royale*, » s'obstine et se reproduit encore en 1830, dans l'édition à deux colonnes de Furne et L. Debure. Il y a mieux, les éditeurs

(1) « Il m'avoua qu'il s'était peu occupé de son Montaigne, et il enviait ce qu'il appelait mon bonheur de pouvoir m'occuper à fond, avec amour, d'un auteur de mon goût. Il me raconta que c'était par hasard et non par direction de ses études qu'il avait été amené à donner un *Montaigne* et un *Charon*. Il avait marié sa fille à M. Chasseriau, le libraire, lequel l'avait engagé à lui fournir quelques publications; il imagina de donner une collection des *Moralistes français*. Pour Montaigne, il fit, ou fit faire, un choix des notes des éditeurs qui l'avaient précédé; il choisit dans l'exemplaire des *Essais* annoté par Naigeon, qu'il venait d'acquérir récemment, les notes qui lui convinrent; *il fit faire* la table par Lourmand, et son travail fut censé terminé. Comme il avait eu connaissance de la lettre de Montaigne insérée dans la *Galerie française*, il l'y fit prendre, *il la fit copier*, c'est lui qui me l'a dit, et il la plaça dans son VIe volume. — Ceci, par conséquent, répond à ce qu'on pourrait dire si on invoquait l'autorité d'Amaury Duval, laquelle, d'après ce qui précède, est radicalement nulle dans le cas présent. »

(Écrit de M. le Dr Payen, cité *in extenso* plus loin.)

annoncent alors que la lettre en question a *paru pour la première fois* dans le Montaigne de M. Le Clerc. Or, l'on vient de voir ce qu'il en est. La bibliographie est pavée de pareils exemples, et rien n'est plus propre à démontrer le peu de fonds que peuvent faire les esprits sérieux sur ces prétendus renseignements et autorités à grand orchestre de renvois d'éditeurs à éditeurs, et de citations, la plupart du temps apocryphes. — Tout s'en va, même les glossateurs et les philologues; c'est un mal. Ces *preux de pédanterie*, comme disait Gabriel Naudé, ont leur place dans les bonnes et saines lettres; il n'est pas jusqu'au savant en *us* qui n'ait son prix. Non que je ne conseille de mettre les antipodes entre soi et le pédant, dont parle notre Montaigne, qui ne cherche pas parmi ses livres comme il se rendra plus homme de bien, plus content et plus sage, mais qui y mourra ou apprendra à la postérité la mesure d'un vers de Plaute, et la vraie orthographe d'un mot latin (*Essais*, I, 38). L'homme réellement docte, chez qui la science est loin d'exclure le savoir-vivre et l'urbanité, se reconnaît à un signe d'avec le *cuistre* de Molière, espèce grossière, jalouse, malfaisante, bouffie de morgue de collége et qui ne sait pas vivre avec les hommes.

Revenons aux recherches de M. Payen, l'érudit poli et consciencieux. En définitive, qu'y avait-il de vrai dans la note de la *Galerie française*, origine commune de tous les échos menteurs, tout à l'heure cités? M. Payen voulut en avoir le cœur net. Comme il ne me connaissait pas et ignorait encore que la pièce fût entre mes mains, il alla droit à la Bibliothèque et demanda le volume manuscrit cité par la note de la *Galerie* : « *Lettres françaises de divers grands hommes.* » Le volume, lui répondit-on, n'y existait point, les catalogues ne faisaient mention d'aucune lettre de Montaigne. Le docteur s'enquit alors auprès de M. Villemain, l'auteur de l'article; M. Villemain ne s'était occupé que du travail littéraire et ne savait rien au sujet de l'autographe. Et cependant l'auteur du *fac-simile* de la *Galerie française*, un M. Gouget, affirmait à M. Payen avoir *vu, touché, calqué lui-même* la lettre originale au département des manuscrits. Ferme dans son propos, le docteur conduisit son homme à ce dépôt de la Bibliothèque pour en tirer sur place plus de lumières. Mêmes résultats négatifs. Ce fut vers ce temps, dans la même année 1837, avons-nous dit, que je connus pour la première fois M. le docteur Payen ; et quand alors je voulus, à mon tour, voir de ma personne, ce M. Gouget, ce dessinateur de *fac-simile* si sûr de lui, et dont cependant les affirmations ne rencontraient qu'incrédulité chez les conservateurs, le pauvre homme, tristement célèbre dans les annales judiciaires, avait été reconnu fou, et était relégué dans une maison de santé (1).

Impatienté d'entendre dire, de voir imprimer, sur un pareil témoignage, qu'une pièce de la collection que je possède en tout honneur avait pu sortir d'un dépôt public sans l'aveu de ce dépôt, je me déterminai à porter mon autographe au directeur de la Bibliothèque royale, M. Letronne, de l'Institut :

« Voici, lui dis-je, cette lettre discutée qui frappe à vos portes. Prenez votre temps, cherchez dans vos répertoires, et si réellement elle vous a jamais appartenu, à quelque époque que ce soit, gardez-la; je ne veux rien avoir à vous. »

La Bibliothèque se mit à l'œuvre, et se cotisa pour découvrir la vérité; mais tous les catalogues étaient muets. MM. Champollion-Figeac et M. Paulin-Paris ne firent que d'inutiles recherches. Ma pièce me fut rendue avec cette déclaration que je recueillis de la bouche même de M. Letronne : « La Bibliothèque n'a jamais trouvé « d'autographe de Montaigne; rien n'en parle, ni dans les dépouille- « ments anciens, ni dans les relevés nouveaux. Le volume qu'in- « dique M. Gouget n'existe pas; les assertions de ce lithographe ne « signifient rien. »

(1) Gouget, longtemps avoué à la cour royale, avait vendu sa charge et était devenu commissaire de police dans le quartier des Tournelles. Il paraît que l'ébranlement de son cerveau datait de l'époque où, appelé à constater des décès, lors de la première irruption du choléra, il avait trouvé, dans son arrondissement à rues étroites et populeuses, des maisons entières dont tous les habitants étaient morts.

Je repris ma pièce, la fis rentrer dans son cadre, et, pendant treize ans, je tins la discussion pour épuisée, quand tout à coup une brochure publiée, il y a quelques mois, par M. Jubinal, vint raviver cette question éteinte (1).

M. Jubinal était venu assez souvent chez moi voir des autographes et des pièces historiques. Un soir, le 15 novembre de l'année dernière (une circonstance particulière fixe pour moi la date), il tomba dans mon cabinet, tout rayonnant de la découverte qu'il me dit avoir faite d'une lettre de Montaigne, à la Bibliothèque nationale, dans un volume de la collection Dupuy. Il ajouta qu'il y avait également trouvé des autographes de Ronsart, d'Étienne Dolet, de Du Bartas, d'Étienne Pasquier, tous noms qui me frappèrent, Dolet surtout, dont je n'ai jamais vu l'écriture. D'arrachements opérés, d'aucune soustraction de lettre dans ce volume, pas mot. Il tira de sa poche une copie de la lettre de Montaigne qu'il me lut. C'est l'Épître au roi Henri IV, qu'il a publiée, et qui est toute dans le grand style des belles pages des *Essais*. Afin, me dit-il, de mieux constater l'authenticité de l'autographe, il me demanda à voir le mien. Je le fis apporter dans son cadre. L'apparence de la lettre sembla l'étonner tout l'abord. Je n'avais nul motif de me tenir en garde contre lui, et j'allai même, sur le désir qu'il m'exprima de voir l'adresse qui n'est pas de la main de Montaigne, suivant l'usage du philosophe (2), jusqu'à tirer la pièce du cadre pour qu'il la pût examiner à son aise. Sitôt

(1) Une lettre inédite de Montaigne, *accompagnée de quelques recherches à ce sujet, précédée d'un avertissement, suivie de plusieurs fac-simile et de l'indication détaillée d'un grand nombre de soustractions et mutilations qu'a subies, depuis un certain nombre d'années, le département des manuscrits de la Bibliothèque nationale*; par A. Jubinal, ex-professeur de faculté. Paris, chez Didron, 1850.

M. Jubinal a, depuis, publié et republié son travail sous toutes les formes : en brochure, dans le journal *le Voleur*, et jusque sur l'enveloppe du *Musée des familles*. On en a mis partout.

(2) « Comme j'aime mieulx composer deux lettres que d'en clore et plier une, ie « resigne tousiours cette commission a quelque aultre.... » (*Essais*, I, 39.)

Seulement, Montaigne avait eu le soin d'écrire au second *verso* le mot *Puy*, afin d'indiquer au secrétaire le nom qu'il aurait à mettre sur l'adresse.

qu'il l'eut tournée et retournée dans tous les sens, il manifesta une satisfaction des plus extraordinaires, il s'écria et se récria, m'accabla des dernières tendresses, n'ayant pas assez d'accents circonflexes, de points d'exclamation, pour charger la fureur de sa joie sur ce que, me dit-il, *ma lettre avait ses deux feuilles, ne portait aucune trace de reliure, n'avait point de coupure pouvant se rapporter à un onglet de souche resté dans quelque volume de la Bibliothèque nationale.*

« Question depuis longtemps jugée, lui fis-je observer; cette pièce n'est jamais entrée à la Bibliothèque que quand je l'y ai portée moi-même. »

Certes, après ce que M. Jubinal avait vu et dit chez moi, avec de telles démonstrations, je n'aurais pu m'attendre à ce qu'il fût sorti gardant la pensée (on verra plus loin qu'en effet il ne l'avait pas) que mon autographe eût pour origine la Bibliothèque. Encore moins me serais-je attendu à ce qu'il fit un livre pour prouver cette prétendue origine. Il est bizarre, mais il est vrai cependant, que quelques semaines après, sans que je l'eusse revu, sans qu'il se fût davantage renseigné auprès de moi, sans qu'il m'eût rien communiqué ni directement ni indirectement, il avait publié sa brochure, où il traduisait mon nom à la barre du public, et particulièrement de la Bibliothèque nationale, indiquant, *en termes exprès,* l'idée d'un procès en revendication analogue à celui du Molière; s'abusant, à force de chercher finesse, et battant les buissons pour établir, à grand renfort de catalogues récusables, de pâtés d'encre apocryphes, de conversations interpolées, de raisonnements captieux, que ma lettre avait été *arrachée* jadis d'un certain volume *relié,* n° 712, de la collection Dupuy. Or, c'était cette même lettre qu'il avait déclarée n'avoir « jamais été touchée par l'aiguille du relieur! »

« Moi à cette heure et moi tantôt, sommes bien deux, » a dit Montaigne de lui-même.

Dans son écrit, M. Jubinal prête à M. le docteur Payen, à l'endroit du pauvre Gouget, le lithographe de *fac-simile,* un langage que le docteur n'a jamais tenu. Il dit notamment, — ce qui tendrait à donner de la signification au témoignage, — que Gouget a indiqué nommément la *collection Dupuy* comme ayant renfermé mon Montaigne, tandis que Gouget n'en a pas dit un mot (1). Écoutez plutôt le docteur lui-même, dont je vais transcrire sur ce point un écrit en date du 19 avril 1850, et intitulé :

« *Renseignements relatifs à ce que j'ai dit au sujet de la lettre de Montaigne qui appartient à M. Feuillet.*

« (2) Les renseignements de M. Gouget ne m'ayant rien fait obtenir à la Bibliothèque, je retournai vers lui et le priai de m'accompagner à cet établissement, afin de le mettre en face des conservateurs.

« Nous allâmes donc ensemble à la Bibliothèque, et M. Gouget répéta à tous et à chacun ce que j'ai dit précédemment. Ce fut là qu'en quelque sorte inspiré par les lieux, il raconta qu'étant venu, un certain jour, pour demander si on avait des autographes de Montaigne, il avait trouvé Méon et l'abbé Lespine dans la salle où se tient aujourd'hui M. Lacabane; qu'à sa demande ces messieurs avaient échangé un regard d'intelligence que lui, Gouget, avait interprété en supposant que ces messieurs avaient récemment trouvé une pièce de ce genre, et qu'ils pensaient l'un et l'autre que c'était un sin-

(1) La collection de pièces manuscrites qui porte le nom de Dupuy à la Bibliothèque nationale, et qui se compose de 958 volumes, avait été formée par Pierre Dupuy, mort en 1651, et Jacques, son frère, mort en 1656. Tous deux avaient été gardes de la Bibliothèque du roi. Si la reconnaissance des établissements publics n'était pas un vain mot, Jacques aurait (comme Gabriel Naudet à la Mazarine) un beau buste en marbre à la Bibliothèque nationale où il n'a pas même un plâtre, lui à qui cette dernière est redevable du généreux legs de neuf mille volumes imprimés et d'environ trois cents volumes d'anciens manuscrits rassemblés à grands frais par lui et par son frère Pierre. La grande collection des 958 volumes manuscrits, dont il est question plus haut, est tout à fait indépendante de ce legs et n'entra à la Bibliothèque de la rue Richelieu qu'en 1734, près de quatre-vingts ans après l'acquisition, et après avoir passé par plusieurs mains.

(2) Ce qui précède dans l'écrit du docteur a été en partie analysé plus haut. Le reste est relatif aux diverses phases des travaux de M. Payen sur Montaigne et à l'ouverture, dans l'été de 1837, de ses relations avec Gouget qui, alors qu'il le connut, était encore commissaire de police et avait le goût des curiosités des livres, des autographes, surtout des *fac-simile* qu'il se plaisait à exécuter lui-même.

gulier hasard qu'on vînt si tôt la leur demander. Sur ce, un de ces messieurs partit et rapporta bientôt un volume in-folio intitulé comme je l'ai dit (*Lettres françaises de divers grands hommes*); et pour compléter son récit, M. Gouget passa dans la salle qui précède celle où nous étions, et là, dans cette salle où se tiennent aujourd'hui M. Paulin-Paris, et à l'angle diagonalement opposé M. Reynaud, il me montra près du bureau de ce dernier l'angle de table sur lequel il s'était placé pour être plus près du jour (*c'est le bout de table où se tient M. Stanislas Julien*).

« Dans tout ceci, *pas un mot de la collection Dupuy* qui nous enserrait, devant laquelle nous avions passé ensemble, et ce fait est d'autant plus remarquable, que le nom de Dupuy fut prononcé par nous tous, puisque la lettre est adressée à un personnage de ce nom. Il n'y a point le moindre doute que M. Gouget ne connût cette belle collection; son silence, à cet égard, est un point très-important en face même de huit ou neuf cents volumes qui la composent.

« C'est donc gratuitement, sans preuves, par induction et même contre toute vraisemblance que M. Jubinal, pages 25 et 26, dit qu'il ressort *évidemment*, des paroles qu'il cite de Gouget, que *la lettre devait faire partie de la collection de manuscrits dite fonds DUPUY*.

« De même, je n'ai jamais dit à M. Jubinal ce qu'il raconte, page 27, de la demande que j'aurais faite à M. Gouget *s'il ne s'était pas trompé, s'il n'avait pas attribué à l'un ce qui appartenait à l'autre;* je ne lui ai pas dit que M. Gouget fût alors *un homme âgé*, et je n'ai pas dit surtout que M. Gouget m'eût répondu à cette objection supposée *qu'il avait calqué lui-même l'autographe de Montaigne dans le* VOLUME DE LA COLLECTION DUPUY, OU IL SE TROUVAIT ALORS...

« Le récit qui suit est arrangé de même pour les besoins de la cause; il est vrai au fond, mais il est teint par M. Jubinal; ainsi : *Je n'ai ni rêvé ni imaginé; on n'invente pas ces choses-là; tenez! je me vois encore à ce moment... Il me demanda cinq minutes... Se levant alors courtoisement... avec une obligeance dont je lui sus gré, il s'empressa d'aller chercher le* VOLUME DE DUPUY : — toutes phrases que M. Jubinal me prête, qu'il imprime comme si elles étaient citées textuellement et que je n'ai pas dites. Erreur! erreur! Étrange défaut de mémoire au moins, si ce n'est mensonge ou traîtrise; jamais je n'ai rien dit de tout cela, et par une bonne raison, C'EST QUE CELA N'EST PAS!

« De même, dans *l'alinéa suivant*, il est dit *que nous demandâmes le volume du* FONDS DUPUY, *que nous nous aidâmes des* DEUX CATALOGUES DE LA COLLECTION DUPUY. Cela est faux, affreusement faux ! Est-ce que je n'aurais pas nommé la collection Dupuy dans ce que j'ai écrit si Gouget me l'avait nommé lui-même? Est-ce que, dans ma fièvre d'investigation, et avec cette rigueur d'exactitude scrupuleuse que je mets à tout ce que je fais, je n'aurais pas, plus jeune de quatorze ans que j'étais alors, dépouillé la collection Dupuy au risque d'aller jusqu'au 970e volume!!! »

Après ces paroles de M. le docteur Payen, que reste-t-il des assertions de M. Jubinal?

Maintenant, qu'on veuille bien continuer la lecture, et l'on aura peut-être le secret de la visite que ce dernier avait faite à mon Montaigne. C'est toujours M. le docteur Payen qui va parler :

« Je dois dire que je n'ai vu qu'une fois chez moi M. Jubinal, que je ne connaissais pas; qu'il m'avait écrit pour m'annoncer sa visite (1); qu'il vint un soir, — je crois pouvoir préciser le 15 novembre 1849 (parce que c'était jour de Société de médecine, et que j'ai failli manquer à la séance); il me trouva avec M. Rochebillière, amateur de livres, qui assista à toute sa visite. Il ne dit pas nettement, simplement : « *J'ai trouvé l'onglet;* » mais à travers une foule d'exclamations, de phrases pompeuses, de promesses de surprises inouïes, de réticences indiscrètes, cela se comprenait parfaitement bien.

« La preuve du reste que telle était sa pensée ce jour-là, c'est que, quelques jours après, ayant été, comme démarche de politesse, lui rendre la visite qu'il m'avait faite, je le trouvai au coin de son feu, un peu enrhumé, et en compagnie de M. de Saint-Albin fils; qu'il nous lut en épreuve le récit qu'il fait dans son *Avertissement* de sa conversation avec M. Ravenel, et qu'amené à parler de la lettre nouvelle de Montaigne, il me dit qu'il avait vu M. Feuillet, et qu'il avait eu un bonheur indicible qu'il n'avait pu dissimuler *en constatant que la lettre qu'il croyait simple était double, et que par*

(1) Il venait, disait-il, pour me faire connaître la découverte qu'il avait faite (dont j'étais instruit depuis plus d'un mois) et surtout pour s'édifier sur l'écriture de Montaigne qu'il ne connaissait que par la lettre, et dont je lui montrai des autographes et des *fac-simile*. (Note de M. Payen.)

conséquent ses soupçons étaient évanouis. J'ai même, à ce sujet, des lettres de M. Jubinal qui sont curieuses. »

Rapprochons les dates. — Le 13 novembre, M. Jubinal est chez M. le docteur Payen, où il annonce le fameux onglet; le 15, il est chez moi, et, sans dire mot de sa prétendue découverte d'onglet, il parle d'un arrachement comme de chose manifestement impossible. A quelque vingt-quatre heures de là, il reçoit la visite du docteur, et lui lit en épreuve la première feuille de sa brochure : à ce moment, il déclare formellement évanouies ses conjectures sur l'onglet. Quelle moralité induire de ce rapprochement? Je le laisse à plus habile. Pour mon compte, j'en suis réduit à supposer que la brochure était déjà chez l'imprimeur avant que l'auteur fît visite à mon autographe. J'en suis réduit à supposer que, son échafaudage une fois renversé à la vue de la pièce, il n'a pas eu le courage de sacrifier son siége à ses convictions, et qu'il s'est dit alors, les yeux fermés : *Alea jacta est!*

L'honnêteté sévère de M. le docteur Payen a été, en qualifiant le procédé, plus loin que je n'irais moi-même. Je l'avoue en effet, la lecture que je fis de la brochure de M. Jubinal, qu'il eut, je lui dois cette justice, la pudeur de ne me point envoyer à son apparition, et que j'ai connue alors par un tiers, m'a causé moins de colère que d'étonnement et de dédain. L'étrange usage fait de mon hospitalité ne me déniaisera cependant pas ni ne me portera à changer de conduite : il n'est point dans mon humeur de garder sous le boisseau la poussière historique que le temps a tamisée chez moi. Que si, dans le nombre des allants et venants, il s'en trouve un qui prenne l'empreinte du fermoir de ma cassette à autographes, je m'en soucie peu : je suis assez fort des lettres patentes données par les ventes publiques ou amiables à mes collections pour ne point m'en alarmer.

En définitive, quel pouvait être, en agissant comme il l'a fait, le dessein de M. Jubinal? M'était-il personnellement hostile? Je n'en soupçonne aucun motif. Il proclame ma bonne foi et cherche à dorer de son mieux l'espiéglerie perfide de *sa mémoire.* Je ne suis nulle part sur son chemin, *nec beneficio nec injuria* : je ne saurais donc voir en lui ni un ennemi ni un adversaire. A tout prendre, il y a plus de légèreté dans son imaginative que de méchanceté. De même qu'il est des intempérances de langue, ceci est une intempérance de plume qui manque à *l'Étourdi* de Molière. M. Jubinal a sans façon usé de mon nom, parce que mon nom pouvait lui être bon à quelque chose dans la thèse qui faisait l'objet réel de sa brochure : il me jetait comme une arme de guerre à la face de l'ennemi. L'ennemi, c'était la Bibliothèque nationale qu'il attaquait avec vivacité sur sa mauvaise administration, sur les soustractions et mutilations subies, depuis un certain nombre d'années, par le département des livres et celui des manuscrits. Défenseur officieux dans une cause aujourd'hui jugée par contumace à la Cour d'assises de Paris, M. Jubinal paraît avoir voulu démontrer par des exemples ce que le gros bon sens établit de reste, à savoir que des pièces autographes non estampillées, dérobées à des dépôts publics, ont pu de main en main arriver à des possesseurs de bonne foi sans qu'on soit fondé à en imputer à délit ou à crime la légitime possession. — Timbrez vos pièces, voulait-il dire, on les reconnaîtra, et on ne les achètera pas. Voyez plutôt M. F. de C.; il possède un Montaigne qui vient bien de la Bibliothèque, — je vous le prouve, — inculperez-vous sa bonne foi? Non : eh bien! comment pour des faits analogues inculperiez-vous l'honnêteté d'un autre? — Et là-dessus M. Jubinal s'enivre d'encre, et publie le *factum* que vous savez. Le raisonnement était bon sans doute en logique; par cela même, il pouvait se passer de commérage et de scandale.

II.

Autres faits antérieurs au procès. — Intervention de la Bibliothèque nationale.

A peine le pamphlet, puisqu'il faut l'appeler par son nom, eut-il été lancé par M. Jubinal, que l'émotion fut au Conservatoire de la

Bibliothèque, dont il défraya deux séances. On en discuta les dires et attaques. Et d'abord, vidant les questions de personnes, on entendit l'un des conservateurs accusé de *mensonge* par l'auteur, sur un point de service, à propos du refus d'un catalogue annoté de la vente La Vallière, catalogue que le conservateur avait déclaré ne point exister à la Bibliothèque, tandis qu'il le mettait soigneusement de côté pour empêcher qu'on ne le communiquât. Le récit, dont je doutais fort, était cependant vrai en grande partie : le fait qu'il faut lire dans M. Jubinal (avertissement, pages VIII–XII) fut reconnu et avoué en plein Conservatoire; il fut même approuvé par un des membres.

Je ne relèverais point ce détail, si de la discussion ne fût sortie cette doctrine illégale et dangereuse, à savoir qu'il peut appartenir à tel conservateur de faire acception de personnes dans ses communications, de refuser à celui-ci ce qu'il donnerait à celui-là, de se faire ainsi l'arbitre des recherches d'un travailleur, quel qu'il soit. Cette doctrine devait m'être appliquée, plus tard, d'une façon plus étrange encore.

On passa ensuite à ma lettre de Montaigne. « Il faut attaquer M. Feuillet, dit un des conservateurs : il s'est déjà montré l'ennemi de la Bibliothèque dans l'affaire du Molière, étant de ces gens-là qui se font sur les autographes un chimérique empire. » J'avais différé, en effet, d'avis, comme j'en diffère encore, avec M. Naudet sur cette question, et, appelé en témoignage, j'avais déclaré dans le temps, en une lettre à Me Chaix d'Est-Ange, rendue publique par son client, que la pièce avait été vendue ostensiblement par M. Dacier, dans le département des manuscrits. Je disais vrai : j'en avais la certitude personnelle, ainsi que dix autres témoins, dont quelques-uns avaient acheté eux-mêmes. J'avais, du reste, exprimé mon témoignage avec une extrême modération, ce qui aurait dû exclure à mon endroit la qualification d'ennemi d'une Bibliothèque où je compte de si nombreuses amitiés. Mais quoi ! les attaques violentes du pamphlet contre la Bibliothèque avaient fait prendre de l'humeur aux puissances, et il fallait une victime pour expier le forfait de l'auteur qui ne donnait point prise à une action judiciaire. Je n'avais pas, que je sache, « tondu d'un pré la largeur de ma langue. » Ce nonobstant, on cria haro! et finalement un conservateur, « quelque peu clerc, » M. Hauréau, reçut mission de faire un rapport sur la question en revendication de cet autographe de Montaigne, d'où venait tout le mal.

Le bruit de la délibération (tout se sait) ayant transpiré, j'examinai la question et pris un parti sur-le-champ. Homme d'administration depuis trente-cinq ans, il m'était particulièrement odieux d'avoir à lutter contre des agents, même indiscrets, de l'État. En toute autre circonstance, il ne m'eût rien coûté de faire le sacrifice en pur don de ma lettre (ce n'eût pas été le premier présent que j'eusse fait à la Bibliothèque); mais ce sacrifice, qui d'ailleurs n'était, dans aucun cas, obligatoire, ne m'était plus permis alors que mon nom, livré à la publicité, avait été mis en question et que s'annonçait bruyamment une réclamation impérieuse, une véritable injonction. Le mérite d'un généreux sacrifice n'eût pas même été reconnu, et l'on n'eût pas manqué de le qualifier de restitution. Dans les petites comme dans les grandes choses, la liberté de détermination d'un homme qui se respecte relève de sa conscience, non d'une menace. L'une des premières conditions de la dignité de tout membre d'une société est de respecter le droit dans les autres et de le faire respecter en sa personne. Si, au lieu d'abdiquer sa dignité en le désertant, quand il est délicat à soutenir, chacun avait assez de cœur pour défendre le droit général et absolu dans son droit particulier, il se commettrait moins d'abus et de mal. Je résolus donc de faire tout ce qui, dans ces limites, — rien de plus, rien de moins, — serait humainement possible pour vider la question sans le scandale d'une dispute publique: j'allai amiablement au devant de l'attaque, et j'écrivis à M. Naudet une lettre où, après lui avoir rappelé les faits cités plus haut, j'ajoutais :

« Un pamphlet récent qui m'a été communiqué, sorte de roman historique où le faux se heurte contre le vrai, revient sur l'origine présumée de ma lettre. Je veux en finir avec cette question interminable. Peut-être votre administration a-t-elle pris pour ce qu'elles valent les preuves apparentes et les preuves apocryphes apportées par le *factum* que je viens de citer. S'il en est ainsi, pardonnez-moi cette lettre et prenez que je n'aie rien dit. S'il en est autrement, ce que j'ai déclaré une première fois à la Bibliothèque, je viens vous le répéter; et, laissant de côté le fait de la possession trentenaire, je vous offre de vous remettre l'autographe de Montaigne, si vous me démontrez nettement, catégoriquement, par des preuves écrites et de date certaine, qu'il ait appartenu à la Bibliothèque nationale. Notez bien, monsieur, que ma lettre ne porte pas la moindre trace ni de cachet ni de numéro d'ordre, et que jamais elle n'a été touchée par l'aiguille du relieur, fait facile à vérifier. Le texte vous est connu. Quant aux assertions du *factum*, je ne les discuterai pas ici; mais je le ferai, si vous le jugez convenable, soit par écrit, soit de vive voix. J'attendrai d'abord les preuves qui, dans votre bouche ou sous votre plume, emprunteraient de votre caractère un degré de sérieux que je ne saurais rencontrer dans le pamphlet...

« Je me résume. Il ne m'est pas prouvé que ma lettre ait jamais fait partie de la collection Dupuy; mais, cela fût-il démontré, je demande à quelle époque? Ces papiers n'ont pas toujours appartenu à la Bibliothèque. Quand, des mains de M. Joly de Fleury, le fonds passa sur vos rayons, un recollement des pièces indiquées dans le catalogue par volumes a dû être fait : on n'achète pas, on ne prend pas livraison sans vérification constatée. Veuillez me montrer dans cet inventaire la mention nominale de ma pièce, et je vous la remets sur-le-champ. »

Ma lettre était du 18 février; onze jours après, je reçus de M. Naudet la réponse suivante :

« Monsieur, j'ai dû appeler l'attention du Conservatoire sur la lettre que vous m'avez fait l'honneur de m'écrire, le 18 courant, relativement à un autographe de Montaigne que vous possédez, et demander préalablement à MM. les conservateurs du département des manuscrits les éclaircissements nécessaires pour former une opinion assurée. Après avoir entendu votre lettre et le rapport de MM. les conservateurs des manuscrits dont j'ai l'honneur de vous transmettre la copie ci-jointe, et dont il adopte la teneur et les conclusions; le Conservatoire ne doute pas que la question ne soit péremptoirement résolue pour vous comme pour lui, et que la Bibliothèque nationale ne doive bientôt à votre loyauté la restitution volontaire d'un autographe précieux qui n'aurait jamais dû cesser de lui appartenir. »

On le voit, M. Naudet n'est pas de l'avis de Bayle, qui avait pour maxime de *garder toujours une oreille pour l'accusé.* J'avais proposé de discuter la question de vive voix ou par écrit : il n'en tient compte; sa lettre exclut péremptoirement toute discussion, décide et tranche *à priori;* car enfin un rapport de M. Hauréau, rapport fait en famille, n'est qu'une opinion, non un examen contradictoire; c'est encore moins un jugement. Toutefois, puisque j'avais engagé l'affaire à l'amiable, je préparai une réplique réfutant, article par article, le mémoire de la Bibliothèque. Ce mémoire argumentant des catalogues de la collection Dupuy, je commençai par vérifier ces catalogues, qui étaient communiqués à tout venant à la Bibliothèque. Je jetai même un coup d'œil rapide sur ceux qui sont réservés, dit-on, à titre de documents d'administration. Je consultai également ou fis consulter des doubles de ces catalogues qui sont à l'Assemblée nationale, à Grenoble, à Londres, et entre les mains d'un employé de nos archives générales. Cela prit du temps. Enfin, six jours après que j'avais reçu le mémoire de la Bibliothèque, j'allais envoyer ma réponse, qui, suivant moi, eût convaincu les esprits les plus prévenus, quand, dans son impatience de jouir, M. Naudet, surpris, à ce qu'il paraît, de n'avoir pas reçu, poste pour poste, mon autographe, vint arrêter l'envoi de mon contre-mémoire en m'adressant l'*ultimatum* suivant, qui m'intimait *au plus deux jours* de délai pour m'exécuter :

« Paris, le 7 mars 1850.

« Monsieur, j'ai eu l'honneur de vous transmettre, le 28 février dernier, la copie du rapport de MM. les conservateurs des manuscrits relatif à l'autographe de Montaigne, ancienne propriété de la Bibliothèque nationale, maintenant en votre possession, et de vous donner connaissance de la délibération qui s'en est suivie.

« Le Conservatoire ne doutait pas que votre conviction ne s'accordât avec la sienne; mais il a été trompé hier dans son attente (1). Votre silence équi-

(1) Assertion inexacte. Il est de fait, comme il conste des procès-verbaux des séances du Conservatoire, qu'on n'a dit mot officiellement de mon affaire à la séance du 6 mars.

valant à une dénégation ne pourrait se prolonger sans que M. le ministre, à qui l'affaire est soumise, m'autorisât à recourir au tiers arbitre appelé naturellement à prononcer entre vous et la Bibliothèque.

« Je vous prie, monsieur, de me faire savoir votre décision *avant la fin de la semaine.* »

Cette menace de me traduire devant le Tribunal, que, par une figure de rhétorique, M. Naudet appelait un *tiers arbitre*, était datée d'un jeudi; la lettre décrétait donc un délai de moins de quarante-huit heures. — Et j'aurais fait cadeau de ma lettre à la Bibliothèque, quand il s'y trouvait une plume pour m'adresser un pareil langage!

Je l'avoue, cette seconde lettre de M. Naudet, bien inattendue, me causa la plus étrange surprise et m'indigna. Les lettres de jussion du roi Louis XIV étaient plus polies; les parties de M. Fleurant, plus civiles. Et de fait, un ton aussi acerbe blessait toute convenance. Quoi! il y a trente ans que je possède, au su et connu de la Bibliothèque; on a été trente ans à s'éveiller, en admettant, ce qui n'est pas, que la pièce lui ait appartenu à cette époque éloignée; — on a été onze jours à répondre à mon ouverture, et on ne m'en laisse pas au moins sept pour répliquer! Une impatience si agressive envers un homme qui, par respect pour l'administration même, avait voulu traiter la question à l'amiable; qui, pour la seconde fois, avait été si loyalement au-devant des réclamations et ne demandait pas mieux que de remettre la pièce en litige, si on lui eût donné de bonnes raisons; un tel langage, dis-je, qu'on eût pu tout au plus se permettre envers un maquignon d'autographes, envers un voleur *estampillé*, était bien fait pour blesser! Certes, après tout ce qui s'était passé, j'avais l'intime conviction que ce qui convenait le mieux à ma cause était la lutte en plein soleil, en pleine publicité. En dépit de cette conviction, je voulus cependant, par une dernière proposition con-

Il n'a été question de la présente lettre qu'à la séance suivante, en même temps que des deux dernières lettres qui furent échangées. M. Naudet seul avait pris sur lui d'écrire cette lettre provoquante. M. Naudet n'est pas, que je sache, tout le Conservatoire : il n'en est que le président.

ciliatrice, faire un dernier sacrifice à ma position officielle. J'étais néanmoins déterminé à dévoiler nettement, si j'y étais contraint, les déplorables motifs personnels que font mouvoir mes adversaires, sous le manteau des intérêts généraux. Du moins, ne serait-ce point ma faute si du choc de la discussion publique sortaient des lumières qu'ils eussent mieux fait de retenir sous le boisseau. — Je m'abstins donc d'envoyer ma réfutation du mémoire officiel, et je répondis :

« Paris, 17 mars 1850.

« Monsieur, à la proposition loyale et spontanée que je m'étais fait l'honneur d'adresser à la Bibliothèque nationale, votre administration a répondu au bout de onze jours, et elle était assurément dans son droit en prenant son temps. Je n'ai reçu votre réponse que le premier de ce mois; nous sommes au 7; il y a donc seulement six jours que j'ai sous les yeux votre mémoire, auquel vous avez la prétention d'attribuer l'autorité de la chose jugée, tandis qu'il n'a fait que me confirmer plus pleinement dans la conviction de mon droit. J'étais, ce semble, parfaitement autorisé à prendre mon temps, à votre exemple, pour réunir des documents et vous faire une réponse. Mes occupations me laissent peu de loisirs, et j'ai à remplir des devoirs publics. Néanmoins, je m'occupais de cette réponse qui aurait coupé court à toute discussion ultérieure, quand votre lettre de ce matin, gratuitement désobligeante, a dû changer mes résolutions et arrêter ma note écrite que vous vous refusez à attendre comme j'avais attendu la vôtre. J'aime à croire que, mieux éclairé par la réflexion, vous ne donnerez pas légèrement suite aux menaces que semble contenir votre lettre, menaces dont, sachez-le bien, la certitude de mon bon droit m'empêche de redouter en aucune façon l'effet. Ce que je me plais plutôt à attendre, c'est que la question sera de nouveau étudiée à la Bibliothèque, et que, laissant de côté les hypothèses et les erreurs matérielles (à coup sûr involontaires), vous me donnerez les preuves positives et légales que je vous ai demandées et que j'attends encore..... »

Je conclus en proposant un arbitrage amiable.

III.

Refus de communication des catalogues de la Bibliothèque.

Le Conservatoire de la Bibliothèque s'assemble tous les mercredis. Le jeudi 14 mars, je n'avais pas encore reçu de réponse à ma lettre du 7. Je me rendis le matin de ce même jeudi au département des manuscrits, pour vérifier, sur les catalogues de la collection Dupuy, quelques points essentiels à ma défense. Un employé m'en remit trois qui étaient journellement communiqués, savoir : 1° le catalogue alphabétique par ordre de matières; 2° le répertoire par ordre de volumes; 3° une copie de ce dernier provenant du fonds Bouhier. Je demandai ensuite à revoir un des répertoires réservés que je n'avais fait qu'apercevoir une fois entre les mains de M. Hauréau, et qui sont paraphés sur la première feuille par les vendeurs de la collection. Je dus pour cela m'adresser à M. Hauréau lui-même, et j'eus avec lui le dialogue suivant :

« — Veuillez être assez bon pour me communiquer un des catalogues de Dupuy, que vous m'avez communiqué particulièrement il y a une dizaine de jours.

« — Lequel? je vous en ai montré plusieurs.

« — N'importe lequel des catalogues réservés: tous les deux, si vous le voulez : j'ai quelques lignes à y relever.

« — Ma position vis-à-vis de vous n'est plus la même que lorsque nous avions ensemble des explications. Je ne puis plus aujourd'hui vous communiquer un catalogue qui est une pièce d'administration.

« — D'abord, monsieur, nous n'avons jamais eu ensemble aucune explication. Je vous voyais pour la première fois l'autre jour; je me suis borné à vous demander les catalogues cités dans le rapport dont

M. Naudet m'a envoyé copie; j'ai jeté un coup d'œil rapide sur le titre et sur une feuille de ces catalogues, je vous ai remercié, et là se sont bornées toutes nos explications. J'ai besoin de revoir les répertoires : ceux de la salle de lecture sont insuffisants.

« — Cela est vrai. M. Jubinal argumente de ces catalogues, et il a tort : je trouve *tous les catalogues de la Bibliothèque ridicules, et je les fais recommencer.* Voici (me montrant un jeune et habile érudit, M. Michelant, qui était dans le fond de la pièce) une personne qui catalogue de nouveau les manuscrits français.

« — Laissons M. Jubinal : il s'agit des catalogues. Si vous les reconnaissez tous pour *ridicules*, comment les remet-on au public quand, pour Dupuy, par exemple, vous en possédez de bons? La Bibliothèque est une propriété essentiellement publique. Que les conservateurs prennent les précautions les plus sévères à l'égard des communications, rien de mieux, tout le monde sait que c'est leur devoir; mais ils ne peuvent rien céler au public de ce qui est sur leurs rayons. Moi personnellement je dois d'autant moins m'attendre à un refus, que les catalogues que je demande sont précisément ceux dont vous avez argumenté contre moi. Il y a là pour vous question de convenance, de loyauté, quand il n'y en aurait pas une de devoir.

« — *Je ne puis vous fournir des moyens contre nous.*

« — Qu'est-ce à dire? les catalogues en fourniraient donc? Je ne cherche pas de moyens contre vous, mais la vérité pour tous; chercheriez-vous autre chose? D'ailleurs j'ai proposé un arrangement en conciliation par arbitres; nous ne sommes point en procès, que je sache, et, le fussions-nous, raison de plus pour communiquer.

« — On ne pouvait faire résoudre la question par arbitres, il n'y a que les tribunaux pour décider; on va vous y citer.

« — Je l'ignorais. J'avais offert de discuter verbalement ou par écrit, et je crois que je me serais facilement entendu, même avec vous, bien que vous soyez l'auteur du mémoire. On préfère le bruit, à la bonne heure; j'accepte de grand cœur la lutte. Du moins, il demeurera établi que je me suis tenu en toute cette affaire dans la plus stricte mesure; je n'y ai en définitive gagné qu'une lettre offensante, et qui ne me laissait pas même le temps de répondre.

« — Il nous avait paru que vous aviez assez de deux jours pour nous faire réponse.

« — Quoi! deux jours pour répondre, quand vous en aviez mis onze à m'écrire!

« — Il avait fallu le temps qu'il y eût séance du Conservatoire.

« — Il me fallait à moi celui de réfuter votre mémoire. Je n'ai point que cela à faire, et, si vous aviez été dans votre droit en prenant votre temps, j'étais, je vous l'ai dit, dans mon droit en prenant le mien; mais ce n'est pas la question. Je vous demande de vouloir bien me communiquer les catalogues réservés; me les refusez-vous, oui ou non?

« — Je suis forcé de les refuser; j'ai été sur le point de les envoyer tous chez l'avoué; je ne sais comment ils sont encore ici.

« — Les tribunaux apprécieront un pareil refus. »

Après cette étrange conversation, que je m'empressai d'écrire sur-le-champ dans la Bibliothèque même, en quittant le conservateur, qui, du reste, avait été aussi convenable de ton qu'à lui appartient, je devais m'attendre à une troisième lettre de M. Naudet. Je reçus, en effet, le lendemain matin ce qui suit, sous la date du **14** :

« Monsieur, j'ai reçu seulement le 9 de ce mois, vers deux heures après midi, votre lettre datée du **7**. Je l'ai communiquée au Conservatoire dans la séance d'hier.

« A la proposition que vous aviez faite loyalement et spontanément après l'apparition de la brochure de **M. Jubinal**, j'ai eu l'honneur de vous répondre au nom du Conservatoire par des explications aussi loyales, et qui lui paraissaient et lui paraissent encore très-concluantes.

« Il n'a pas, comme vous semblez le croire, la prétention de leur donner l'autorité de la chose jugée; car il sait qu'elle n'appartient qu'aux arrêts des tribunaux. Mais vous ne pouvez pas non plus avoir la prétention de nous prescrire la nature des preuves et les moyens de revendication que nous devons employer dans l'intérêt de la propriété de l'État.

« Quant à la forme du jugement arbitral que vous proposez dans votre lettre du 7, il n'est pas permis à l'administration de la Bibliothèque, agissant pour le compte de l'État et non pour le sien, de nommer des arbitres qui disposent de la propriété qu'elle réclame.

« Nous ne pouvons donc attendre que d'une remise volontaire de votre part, ou d'une sentence judiciaire, la réintégration de l'autographe de Montaigne dans le département des manuscrits.

« Le Conservatoire vous offre le choix, et je vous prie de me faire connaître votre décision d'ici à trois jours. »

La paille était désormais rompue. Je ne répondis pas, j'attendis : je n'attendis pas longtemps ; je reçus bientôt une assignation à comparaître, à bref délai, devant la première chambre du Tribunal civil, contenant, après le grimoire habituel, la clause comminatoire de vingt mille francs de dommages et intérêts, si la pièce n'était point représentée !

De ce moment, la Bibliothèque nationale continua son mauvais jeu à l'endroit des catalogues, et, en cela, on est allé aussi loin que possible. J'y demandai un jour (le 9 avril), non plus les catalogues dits réservés, mais les catalogues ordinaires et banals de Dupuy. L'employé qui fait le service de la salle de lecture, le même qui me les avait remis précédemment, comme à tous les autres travailleurs, me renvoya cette fois, pour ceux-là même, à M. Hauréau, et M. Hauréau me répondit : *La Bibliothèque n'a point de catalogues.* Moi qui n'entends point finesse, je lui fis alors une distinction : Je ne demande, lui dis-je, que les catalogues ordinaires qui, depuis trente ans, sont communiqués au public, qui m'ont été communiqués, il y a trois semaines, le jour même où vous m'avez refusé les catalogues d'administration ; ceux, en un mot, qui sont restés si longtemps aux mains de M. Jubinal pour son travail et ses *fac-simile.* Même réponse : *La Bibliothèque nationale n'a point de catalogues.* J'insistai, étant venu pour travailler, non pour faire assaut de plaisanteries, et je le sommai, en ma qualité de membre du public, de me communiquer ce qu'on communique à d'autres, ce que *je l'avais vu, la veille même*, communiquer à une autre personne. Il me répliqua : « A vous, comme public, je vous réponds encore une fois : *La Bibliothèque nationale n'a point de catalogues*; à M. Feuillet de Conches, je les refuse en lui montrant notre règlement, qui en prohibe la communication. » Et tout cela fut dit, cette fois, par le conservateur, avec une grossièreté de ton intolérable.

Il y avait parti pris : ce n'étaient plus seulement les catalogues dits *réservés* qu'on me refusait, c'étaient tous les répertoires indifféremment, qui étaient comme s'ils n'existaient pas, et l'on s'appuyait sur la lettre d'un article mort-né de règlement, lequel article n'a jamais été, n'a jamais pu être appliqué. Les règlements ministériels qui se sont succédé ont bien pu dire uniformément, comme le dernier, en date de septembre 1839, signé Villemain : *Dans aucun département, les catalogues ne sont communiqués au public*; il n'en est pas moins vrai que jamais, de mémoire d'employé et d'habitué un peu sérieux de la Bibliothèque, jamais, depuis trente-cinq ans, les catalogues n'ont été refusés, au cabinet des manuscrits. Je n'entends pas les cartes volantes, les feuilles détachées, les éléments de catalogues en cours d'exécution, qui pourraient se brouiller ou s'égarer, — et encore les a-t-on communiqués souvent pour des travaux importants et pressés, — mais les catalogues reliés, imprimés ou à la main. Dans le règlement mal interprété, la lettre tue l'esprit. Évidemment il n'en peut être des catalogues comme de tous autres manuscrits que les premiers occupants gardent, à la salle de lecture, pendant toute une séance. Destinés au service général et public, les catalogues doivent toujours être à la disposition des employés pour répondre aux demandes éventuelles, et nul ne saurait les accaparer à l'exclusion d'autres travailleurs; mais il y a loin de cet *en cas*, de cette réserve à l'interdit absolu. Du reste, il est peu à craindre de voir accaparer des catalogues qui se consultent et se parcourent comme des dictionnaires, et ne se lisent pas d'arrache-pied, ainsi qu'un discours suivi. Ce serait merveille encore que plusieurs à la fois eussent impérieusement affaire du même. Il en est des lecteurs comme des trois conviés d'Horace : *Poscentes nimium diversa palato;* et Gabriel Naudé, qui se connaissait mieux que personne du monde aux bibliothèques, dit bien que rien ne saurait être plus justement comparé à ce pré de Sénèque (Epist. 118) où chaque animal trouve ce qui lui est propre : *Bos herbam, canis leporem, ciconia lacertum.* Pris dans son esprit, le règlement n'a donc eu en vue que la réserve du droit des employés, non pas l'interdiction au public sérieux de l'accès de répertoires qui sauvent le temps dont la vie est faite. Sans catalogues, nombre de travaux ne sont plus possibles· Qu'est-ce qu'un livre sans table des matières? Et ce qui se dit des livres, à plus forte raison se dira des recueils de pièces manuscrites; car, pour les imprimés, encore a-t-on la bibliographie qui renseigne. En effet, on sent à merveille que tous ceux qui, gardant au cœur le culte des choses de l'intelligence, s'en vont consulter des manuscrits entre les innombrables volumes de la Bibliothèque et les myriades de pièces qui y fourmillent, ne sauraient sans fils conducteurs rien découvrir dans cette grande mêlée de l'esprit humain. Que chacun demande chaque chose par le menu aux plus anciens, aux plus complaisants et actifs employés du département des manuscrits, ceux-ci, étourdis de demandes, n'y suffiront pas. Et puis, la plupart du temps, le travailleur sait-il où il va? Connaît-il le fonds, la collection, le volume, la page où se cache la révélation à laquelle il aspire? Non : il marche à la découverte, et la sagacité que Dieu lui a donnée fait le reste. Les employés eux-mêmes ne connaissent pas, ne peuvent pas connaître tout ce que renferment tant de volumes : *Quos fama obscura recondit :* — témoin les lettres de Michel de Montaigne découvertes par MM. Macé et Jubinal, et dont la Bibliothèque ne soupçonnait pas l'existence. En outre, à eux, dont l'attention s'éparpille pour répondre à tous, les catalogues, quand il y en a, ne parlent pas de la même façon qu'ils parlent aux travailleurs poursuivant chacun sa pensée unique.

Mais à quoi bon discuter? tout cela évidemment les conservateurs le savent mieux que personne. La consigne, imaginée pour les besoins de la cause, *pour ne pas fournir de moyens*, comme dit M. Hauréau, n'est rigoureuse qu'à mon endroit, qu'à l'endroit de quelques béats *non présentés*. Cette Bibliothèque, qui a ses préjugés, ses hauteurs et ses tempêtes, a aussi ses priviléges, et aujourd'hui l'interdit se lève en telle arrière-salle ou même en pleine salle de lecture. Ainsi, le 18 avril dernier, — c'était le jour où M. Hase présidait au département des manuscrits, — des catalogues étaient sur la table devant des travailleurs, et le bon M. Hase, à qui M. Hauréau avait fait la leçon, me refusa le catalogue du fonds de Béthune. En vain lui montrai-je du doigt, *hic et nunc*, là, sous ses yeux, un catalogue en lecture que je venais d'apercevoir : « Ah! c'est un catalogue imprimé de l'ancien fonds, me dit-il; cela se prête : on va vous en remettre un volume, si vous le voulez. » En vain lui répondis-je que je n'en avais que faire, qu'il m'offrait Pâris quand je lui demandais Hélène. L'article du règlement, ajoutai-je, ne distingue pas. Imprimés ou manuscrits (*imprimés* ne veut pas dire *publiés*), français, latins, grecs ou orientaux, tous les catalogues sont au même titre à la Bibliothèque nationale, et, si les uns se prêtent, il n'y a nul motif logique pour dénier les autres. Et, de fait, en sortant, je vis aux mains d'un autre lecteur le catalogue *manuscrit* des petits fonds français parmi lesquels se trouve celui de de Lamarre. En vain encore invoquai-je auprès de M. Hase cette éternelle justice que son ami Pindare appelle le plus solide fondement des républiques,

Βάθρον πολίων ἀσφαλές, Δίκα (1),

mon grec même ne lui fit point fermer la porte des mauvais songes. Et lui, un des doyens de l'Institut, lui « le patriarche de la Grèce savante, et partout révéré de ce qui sait lire *alpha* et *oméga*, » se retranche, plus tremblant que le jeune chevreau en peine de sa mère, derrière le nom de M. Hauréau, le dernier-né des conservateurs, que, disait-il, les manuscrits *français* concernent seul : — M. Hauréau, entré révolutionnairement à la Bibliothèque en violation de l'art. 10

(1) Olympique XIII, 7.

de l'ordonnance du 2 juillet 1839 (1), et au mépris de tous les droits de MM. Guérard, Paulin Paris, Lacabane, Reynaud, Stanislas Julien, savants hommes qui, depuis nombre d'années, remplissent les conditions de la loi et font un long apprentissage des manuscrits que le nouveau-venu, d'ailleurs sans titres scientifiques, ne connaît pas! — Et quand finalement j'en appelle de M. Hase lui-même à l'autorité de son nom et de son initiative, sa timidité met au supplice sa bienveillance et son équité, et il ne trouve, au moment délicat et difficile, que ces dernières paroles dilatoires : « L'affaire est trop compliquée pour que je puisse prendre sur moi la communication que vous demandez. » Ainsi, le débonnaire Prusias criait à Nicomède :

Ah! ne me brouillez pas avec la République!

Tous ces biais, toutes ces complications de finesse, tous ces enchérissements de dénis de justice, ces déplorables équivoques, si indignes d'un grand établissement public, étaient assez clairs. M. Hauréau avait pensé juste : les catalogues donnaient des armes pour battre en brèche le mémoire du Cabinet des manuscrits et les déloyales attaques de la *Bibliothèque de l'École des Chartes*, dont je parlerai tout à l'heure : il fallait à tout prix me céler les catalogues. On m'offrait donc ceux dont je n'avais pas besoin, et l'on me disait qu'il n'y en avait pas. Je m'abstins forcément d'en plus demander, puisque j'en étais réduit à ne pas croire un mot de ce qu'on me répondait : il est plus poli de ne pas causer avec les gens que de leur parler seulement pour les démentir.

(1) « *Article* 10. En cas de vacance dans les places actuellement existantes, les conservateurs et conservateurs-adjoints seront nommés par nous, savoir :

Les conservateurs, parmi les conservateurs-adjoints et les membres titulaires de l'Institut, etc. »

M. Hauréau n'était ni l'un ni l'autre. Il n'en est pas moins porté, sur l'*Almanach national*, comme le premier de tous les conservateurs, au-dessus de M. Magnin, la science argent comptant et la politesse en personne; au-dessus du savant doyen M. Jomard, homme de grand cœur, s'il en fut; au-dessus de M. Hase, le plus timide, mais le plus savant des hommes, le plus fin, sinon par le sentiment littéraire et artiste, du moins par la sagacité qui pénètre, l'érudition qui possède et classe les détails de l'antiquité.

Ces paroles de M. Hauréau : « La Bibliothèque n'a point de catalogues, » ou « tous les catalogues sont *ridicules,* » étaient, ce semble, en même temps que des réponses dilatoires une prétention révélée par ce mot : « Je les fais refaire. » Dans une note solennelle, adressée au ministre de l'Instruction publique, au nom du Conservatoire de la Bibliothèque nationale, mais qui fut rédigée sans la participation du Conservatoire et insérée au *Moniteur* du 28 mars dernier, la même pensée est exprimée sur l'insuffisance des catalogues du département des manuscrits. « Le conservatoire, dit la note, sait que les conservateurs actuels du département des manuscrits ont plusieurs fois déclaré toute la vérité à cet égard; ils travaillent, en ce moment, à la rédaction de *véritables* catalogues, qui auront pour base des *dépouillements sérieux.* » Ainsi, d'un trait on efface les travaux des deux Dupuy, des Clément, des Colbert, des Louvois, des Bignon, des Laporte du Theil, des Capperonnier, des Dacier, des Méon, des Abel de Rémusat, de MM. Hase, Guérard, Paris, Miller. Ainsi, tous les catalogues dirigés ou exécutés par ces hommes, plus amis du succès que du bruit, sont *ridicules;* il n'y a pas eu de *dépouillements sérieux.* — Vite, qu'on marque ce jour d'une pierre blanche : seul, M. Hauréau va donner au monde savant cette joie encyclopédique de feuilleter de *véritables catalogues!* — Et voilà comme on éblouit les ministres les plus éminents, qui, emportés dans le torrent des intérêts et des idées, ne peuvent s'arrêter aux détails administratifs !

Un peu de modestie ne messied cependant à personne, pas plus aux auteurs de catalogues qu'aux auteurs de livres, pas plus aux conservatoires qu'aux individus. Quels seront donc ces catalogues sérieux dont M. Hauréau doit être le créateur et le père?

Seront-ce les catalogues des manuscrits hébreux, arabes, coptes, persans, turcs, chinois, thibétains, sanscrits, hindoustanis, tamouls, et le reste? Non, ces catalogues existent, excellents. Anquetil, Fourmont, l'immortel Silvestre de Sacy, Abel de Rémusat, Loiseleur des Longchamps, Valanguani-Arokium, MM. Münk, Stanislas Julien et

Reynaud y ont mis la main. C'est dire assez. Quatre volumes sont imprimés; un seul est encore manuscrit.

Seront-ce les catalogues des manuscrits grecs ou des manuscrits latins? Pas davantage. Les anciens fonds et les fonds intermédiaires, de même que les acquisitions nouvelles, tout en est catalogué et répertorié. Pour la confection des catalogues grecs, on retrouve l'intervention de Montfaucon, de MM. Hase et Miller; pour la rédaction du supplément latin, on rencontre M. Guérard. Six volumes encore excellents dont la moitié est imprimée.

Ce seront peut-être les catalogues des manuscrits italiens? Non, apparemment, M. Marsan a fait la besogne en deux volumes. — Des manuscrits espagnols? Non, elle a été faite par Ochoa en un volume. — Des manuscrits historiques du Portugal? Non, M. le vicomte de Santarem n'a rien laissé à désirer; il a fait un volume d'une correction irréprochable.

Ah! ce sera donc le catalogue des manuscrits français proprement dits? Ici la besogne est immense, écrasante pour l'esprit le plus actif. Le Cabinet des manuscrits de la Bibliothèque nationale, le plus riche de tous les cabinets du monde, possède environ quatre-vingt mille manuscrits et vingt mille volumes de pièces en toutes langues et de toute époque. Les manuscrits français entrent dans ce nombre pour vingt-cinq mille volumes; mais, prenons-y garde, tant s'en faut que tout soit à faire en ces derniers, et que les catalogues exécutés soient sans mérite. Il y a à distinguer entre les manuscrits et les recueils de pièces. Voyons d'abord les manuscrits.

Le fonds qu'on appelle *l'ancien fonds du roi,* et auquel on ajoute, avec les quelques acquisitions faites de 1730 à 1790, les fonds de Béthune, de Mesme, Brienne, Lancelot, Baluze, Colbert, etc., etc., etc., ce fonds ancien et ses nombreuses annexes ont été relevés sur un catalogue dont un double plus maniable pour le service a été dressé.

Quarante-quatre volumes in-4° forment le catalogue, par ordre de numéros, des manuscrits provenant des couvents et abbayes ou cabinets particuliers entrés à la Bibliothèque depuis 1790. Il y en a un double par ordre de matières.

Quinze volumes complètent le catalogue des acquisitions nouvelles, catalogue sous triple forme et parfaitement à jour.

Enfin, notez ce point-ci : trois catalogues généraux des manuscrits français, espagnols, portugais, italiens, anglais, allemands, hollandais, slaves, résumant en un corps tout l'ensemble des divers fonds en langues de l'Occident, et qu'on appelle du nom générique de *fonds français*;

Savoir : le premier, par ordre de matières : théologie, jurisprudence, philosophie, histoire, beaux-arts, belles-lettres, dressé par Audiffret sur les bulletins de Mouchet; il embrasse quatorze volumes;

Le second, formé, en six gros volumes, des éléments du premier;

Le troisième, en trente-quatre volumes, répertoire par noms d'auteurs, traducteurs et noms d'ouvrages, avec l'indication des fonds et du numéro de chacun des manuscrits.

Faites l'addition. Ajoutez-y quatre volumes *in-folio* d'un catalogue moderne des manuscrits français des fonds nouveaux, exécuté dans l'ordre des numéros, et vous aurez une colonne imposante sur laquelle repose assez solidement la considération des prédécesseurs de M. Hauréau (1). Ce sont de bons travaux exécutés très-sérieusement, très-efficacement, et, si tous ne sont point pourvus de tables de matières, rien de plus simple que de les compléter. Le temps seul fait les catalogues excellents, et réciproquement les bons catalogues seuls survivent. Or, quels services ceux-ci n'ont-ils pas cessé de rendre aux personnes studieuses qui ont vécu dans ce commerce du

(1) A tout cela on pourrait ajouter encore 200,000 cartes exécutées par ordre de M. Guizot, alors ministre de l'Instruction publique, et qui toutes sont relevées et transcrites par ordre chronologique jusques et y compris le XIIe siècle. Ce travail a été suspendu, et cela est fâcheux : on eût pu l'améliorer et le compléter; mais, comme c'est le travail d'un prédécesseur, il est de mode de dire qu'il n'est bon à rien.

passé! Avec de tels éléments, on eût pu, ainsi qu'on l'a murmuré aux oreilles du public, depuis tantôt huit années, imprimer un catalogue général et définitif des manuscrits français, et en langues vivantes, de *l'ancien fonds*, y compris toutes les acquisitions intermédiaires et nouvelles jusqu'à l'année 1790. C'eût été un beau monument de nos richesses historiques et littéraires, bien digne du dépôt qui les conserve. L'Assemblée nationale, toujours si généreuse pour les lettres au milieu de nos détresses publiques, l'Assemblée nationale, qui sent la valeur des catalogues et qui, à chaque vote de budget, les demande avec autorité, sera toujours prête à ouvrir la main, quand on viendra devant elle avec la perspective assurée et prochaine d'un résultat.

Oh! que si encore l'activité du réformateur s'exerçait sur les collections de pièces, à la bonne heure. C'est là que les dépouillements présentent des lacunes; c'est là qu'il y a insuffisance de catalogues; mais, avant tout, il fallait commencer par finir quelque chose. Commencer donc par imprimer les catalogues des manuscrits de l'ancien fonds, lequel, bien entendu, est clos; en dresser ensuite de sérieux des petits fonds ou des nouveaux, qui restent à dépouiller; après cela compléter, quand il y aurait lieu, pièce à pièce, ceux qui sont entrés avec les collections elles-mêmes des Dupuy, de Brienne, de Gaignières, de Joly de Fleury, telle était la marche naturelle à suivre. — Nulles nouvelles. — Que fait-on donc? —Au moins entame-t-on résolûment ce qui n'est pas fait du tout? Non, non. — La montagne en travail pousse la clameur des grands enfantements. A soi seul et armé de deux plumes auxiliaires, rien que deux, on va convaincre deux siècles et vingt savants d'insuffisance et d'erreur. On s'occupe sérieusement à refaire ce qui déjà est sérieusement fait. Exécuter tout bonnement sa partie dans le grand concert, c'est trop banal. M. Paulin-Paris, par exemple, avait déjà dépouillé, en sept volumes in-8° d'un catalogue raisonné, les vieux manuscrits français : on ne continue pas ce travail excellent, on le recommence; on fait table rase; pour ajouter une aile, on abat la maison; on reprend *ab ovo* l'œuvre de Pénélope; et si un successeur de M. Hauréau arrive avec un autre système, comme de juste, — le testament scientifique laissé, l'héritier le déchirera, ainsi que celui-ci déchire le testament de ses devanciers; — ce seront à nouveau table rase, temps, peines, dépenses perdues; le gouvernement continuera à payer sans songer à s'enquérir à quoi ont passé ces énormes dépenses; somme toute, jamais on ne finira de catalogues, puisqu'on les recommence toujours, et, dès qu'on affiche la prétention de les tenir tels quels sous le boisseau, ce sera le cas d'inscrire, à l'encontre de Pic de la Mirandole, sur les portes du Cabinet des manuscrits, la grande thèse de Sanchez : *Quod nihil scitur.*

En attendant, M. Hauréau refait les catalogues des manuscrits français; mais, franchement, ces manuscrits qu'il catalogue, oserait-il bien soutenir en public qu'il sait les lire? L'autre jour, il préparait la publication de minutes de Malherbe distraites du fonds de Baluze et retrouvées dans un autre fonds; il s'escrimait en vain pour les déchiffrer, et fut forcé de recourir à l'assistance d'un employé pour lequel rien n'est lettre close. Que serait-ce si M. Hauréau était aux prises avec un manuscrit du XIIe ou du XIIIe siècle? On ne peut savoir que ce qu'on a appris. Leçon qui nous enseigne comme quoi l'on n'improvise point par décret des bibliographes et paléographes, comme quoi les intérêts publics paient l'apprentissage des hommes nouveaux à l'œuvre d'un si grand établissement que la Bibliothèque nationale! Tout leur est éteuf, merveille et découverte. Ainsi, l'autre jour, on fait bruit au Cabinet des manuscrits d'une trouvaille qui n'avait point été, avant M. Hauréau, signalée dans le petit fonds dit *Résidu de Saint-Germain*, dont le dépouillement était presque achevé à la révolution de février : c'étaient des lettres adressées à la mère supérieure de cette immortelle abbaye, qui fut une puissance par la doctrine et encore plus par la vertu, Port-Royal, et signées *l'évêque de Meaux.* Donc, se dit-on, ce sont des lettres du grand Bossuet. On les porte sur-le-champ, sous ce nom, aux bulletins du catalogue. Vient du dehors un fin connaisseur, qui, tout du premier coup d'œil, reconnaît, ce qu'eût de même reconnu un simple disciple en autographes, que ce n'est nullement de la main de Bossuet, mais de son prédécesseur immédiat, Dominique de Ligny, neveu de Dominique Séguier, anté-prédécesseur du grand Bénigne sur le siége épiscopal de Meaux! — Accordez avec cela la prétention de faire mieux que ses devanciers! — L'impatience du mieux, dit l'histoire à ses premières pages, est souvent l'impuissance. Que si elle se donne le nom de progrès, qu'on se rappelle qu'en matière de catalogues, le progrès est d'achever, d'améliorer, d'entreprendre savamment ce qui est à faire, non pas vainement ce qui déjà est bien fait. Tous ces petits coups d'État par catalogues seraient-ils une forme de ce socialisme pompeux et menteur qui confisque tout, même la liberté, pour tout niveler, et en définitive ne mettre qu'anarchie et chaos sur les débris de ce qui est? Qu'on cesse, dans tous les cas, de se jouer du public en répétant que tout est ridicule et factice dans les anciens catalogues du Cabinet des manuscrits, et qu'on refait aujourd'hui ces catalogues, comme dit Gabriel Naudé, « à pur et à plein, » sur nouveaux frais. La théorie de toutes les révolutions est la désobéissance aux traditions qu'on n'a pas faites; c'est aussi presque partout la théorie des nouveaux venus. Aussi bien cette théorie n'est pas tellement admirée du public qu'elle n'ait forcé le Conservatoire à s'abriter des défiances de l'Assemblée nationale sous le manteau d'une commission prise dans le sein de l'Assemblée même. Ainsi, après tous les fonds dévorés depuis tant d'années, on en est encore à se consulter sur la façon dont on s'y prendra pour ces catalogues que les derniers siècles et la moitié du nôtre n'ont pas achevés (1).

(1) La Chambre des députés avait accordé, en 1837, pour la confection des catalogues des livres, un crédit extraordinaire de cent cinquante mille francs divisé en huit annuités. A la suite de huit ans, le catalogue devait être rédigé et imprimé. L'engagement était pris.

Au bout des huit années, la chambre demanda compte de l'emploi de l'argent. Bien entendu, il était dépensé, c'est une chose qu'on ne néglige jamais. Quant aux travaux, ils n'étaient point encore arrivés à leur terme, et la Bibliothèque demanda quatre ans encore pour dernier délai, et quatre annuités nouvelles pour dernière allocation.

Aujourd'hui, les quatre ans sont écoulés : l'œuvre est-elle accomplie? On va en ju-

En résumé, des catalogues, il en coule à pleins bords au département des manuscrits de la Bibliothèque nationale : je l'ai prouvé. Je demandais, bien entendu, ceux qui sont, non ceux qui ne sont pas. On communique à d'autres. Le prétendu interdit général n'est qu'une moquerie, un tour de passe-passe : depuis lors jusqu'à ce jour, on n'a cessé de les donner au premier venu. L'affaire qu'on m'a intentée est descendue aux mesquines proportions d'une lutte personnelle. On m'a refusé arbitrairement, injustement, déloyalement ce qui était propre à éclairer. Retranchez les catalogues; ce que vous ne retrancherez point, c'est la justice. Non, quelques agents indiscrets qui, par leurs procédés, calomnient l'État, ne sont point l'État. Toujours élevé, paternel, impartial, l'État ne s'obstine pas, comme le plaideur privé, à ne voir qu'une seule face des questions. Il cherche la vérité tout entière et en plein jour; il va au-devant de ceux-là même contre lesquels il lutte, il ne les sacrifie pas à des intérêts individuels, à de petites passions taquines ou à de subalternes ambitions.

IV.

La Bibliothèque m'attaque dans un journal après que l'affaire est engagée devant les tribunaux.

Malgré tout mon désir d'entrer sur-le-champ dans la discussion du mémoire de la Bibliothèque nationale, force m'est (car il faut tout dire) d'ajouter ici au déni des catalogues le récit d'un autre fait, également anormal, survenu à travers tout ce dont nous venons de parler. L'affaire avait été remise par M. Naudet aux mains de l'avoué,

ger. Une commission de représentants et de savants vient d'être nommée pour examiner les catalogues, et l'administration de la Bibliothèque, au lieu de lui offrir un résultat, lui présente des projets et lui déclare que, si l'on daignait accorder *encore douze annuités*, on pourrait espérer de voir enfin le travail aboutir. — Et voilà l'usage qu'on fait des fonds de l'État sous la direction inhabile de M. Naudet!

et j'avais le droit de m'attendre à ce que mes adversaires suspendissent l'attaque jusqu'à l'ouverture des débats. A défaut de l'équité, la dignité le leur commandait. Eh bien! dans une revue bi-mensuelle d'érudition, intitulée *Bibliothèque de l'École des Chartes,* et où n'écrivent que d'anciens élèves de cette école et des membres de l'Institut, parut un article agressif contre moi à propos de ma lettre de Montaigne. Sous prétexte de rendre compte de la brochure de M. Jubinal, on abondait *à priori* dans son sens, on acceptait ses étourderies comme de bonnes raisons; puis, par une surprise ingénieuse, on y rattachait deux autres pièces, qui, disait-on, seraient sorties des papiers du Cabinet des manuscrits et figureraient aujourd'hui dans mes collections. Le but de l'article était évident. On n'avait pas même pris la peine d'y dissimuler la main de la Bibliothèque nationale, et il était signé Lud. L., c'est-à-dire Ludovic *Lalanne,* nom d'un jeune homme récemment chargé d'un travail officiel à cet établissement (le même numéro avait soin de l'annoncer). Pour m'attaquer et abriter en même temps la Bibliothèque que je n'attaquais point, l'auteur argumentait bravement de ces fameux catalogues réservés qui m'étaient refusés, voire de procès-verbaux d'acquisition : documents intimes d'administration s'il en fut, et dont le public, si dédaigné parfois là où il ne devrait trouver qu'empressement et respect, ne saurait, en aucun cas ordinaire, avoir communication. Ce zèle indiscret, qui commettait la Bibliothèque dans la personne d'un de ses confidents, n'avait point été désavoué; le numéro qui la contenait avait même été passé, avec une complaisance empressée toute particulière entre certains membres du Conservatoire, en pleine séance. Les premiers instigateurs de l'attaque se trahissaient dès l'abord.

Je recevais autrefois cette Revue où j'avais trouvé souvent de bons articles spéciaux, et où l'un des écrivains de ce temps-ci, ou plutôt du siècle de Louis XIV, M. Victor Cousin, de l'Académie française, n'avait pas dédaigné, non plus que le savant M. de Monmerqué, de l'Académie des Inscriptions, d'insérer quelques pages. J'y avais renoncé, lors de la révolution de Février, depuis qu'une coterie s'était emparée de la feuille et l'avait transformée en officine de malveillance provoquante et de scandale.

Je ne me serais pas aperçu, je l'avoue, d'une telle attaque, et je n'aurais pas pris la peine de lire l'article, si un ami ne m'en eût avec insistance fait connaître le caractère semi-officiel. Je le lus donc, puisqu'à tout prendre c'était une nouvelle tentative de la Bibliothèque nationale à mon endroit : façon insolite de plaider avant les plaidoiries, et, quand on n'a pas de bonnes raisons, de préparer à son aise contre un adversaire l'opinion publique. J'avais eu peine à croire à la réalité du fait : il fallut bien me rendre à l'évidence; et, je le déclare, l'article ne fût-il point un acte extra-judiciaire injustifiable, il n'aurait pas l'aveu de la saine et décente critique. Quels que soient, en effet, les droits de la polémique littéraire, il n'est permis à personne de faire aussi bon marché du nom d'autrui, et de soulever, sans preuves ni documents, des questions délicates de propriété, d'un ton aussi singulièrement léger. Car, en fin de compte, si l'on n'accuse pas directement le possesseur d'une pièce de l'avoir *dérobée*, à tout le moins le présente-t-on comme un *recéleur*, ce qui ne vaut guère mieux.

Laissons le point du Montaigne, nous y reviendrons assez tout à l'heure; abordons les autres insinuations, non pas à coup sûr pour nous défendre, mais ne fût-ce que pour déblayer le terrain et pour démontrer à la Bibliothèque elle-même combien tous ces petits brouillons, en qui elle se fie si imprudemment, se laissent entraîner par leurs ardeurs à des hallucinations qui troublent l'équilibre de leurs facultés.

« Le tome Ier de l'*Isographie* contient, dit l'article, le *fac-simile* d'une lettre de Louis XI que l'on donne comme appartenant à la Bibliothèque royale. A la fin d'un ouvrage publié en 1841 et intitulé : *Louis XI et le Plessis-les-Tours* (1), on remarque deux planches contenant des *fac-simile* de

(1) Par le chevalier G. H. de Louyette et le comte R. de Croy. Tours, Fidel Chevrier, 1841. Grand in-8°.

l'écriture de Louis XI; la seconde de ces planches reproduit le *fac-simile* de l'*Isographie*, et on lit au bas : Tiré de la collection de M. Feuillet de Conches. — *Il manque deux lettres originales de Louis XI dans le volume* 761 *de la collection Dupuy.* »

L'article poursuit et ajoute :

« Au tome Ier de l'*Iconographie*, on indique encore M. Feuillet comme le possesseur d'une lettre originale de Malherbe datée du mois de juillet 1614, et qui commence ainsi : *Monsieur, ce n'est point icy pour vous donner des nouvelles...* C'est la même lettre qui se lit à la page 592 dans l'édition des lettres de Malherbe publiée en 1822, comme tirée de la correspondance manuscrite de Peiresc conservée à la Bibliothèque royale. »

Avant tout, une question : — Les pièces dont on parle étaient-elles, oui ou non, revêtues de l'estampille qui constitue le droit de propriété des meubles de l'État, représenté par la Bibliothèque? Non; la thèse de M. Lalanne n'est donc pas solide au point de vue du droit. En fait de meubles, possession vaut titre pour tout le monde,—État et particuliers,—sans qu'il soit besoin de prescription. L'État ne saurait par privilége posséder des meubles à titre de domaine public, c'est-à-dire inaliénables et imprescriptibles. Le domaine public est la chose qui, même possédée par un particulier, ne peut être vendue ni prescrite : ainsi un rivage, une route, tant qu'elle est route, etc. Les meubles de l'État ne sauraient encore une fois revêtir ce caractère. L'État et les établissements publics sont soumis aux mêmes prescriptions que les particuliers. M. Naudet, qui soutient la doctrine contraire, se retranche derrière l'arrêt prononcé par la Cour royale de Paris sous la présidence de M. Séguier, dans l'affaire de la signature de Molière vendue par la Bibliothèque, à l'époque où M. Dacier était conservateur. Mais c'est là un arrêt unique qui, tout respectable qu'il soit, en tant qu'arrêt, ne fait pas jurisprudence suffisante, et n'a point été confirmé *en principe* par la Cour de cassation. En effet, bien que la cause lui eût été présentée à ce point de vue, la Cour a évité à dessein de la résoudre par un arrêt de doctrine, elle n'a rendu qu'un arrêt d'espèce, et la question de droit reste encore entière devant elle. Je pourrais donc m'arrêter là préjudiciellement; mais je veux épuiser la question, et faire à de simples présomptions morales les honneurs de preuves légales. Poursuivons donc.

Et d'abord, la lettre de Louis XI, qui ne m'appartient plus depuis longtemps, et que j'ai échangée avec M. Chambry, venait des collections de M. le vicomte F. de Villeneuve-Bargemont, à qui je ne ferai pas l'injure de le défendre. « Il manque, » dit l'organe de la Bibliothèque nationale, « deux lettres originales de Louis XI dans un volume de la collection Dupuy. » L'insinuation est mieux que transparente, elle est directe. « Il manque; » mais depuis quand? et qui prouve que ces lettres soient jamais entrées à la Bibliothèque, fussent-elles portées sur les catalogues rédigés avant leur entrée? Où est la preuve, le commencement de preuve que la pièce en question soit l'une des pièces dont on signale la lacune? Eh bien! moi, je sais d'où vient primitivement l'autographe, et je mets la Bibliothèque au défi d'en justifier la mention *la plus succinctement descriptive* dans l'un de ses catalogues. Louis XI qui se piquait de belles-lettres, Louis XI qu'une critique assurée déshériterait difficilement de sa part dans les *Cent Nouvelles nouvelles*, est un des rois de France qui ont le plus écrit. S'il ne remontait chronologiquement très-loin de notre Henri IV, ce rival souvent heureux de Montaigne en finesse et couleur de style, peut-être trouverait-on de lui autant d'épîtres que du bon Henri. Ses autographes ne sont pas rares; ses signatures sont communes. Or, à lire l'insinuation : « Il manque... » on eût dit qu'il s'agît d'un de ces joyaux notoirement uniques sur lesquels il n'y a point d'équivoque possible. On eût dit qu'il s'agît au moins de cet autographe de Sarpédon à Priam, qui, au temps de Pline l'ancien, faisait le charme de l'École des Chartes de la Nouvelle-Troie.

L'*Isographie* (1), objecte-t-on, a donné la lettre à la Bibliothèque :

(1) Isographie des hommes célèbres ou *Collection de fac-simile* de lettres autographes et de signatures, publiée par MM. L. Bérard, receveur général, le marquis de Châteaugiron, membre du conseil-général de la Seine, Duchesne aîné, conservateur à la Biblio-

belle raison ! la Bibliothèque accepte le présent, c'est tout simple; mais le don de la chose d'autrui est nul, a dit, ce semble, le Code civil. L'*Isographie* abonde en dons de cette nature, en mentions erronées, comme tous les livres à citations, et j'en pourrais fournir ici des traits assez piquants. Que dirait, par exemple, M. l'administrateur général si, un jour, M. de Villeneuve lui tenait ce discours : — « Vous avez, dans un des volumes de la Bibliothèque, une lettre originale, mi-partie autographe, de *Charles-le-Téméraire* (je l'y ai vue) : je viens la revendiquer. — Votre titre? — Celui que vous invoquez vous-même pour le *Louis XI* : l'Isographie, qui indique l'original du *Charles-le-Téméraire* comme m'appartenant. »

Sur un pareil titre de propriété, M. Hase rirait tout d'abord à ventre déboutonné dans son jardin des racines grecques, et M. l'administrateur général aurait avec raison quelque peine à garder son sérieux. Cependant, pour être conséquent avec lui-même, le Cabinet des manuscrits devrait incontinent remettre la pièce au réclamant; sinon qu'il en finisse avec ces misérables insinuations, et qu'il nous permette de lui rappeler, au nom de l'égalité devant le bon sens et devant le rire, ce mot d'Horace : *De te fabula narratur.*

La vérité est qu'ici, dans l'*Isographie*, les cartes ont été brouillées : on a attribué à la Bibliothèque ce qui était à M. de Villeneuve, à M. de Villeneuve ce qui était à la Bibliothèque.

Comment s'étonner qu'en une si grande accumulation de noticules sur un millier de *fac-simile*, l'ouvrier lithographe se soit trompé et ait mis parfois un nom pour un autre? On s'étonnerait plutôt du contraire; et c'est précisément ce que nous écrit, en date du 13 mai dernier, l'un des éditeurs de l'*Isographie*, l'honorable M. Duchesne aîné, conservateur des estampes à la Bibliothèque na-

thèque royale, et Trémisot, chef de division à la préfecture de la Seine. Trois volumes grand in-4°. Paris, 1828-1830. C'est un bon recueil, sauf quelques erreurs d'attributions dont plusieurs ont été réparées en un quatrième volume donné plus tard chez Téchener par M. Berthier, ancien sous-préfet, avec l'aide du lithographe Delarue, qui avait déjà exécuté les trois premiers volumes, et est un des plus grands connaisseurs en écritures.

tionale. Tout le monde sait aujourd'hui d'ailleurs qu'au temps où se fit le recueil de l'*Isographie,* on attachait assez peu d'importance à l'exactitude rigoureuse de ces attributions d'origine. Fort souvent même un éditeur, encore bien qu'il n'eût puisé que dans une collection particulière, renvoyait sciemment à la *Bibliothèque royale,* soit pour rehausser l'authenticité de la pièce et donner plus de relief à sa publication, soit pour dissimuler le nom du possesseur et lui sauver les curiosités importunes. On ne savait pas prévoir de si loin que c'était créer autant de titres aux prétentions tardives du Cabinet des manuscrits. Ainsi l'*Isographie,* par une erreur commise à dessein, sur la demande expresse du détenteur de l'original de la lettre de Raphaël qu'elle a reproduite, attribua cet original à la Bibliothèque (c'est un fait dont M. Duchesne lui-même témoigne); celle-ci, sur un pareil titre, aurait-elle porté sérieusement la merveilleuse rareté à ses catalogues?

Le continuateur de l'*Isographie* a puisé à pleines mains, pour son quatrième volume, dans les collections des amateurs, dans la mienne particulièrement. Je ne m'amusai guère à contrôler la façon dont il indiquait les provenances. Je n'ai même connu son volume qu'un an après. Des pièces m'appartenant avaient été attribuées au comte d'Hauterive et à M. Lalande; à moi, on avait donné la propriété de MM. de Châteaugiron et Chambry. La Diane de Poitiers, le Mathieu Molé, le Joseph II étaient à moi; le Gabriel Naudé à Châteaugiron, Nous sommes-nous fait titres authentiques de ces erreurs les uns contre les autres? Encore une fois, les titres à propos de Louis XI n'ont pas plus de consistance.

A se laisser aller au rapide courant d'une pareille légèreté, il est peu de généreuses communications d'autographes qui ne devinssent des armes contre les collections particulières. Spéculation nouvelle à ouvrir que celle des catégories de suspects, des procès de tendance, des inductions captieuses, des pâtés d'encre postiches, pour racoler contre la propriété privée! Si les condottiers littéraires ne sont pas encore à l'affût, il en surgira des bas fonds, gardez-vous d'en douter, pour peu qu'il y ait profit; — esprits déguenillés, auxquels pendent des lambeaux de chartes, ergoteurs acariâtres qui s'admirent à travers les trous de leur amour-propre et de leur souquenille de parchemin, et que ronge incessamment le triste génie de la délation.

Le premier chef, celui du Louis XI, étant écarté, voyons si le fait du Malherbe est mieux justifié. On va en juger. D'une dizaine de lettres ou poésies de Malherbe que je possédais, quand Mme Delpech m'en demanda une pour son *Iconographie française*, je n'en avais pas qui fût sur une seule page, et répondit au désir de l'habile éditeur. Le bon Villenave, de si regrettable mémoire, prêta celle qui fut lithographiée, et mon nom fut inscrit par mégarde au bas, parce que c'était moi qui l'avais remise au lithographe. L'original, suivant la Bibliothèque de l'École des Chartes, aurait fait partie des volumes de la *Correspondance de Peiresc*, qui sont au Cabinet des manuscrits. La raison, la seule qu'elle donne, c'est que la lettre figure à ce titre dans la *Correspondance de Malherbe* publiée en 1822 par Blaise le libraire. Des preuves légales, pas plus que pour le Louis XI. Ainsi, point d'estampille, cette preuve parlante qui imprime le caractère public à une pièce, point d'inscription nominale sur une table, sur un catalogue authentique quelconque. Si les volumes manuscrits de Malherbe à Peiresc étaient bien classés, si chaque lettre en était reliée à sa date, on irait droit à la place qu'aurait dû occuper l'épître en question, qui est du 4 juillet 1614, et l'on jugerait sur-le-champ s'il y a lacune. Malheureusement les pièces sont fort mal rangées; si mal, qu'on y est en un vrai labyrinthe, et que les stances célèbres :

Que d'épines, amour, Accompagnent tes roses!

composées, en 1609, par Malherbe, à l'intention de Henri IV, amoureux de la princesse de Condé, sont placées à trente-deux numéros de distance de la lettre qui les renfermait : *disjecti membra poetæ*. Néanmoins, on trouverait çà et là des lacunes accusatrices qui mettraient sur la voie. Eh bien! dans le premier volume, place naturelle de la lettre, pas la moindre lacune ni de numéro d'ordre, ni de pagination. Dans le second, il manque trois pièces autres que celles du 4 juillet. A part ces trois numéros, tout est au complet, et la numération remonte de 1828 à 1830, époque où les volumes sont rentrés de la reliure. Car, par parenthèse, pour un si grand établissement, la Bibliothèque nationale n'a point chez elle, comme la bibliothèque du Louvre, ses ateliers de reliure. Le croirait-on! elle envoie en ville, — autre chance de pertes, — ses recueils les plus précieux de pièces, même avant de les avoir numérotés et estampillés (cela est incontestable pour ceux dont nous parlons, et pour bien d'autres que je nommerais au besoin)! — Ainsi donc, à défaut d'estampille et d'enregistrement, nous en sommes réduits au seul et unique témoignage de Blaise; mais il n'est personne, tel peu versé fût-il en bibliographie, qui n'objectât sur-le-champ : Méfiez-vous des dires de cet homme sur toute question littéraire ou historique. Et de fait, il porte la lettre dont il s'agit comme adressée à Fabri de Peiresc : erreur matérielle et démontrée, pièce en main : la lettre est écrite au poëte gentilhomme, Honorat de Breuil, marquis de Racan. Or, les volumes en question se composent exclusivement des papiers littéraires et de famille de Peiresc. Racan, qui n'appartenait point au courant de la même société, n'y est pour rien. Qu'on y trouve des lettres et notes de et à Reynaud de Calas, le père de Peiresc, de et à Palamède de Valavez, qui était son frère; qu'on trouve même quelques papiers primitivement adressés à l'illustre Du Vair, alors premier président du parlement de Provence, et à M. de Lacépède, président au même parlement, — deux personnages aux côtés desquels siégeait le conseiller Fabri de Peiresc, rien de plus naturel. De et à Racan, pas une ligne. Je ne sache même point que son simple nom figure jamais dans ces papiers ni dans les autres correspondances de Peiresc, bien plus nombreuses à Carpentras.

Racan, jeune encore, avait fait connaissance, depuis 1605, à la cour, avec Malherbe vieillissant, et les lettres de Malherbe, devenu son maître, le suivaient dans ses garnisons. Il était à Lyon en juillet 1614, date de la lettre du maître, aujourd'hui en discussion. J'ai la réponse de la main du jeune poëte. Malherbe avait annoncé un M. de La Verdière, qui depuis longtemps devait passer par Lyon pour se rendre à Marseille. Racan répond que, ce jour-là, les officiers de la garnison donnaient aux dames de la ville un cadeau sur la Saône, qu'il y a convié M. de La Verdière, lequel s'est montré bon compagnon, a fait bonne chère, et a joui d'un superbe divertissement de musique où lui, Racan, avait de son mieux fait sa partie (1).

D'où vient donc l'erreur? Tout va s'expliquer, si l'on me permet, ne fût-ce que pour jeter quelque variété en ces fastidieux détails, un mot encore de digression sur les lettres de Malherbe, qui en valent bien la peine littérairement et historiquement parlant.

Ces lettres constituent de véritables mémoires du temps, à partir du mois de février 1606 au mois d'avril 1628. Alors qu'on n'avait point encore de journaux littéraires et politiques, chacun avait dans les grands centres son informateur : Malherbe en servait à Peiresc. Il voyait et disait bien. L'homme de France qui a le mieux étudié le fond et les détails de l'histoire du siècle de Louis XIII, M. Bazin, dont tout le monde a lu l'excellent livre couronné par l'Académie française, a tiré grand parti de cette précieuse correspondance, si vivante de faits et d'authenticité. Elle sommeillait, connue seulement de quelques curieux, au Cabinet des manuscrits, lorsqu'en 1822, Blaise, qui était de Caen, voulut élever un monument à son grand compatriote Malherbe, en donnant une magnifique édition de ses ouvrages. Les conservateurs de la Bibliothèque royale indiquèrent la correspondance inédite. Blaise la fit sur-le-champ copier, malheureusement par un copiste inintelligent. L'édition devait être révisée littérairement par M. De Lamalle, puis, sur son refus, par M. Villenave; finalement, elle n'eut d'autres soins littéraires que ceux du pauvre Blaise, le meilleur des hommes, mais un puits

(1) Parmi les brouillons de vers que je possède de Racan, se sont glissées des rimes de verve par trop gauloise du maître, copiées par l'élève. Rien ne justifie mieux le surnom de *père Luxure* qu'avait reçu Malherbe à l'hôtel de Bellegarde. Cet homme, qui « réduisit la Muse aux règles du devoir, » l'eût à coup sûr traitée comme Daphné, s'il eût été Apollon.

d'ignorance (nous-mêmes que savons-nous?), et, comme cet ancien, Blaise la fit belle, ne pouvant la faire bonne. Blaise est le même qui, imprimant, en 1820, l'édition des lettres de Mme de Sévigné, donnée par M. de Monmerqué, voulut, à l'insu de ce savant, y mettre du sien, et fit graver à grands frais, par Masquelier, en tête du premier volume, avec le nom de la vraie marquise de Sévigné, le portrait de sa bru. Il était de la même force en belles-lettres qu'en iconographie. Quand il annonça, dans l'Avertissement des poésies de Malherbe, la publication prochaine de la correspondance qui venait de lui être signalée, il dit que cette correspondance est adressée *à un sieur de Peyresq*, comme s'il était permis d'ignorer, quand on se mêle de publication, ce que c'est que Nicolas-Claude de Peiresc, ce *procureur général de la littérature*, comme l'appelait Bayle; *une pièce de naufrage de l'antiquité*, comme l'appelait Balzac, et qui entretenait dans tous les pays des rapports épistolaires avec l'élite des lumières de son siècle dans les sciences, les lettres et les beaux-arts :

Omnes cœlicolas, omnes supera alta tenentes.
(*Æneid.*, l. VI, v. 788.)

Cependant, de son côté, Villenave possédait deux lettres autographes de Malherbe à ce Du Périer, célèbre par les *Consolations de Malherbe*, sur la mort de sa fille (1599) :

Ta douleur, Du Périer, sera donc éternelle?
. . . .
Et, rose, elle a vécu ce que vivent les roses.
. . . .

Il en possédait aussi vingt-neuf autres adressées à Racan, desquelles sept seulement étaient connues par l'édition de Barbou. Quand il dut être chargé de l'édition des lettres à Peiresc, il projeta d'y joindre ses lettres à Racan et à Du Périer. On les copia, comme le reste, sur feuilles séparées; mais l'arrangement ayant été rompu entre l'éditeur et le libraire, les copies furent rendues, sauf une ou deux à l'adresse de Racan, qui se confondirent avec celles de Peiresc, et furent mises à son adresse. Villenave troqua avec moi deux de ces lettres; il en céda deux autres à M. Lalande, en garda une qui s'est vendue dernièrement à sa vente, et céda les vingt-six restantes au comte Orloff, à Saint-Pétersbourg, où elles dorment inédites. Quand parut avec sa fausse attribution la lettre du 4 juillet, dans l'édition de Blaise, Villenave se fâcha; il n'était plus temps. Cette fausse attribution n'est pas la seule dans l'édition de Blaise : le n° 20 (10 août 1607), bien réellement adressé à Peiresc, est mis sur le compte de Du Périer, *conseiller du roi au parlement de Provence* (1), et, par contre, le n° 71 (sans date, mais de juillet 1610), donné comme écrit à Peiresc, doit être rendu au président de Lacépède. De tout cela, l'auteur de l'article de la Bibliothèque de l'École des Chartes, qui ne voit qu'un seul côté de la question, et, par malheur, le côté faux, ne se met point en peine. Une chose cependant aurait dû l'avertir à l'endroit du n° 57 (4 juillet 1614) qu'il a cru, sur la foi de Blaise, avoir appartenu au Cabinet des manuscrits; — c'est la date même de cette lettre. S'est-il demandé pourquoi ce numéro, qui est bien du 4 *juillet* (voir le *fac-simile*), porte à l'édition la date du 5? C'est que, pareil aux autruches qui cachent leur tête et croient qu'on ne les voit pas, l'éditeur, qui avait déjà une très-longue lettre sous la date du 4, et ne comprenait pas comment deux épîtres adressées à la même personne, et ne se référant pas l'une à l'autre, pouvaient avoir été écrites le même jour, changea tout bonnement la date de la seconde, et se crut quitte envers son auteur.

M. Lud. L. n'a pas vu cela. A quoi bon, je vous prie, être élève de

(1) Double erreur. François, fils aîné de Laurens Du Périer, était de famille établie depuis le xve siècle en Provence; mais il n'y exerça point la charge de conseiller au parlement. Malherbe, qui parle souvent de Du Périer dans ses lettres, y fait une fois allusion au titre de gentilhomme de la chambre dont il était revêtu auprès de Henri IV, et dont, en effet, il exerça la charge depuis 1607. Il demande *comment il a gouverné le roi*, ce qui, dans le langage de cour, voulait dire avoir entretenu le roi.

Du Périer eut un fils nommé Scipion, qui fut un des jurisconsultes les plus éminents de son temps, et excella en doctrine et en éloquence. Mais le plus clair de la réputation de François, c'est l'honneur d'avoir eu une fille chantée par Malherbe.

l'École des Chartes et expert patenté avec paraphe? Ce n'était pas cependant chose à faire de léger et sans réflexion que de toucher à si délicat sujet que les lettres de Malherbe. Il y fallait regarder, peser, comparer, faire en conscience son métier de paléographe et philologue, et prendre possession du véritable terrain de la critique. Beaucoup était à apprendre dans cette correspondance, beaucoup à reprendre dans l'édition. Plutôt que de perdre son temps à glisser le feu grégeois sous les collections d'autographes et déshonorer la science, que n'a-t-on tiré l'or du fumier de Blaise en préparant une édition nouvelle qui traduisît la lettre et restituât l'esprit de Malherbe? Ce travail, utile à l'histoire et aux belles-lettres, eût eu en même temps cet avantage de conduire comme par la main l'auteur de l'article à des conclusions diamétralement opposées aux siennes.

Comment, en effet, ne pas broncher en s'appuyant sur un document où s'est exercée la Minerve de Blaise? Il est pitoyable de voir tomber aux mains du premier venu la publication d'un si précieux livre, quand, pour le bien faire, il eût fallu science et amour. Aussi, sur les fautes que les usages de prononciation du temps, soit à la cour, soit en sa province de Normandie, faisaient commettre à Malherbe lui-même, en matière d'orthographe de noms propres, à une époque où l'orthographe n'était guère fixée sur rien (fautes bonnes à noter littérairement), Blaise renchérit par les plus étranges bévues, et en outre il défigure le texte de non-sens ridicules. Rien de plus variable que la façon dont il plaît à Malherbe lui-même de signer son propre nom. Il écrit successivement *Malcherbe*, *Malerble*, *Malerbe*, *Malherbe*, *Demalherbe*, *Fr. de Malherbe*. Ce Peiresc auquel il écrit si souvent, dont il reçoit de si nombreuses lettres, il estropie son nom de toutes les manières; il l'écrit indifféremment sur ses adresses : *Peresq*, *Peyresq*, *Perez*, *Peiretz*, *Peyres*. Il varie également à l'aventure l'orthographe du nom du président de Lacépède. Il écrit *Desdiguières* pour de Lesdiguières, *Suilly* pour Sully, *Pisieu* pour Puysieulx, *de Valves* pour de Valavez, *Montlors* pour Montlaur,

Mercure pour Mercœur, *Burgos* pour Burgaw, *Rebiez* pour Ribier. Disputez donc sur l'orthographe des noms propres avec ce qu'on appelle les monuments! Mais sur tout cela Blaise triomphe : il imprime (je cite au hasard) : le siége de *Mons* au lieu du siége de Meurs (p. 6); *de Biennes* pour de Bresves (p. 15); *de Saint-Paul* pour de Sault (p. 22); *Camolix* pour Corriolis, nom de la femme de Malherbe, son héros (p. 36); *M. le Grand*, c'est-à-dire le grand-écuyer, M. de Bellegarde, au lieu de Mme La Grand (p. 39); *St-Non* au lieu de St-Avon (p. 41); *de Bressure* pour de Bressuire (p. 42); *Beys* pour Rys (p. 44); encore *Beys* pour Boyer (p. 47); Mme *de Thermas* au lieu de Mme de Nemours (p. 52); Mme *de Nevers* pour Mme de Rohan, et le duc de *Nevers* pour le duc de Retz (p. 78); le comte *de Canoo* pour le comte de Carces (p. 82); Mme de *Tenville* pour Mme de Leuville (p. 88); de *Brosso* pour de Boësse (p. 100); de *Sommeray* pour de Souvré, et le père *Boutrye* au lieu du père Gonthier (p. 111). Je m'arrête; j'en aurais des pages. Mais, Dieu juste! que de faux sens (1)! Je ne parle pas des transpositions de lettres, des fausses dates : le libraire-éditeur n'a pas été en cela plus soigneux et plus intelligent que le classificateur des manuscrits à la Bibliothèque nationale.

« M. Du Périer, avec votre congé, trouvera ici une très-affectionnée prière; » il y a dans l'édition : « M. Du Périer, *ainsi que votre ami*, trouvera..... (p. 11). »

Au lieu de « intercessants, » Blaise imprime *intéressants* (p. 31).

« Je ne suis capable de mériter l'un et de témoigner l'autre, » il met « de *mentir* l'un et de témoigner l'autre (p. 34). »

« Mme de Sault s'en va en Provence « pleine de *larmes*, » lisez

(1) On ne peut objecter que ce soient des fautes d'impression. L'édition est sortie des presses correctes de Jules Didot, et de plus toutes les fautes se retrouvent avec les mêmes notes dans une copie des lettres exécutée sur la copie primitive qui a servi à l'impression. Cette seconde copie, faite pour feu le marquis de Fortia d'Urban, de l'Institut, a été achetée à la vente de cet académicien par M. Bazin. C'est la même dont M. Quérard a parlé dans sa *France littéraire* comme d'un manuscrit composé de lettres inédites.

« pleine de lauriers (p. 38). » — Cet homme est « *fin, souple,* » lisez « est fort simple. (p. 40.) »

« M. le Connétable et Mme d'Angoulême y ont *renoué;* » il faut « dansé (p. 69). » Voyez l'horreur d'un pareil changement, qui calomnie, avec le pauvre Connétable, Charlotte de Montmorency, sa fille, duchesse d'Angoulême, cette femme charmante qui dansait filialement en tout bien tout honneur, et n'avait jamais fait parler d'elle!

Ailleurs, il y a « enfants, » Blaise met « *éléphants;* » « la couronne ducale, » il met la *couronne du côté* (p. 76). Il écrit « Je fis voir au roi *l'écriture* » au lieu de « l'inscription (p. 81); » « j'y trouvai une requête au roi, qui semble faite *chez* le chancelier, » au lieu de « contre le chancelier (p. 90); » — « on prend une *tenture,* » lisez « une lanterne (p. 94); » qui disent « *qu'ils l'ont su avec le dedans,* » lisez « que l'on s'en moque là dedans (*ibid.*). » Une autre fois il y a: « Hors d'hypocrisie. » Blaise imprime « hors *d'y penser* (p. 97); » « j'écris en la présence, » il imprime « *en l'absence* (p. 101). » On lit à l'édition: « L'archiduc lui donne et à madame sa femme de *l'exercice,* » substituez « de l'Excellence » (p. 107); « Il s'est baillé des *repos de reste,* » écrivez « des copies de cette lettre (p. 108). »

J'en passe, et des meilleures. Aussi bien, au temps de la moisson et des vendanges, faut-il laisser des épis aux glaneuses et des raisins aux grapilleurs. On en a vu assez pour juger combien le bon Blaise était peu propre à sa tâche, et peu digne d'être cité sans un sévère examen, d'autant qu'il ajoutait à son ignorance la manie des notes. Il en fait de grammaticales qui sont souverainement saugrenues; il en fait d'une autre nature qui ne le sont pas moins: *ne sutor ultrà crepidam.* Ainsi, Malherbe (p. 281) raconte comme quoi son compère et celui de Peiresc, du Monstier, le célèbre dessinateur de crayons, qui avait des livres et de la lecture, et était encore plus spirituel deviseur que peintre habile, a fait, à la maison de la Vieille-Monnaie, le croquis d'une ancienne verrière, représentant quatre ou cinq renards qui mangent des images, tendant à un monde qui est au-dessus, que quelques-uns d'entre eux tiennent déjà, et égratignent des pieds de devant. Au-dessous était l'inscription suivante :

Soutiz renards et grands mangeurs d'images,
Pour haut monter contrefont les bigots;
Puis, quand ils sont montés sur les ergots,
Au monde ils font merveilleux dommages.

Blaise met en note : « *Soutiz* pour *ceux-ci* ou *ces*. Il est encore dans le patois franc-comtois, dans le même sens. » Étrange bévue de l'annotateur, qui n'a pas vu que ce mot signifie tout bonnement *subtils*.

Tel est, encore une fois, l'habile homme dont un paléographe de profession invoque le secours pour troubler la propriété particulière; voilà comme, à l'ouverture d'un procès entamé par la Bibliothèque nationale, un des affiliés à cet établissement a le courage d'attaquer en dehors du prétoire. Les insinuations qui me sont personnelles ne sont pas les seules qui parent l'article de la Bibliothèque de l'École des Chartes; les pauvres amateurs d'autographes en général défraient la triste gaicté de l'auteur. Malheureusement pour lui, l'arme se brise entre ses mains, et le ridicule vient le disputer à l'odieux. Lisez plutôt ce qui suit sur les prétendus vols commis au Cabinet des manuscrits; car on en met, par système, plus qu'il n'y en a eu .

« Le fait suivant, dit M. Lalanne, pourra donner une idée de la hardiesse avec laquelle on se livre au commerce des autographes volés à la Bibliothèque nationale.

« Dans le catalogue de la vente opérée le 4 février 1847, sous le nom du baron de L. L., nous lisons l'article suivant : « N° 241. Estrées (Gabrielle d'), fragment ou fin d'une lettre, six lignes autographes et signées « à Madame ***; une page petit in-folio (pièce de l'*Iconographie*). » Or, en nous reportant à l'*Iconographie*, publiée en 1840, nous trouvons la même pièce indiquée comme *tirée des manuscrits de la Bibliothèque royale de France*. »

Voilà qui est poussé dans le dernier galant, et vaut *la lune tout entière* du vicomte de Jodelet. Faute d'avoir suffisamment « attaché sur la chose la réflexion de son odorat, » l'auteur n'a pas reconnu que ce prétendu autographe de la belle Gabrielle, si méchamment *volé* à la Bibliothèque, et livré aux enchères, au soleil du quinquet de la salle Silvestre, par mon digne ami le baron de Laroche-Lacarelle, était en définitive, quoi? Un *fac-simile lithographié* mis comme tel sur table. L'original n'a pas quitté sa place. Le *fac-simile* avait été imprimé avec un rare bonheur sur papier du temps par Mme Delpech, non certes pour tromper, mais pour montrer jusqu'où pouvait aller son talent d'imitation. C'est un fait dont le procès-verbal du commissaire-priseur ferait foi, si le premier balayeur de la salle ne le savait de reste.

Troisième fait conséquent aux autres, comme la petite oie du marquis de Mascarille était congruente à son habit.

En vérité, en vérité, que gagnent les hommes à chercher ainsi à se diminuer les uns les autres? On a dérobé, depuis longues années, des manuscrits à la Bibliothèque nationale, témoin un de ses employés, le Dauphinois Aymon, qui, en 1707, s'enfuit en Hollande; on a dérobé aux archives du ministère de la Marine, alors qu'elles étaient encore à Versailles, témoin un employé qui mutilait, pour en enlever les armoiries peintes qu'il plaçait dans la collection de son fils, les états manuscrits de la marine dressés sur peau vélin pour le roi Louis XIV par les soins de Colbert et de Seignelay. Est-ce une raison pour rendre les amateurs responsables de tous ces méfaits et se permettre un mot comme celui-ci (même article de la Bibliothèque de l'École des Chartes) : « *Fort heureusement la pièce de Montaigne découverte par M. Jubinal dans la collection Dupuy était restée ignorée du public et des* AMATEURS. » Ou cela ne veut rien dire, ou cela signifie que les amateurs l'auraient volée, variante de la thèse déjà plusieurs fois émise par les sieurs Lalanne et Bordier : « que tous les amateurs sont des voleurs, » ce qui est ni plus ni moins une grossièreté calomnieuse. Est-ce que, par hasard, les amateurs privés auraient à rendre compte au premier quidam venu de leurs jouissances littéraires et historiques?

Dès le moment où éclata la révolution de Février, surgirent du sein de l'École des Chartes trois ou quatre petits brouillons, parfaitement ignorés, qui eurent la prétention de s'instituer révolutionnairement et d'office les gardiens et vengeurs de la Bibliothèque nationale, et, pareils à ces autres qui, parlant d'eux seuls, disent « le Peuple, » ils s'arrogèrent le droit d'insulte à tort et à travers, au nom de l'École tout entière, que, sans mission, ils faisaient parler.

Pas un n'avait eu l'honneur de mettre les pieds dans le cabinet d'un collecteur, et ils parlent et tranchent sur ces cabinets comme s'ils en eussent fait l'inventaire par première et dernière, comme s'ils eussent acquis la preuve légale que c'est la Bibliothèque nationale qui fait les frais des plaisirs des amateurs. Il n'est sorte d'insinuations malveillantes et odieuses qu'ils n'aient, — non pas publiées (ils n'ont pas osé, s'attendant bien à être châtiés par la loi s'ils y eussent donné prise), — mais dites anonymement et à l'oreille, par le procédé dont Beaumarchais a indiqué le secret. Ils ont remué des gardes d'archives, tourné autour de ministres et de magistrats pour arriver à faire parler d'eux et à faire servir leur érudition au triomphe de haines de commande, en compromettant quelque nom honoré. A quoi ont-ils réussi? A se faire débouter, à indigner les honnêtes gens, à se faire éliminer unanimement par leurs collègues du bureau d'administration de cette Bibliothèque de l'École des Chartes, rendue aujourd'hui à des gens de cœur, à des plumes dignes et mesurées. Et de fait, après deux ans de cris impuissants, quelle a donc été la formule vengeresse, si bruyamment prédite, de ces Jupiters tonnants de la paléographie? quel a donc été leur acte d'accusation foudroyant et définitif? On l'a vu : ce furent ces naïves attaques à propos de lettres de Louis XI, de Malherbe et de Gabrielle d'Estrées! C'était pourtant ce qu'ils avaient de mieux contre les amateurs d'autographes; c'était le fruit condensé de leurs sueurs malignes. Quelle pitié! De pareilles insinuations étaient trop aisées à détruire, une fois produites; mais comment discuter les impostures plus subtiles qu'on ne produit pas, où l'on ne particularise rien, afin, comme dit Pascal, d'ôter toute prise et tout moyen d'y répondre. « Ces gens-là, dont on sait les histoires par

« tout le monde, sont si évidemment injustes, et si insolents dans « leur impunité, qu'il faudroit que j'eusse renoncé à Jésus-Christ et à « son Église, si je ne détestois leur conduite, et même publiquement, « autant pour me justifier que pour empêcher les simples d'en être « séduits. »

Ces dernières paroles sont de la xve Provinciale aux jésuites. Cela est dit notable et vient au propos de nos calomniateurs. Allons, mes révérends pères : A une autre cuvée! De celle-là rien ne reste.

Les imprudents! De quoi se mêlent-ils? Quelle mouche les pique? quelle rage les possède? Est-ce qu'ils avaient été en rien provoqués? Est-ce qu'on songeait seulement à leur personne? Ils oublient qu'on donne à ses adversaires des libertés égales à celles qu'on se permet avec eux, et que ceux-ci pourraient en prendre de grandes à leur égard, placés qu'ils sont dans le cas de légitime défense. Heureusement que les amateurs paraissent n'en avoir souci. On consent bien à sortir de ses préoccupations et de ses affaires pour sentir un quart d'heure, pour se reposer dans le passé, pour renaître en quelque sorte par les autographes aux sociétés qui ne sont plus, et renouer avec elles les conversations familières au fil rompu par les siècles; — mais, à quelque ordre de curieux qu'on appartienne, studieux ou frivole, savant ou léger antiquaire de boudoir, on ne consent point à profaner ce paisible et innocent plaisir au contact de luttes pédantes, de disputes vulgaires, de plates ergoteries. — Moi, qui depuis trente-quatre ans me plais aux choses de collections et d'autographes, je n'ai trouvé nul crime à cette façon de m'instruire en butinant discrètement les secrets des grands hommes en déshabillé. J'ai vu les personnages les plus éminents dans la politique et dans les lettres, les Guizot, les prince de Metternich, les sir Robert Peel, les Victor Cousin, les baron de Verstolck de Zoelen, les Radowitz, etc., se distraire à ramasser ainsi ce qui est une preuve ou un ornement de la vérité, ce qui peint quelque coin de l'âme humaine, ce qui se présente comme la science rendue sensible. Je les ai imités de loin :

Where the bee sucks, there suck I;

(Où butine l'abeille, là je butine.)

Je n'avais pas cru que l'abeille eût un jour à se souvenir de son dard pour se défendre, ni qu'il fallût ajouter avec Shakspeare :

There I couch when owls do cry.

(Là je repose aux heures où les hiboux poussent leurs cris.)

Voyons un peu cependant, puisque nous voulons en finir une bonne fois pour toutes, ce que sont au vrai ces attaques contre la propriété des amateurs. Qu'est-ce que cette fureur de représenter par toutes les voies malhonnêtes ces pauvres bonnes gens comme mettant à mal la Bibliothèque et suant le vol et le recel? Je n'accuse ni ne dénonce, car je ne demande rien : je suis de la faction des contents et n'ai de haine (je ne dis pas de mépris) pour personne; mais ce qu'il en est, je le vais dire, puisqu'on m'en a donné le droit : « *Tell truth and shame the devil* (dis la vérité et moque-toi du diable), » a dit Shakspeare; « *Wahrheit gegen Freund und Feind* (vérité pour ami comme pour ennemi), » a dit Schiller. — Eh bien! toute cette paléographie enfiellée n'est que le fruit de la décadence du sentiment moral; elle n'est autre chose qu'une des formes, un des symptômes morbides de la jalousie, de l'envie, qui travaillent une portion de la société dans ces temps de bouleversement, et qui ont attendu à point nommé une révolution pour éclater. Toute propriété, grande ou petite, est un crime aux yeux de qui n'a pas : « Nous n'aurons point, mais du moins d'autres non plus n'auront point à eux seuls. Nous ferons rendre à la communauté, rentrer à l'État. » Sur cela, on essaie de troubler l'eau transparente, de crever les outres des mauvaises passions, et, grâce à la facilité de ce temps à se payer de mots, il se trouve toujours quelques esprits faux et superficiels qui suivent ces fougues, comme le poisson fait la marée.

« La Croix du Maine, s'écriait un jour Joseph Scaliger, un des *preux* de Gabriel Naudé, et poli comme le sont parfois ces preux bardés de grec et de latin, La Croix du Maine est un fou! Il a une chambre toute pleine de lettres de divers personnages mises dans des armoires, *in nidis:* j'y allai, et, en sortant, Aurat me dit : *Oscura diligentia!* (car il ne prononçait point les *b*); telles gens sont les crocheteurs des hommes doctes, qui nous amassent tout! »

Ainsi, voilà qu'un des princes du savoir au XVIe siècle traite les pauvres amateurs d'innocents qui ne voient guère que du bois à brûler dans un bois sacré : *ut lucum ligna*. Encore passe : celui-là est un cuistre de forte race; mais, de nos jours, être traités de voleurs, ni plus ni moins, par de petits brouillons blêmes de jalousie, « *minutos quosdam et lividos, des roquets qui ne savent pas même mordre,* » ainsi que l'indulgent et savant Huet, évêque d'Avranches, appelle cette espèce d'indignes héritiers de la vieille science, « ah! c'est trop! c'est mourir deux fois!... » Pourtant, ne point tuer, ne convoiter la femme ni l'âne, honorer père et mère et les directeurs de bibliothèques, les amateurs pratiquent tout cela. Voleraient-ils par hasard « sans le savoir, » en achetant à beaux deniers comptants, dans les mystères de pleines ventes publiques auxquelles l'État prépose des officiers et demande des droits, de ventes affichées à tous les coins de rues, de ventes dont les catalogues inondent le pavé de la ville et sont toujours envoyés directement à la Bibliothèque nationale? Eh! *per Bacco!* une pièce qui porterait une estampille de bibliothèque publique ne serait point livrée aux enchères, et d'ailleurs ne trouverait point acheteur (1), par la raison simple que, scrupules d'honnêteté à part, les amateurs qui ne possèdent que pour montrer, comme les poëtes écrivent leurs vers, ne voudraient pas d'une pièce qu'ils ne pussent faire voir à plaisir.

On a cependant volé à la Bibliothèque nationale; qu'est-ce que cela prouve contre les amateurs? Cela prouve seulement contre les conservateurs qui ne conservent pas. Belle excuse assurément, et noble et généreuse, que celle qui consiste à alléguer, pour tout se permettre envers le public, que les faits de dol remontent à la res-

(1) On retira, je le crois, de la vente de Mme la marquise de Dolomieu une lettre de Descartes qui portait l'estampille de l'Institut et provenait du grand Cuvier.

ponsabilité de ses prédécesseurs! On a volé avant M. Naudet, beaucoup moins, toutefois, nous l'avons déjà dit, beaucoup moins qu'on n'en a fait de bruit. On a volé pendant M. Naudet; on volera après M. Naudet: les fripons sont de tous les temps. Mais les conservateurs qui font mal leur devoir sont de tous les temps aussi. Estampillez; l'estampille est votre devoir, l'estampille est le seul titre de propriété des biens meubles de l'État. En ce temps si fécond en promesses de réformes, tous vos recueils de pièces manuscrites reliés sont-ils estampillés? Non. Sont-ils catalogués, paraphés par première et dernière? Non. Sont-ils au moins paginés et cotés? Non, non. N'allez donc point au Capitole: vous faites tout juste ce qu'ont fait vos devanciers. Cessez donc de chercher à donner le change en vous en prenant un peu à tout le monde, et surtout aux bibliophiles et aux amateurs d'autographes. Estampillez, vous dis-je; l'estampille sera votre salut. Ce n'est point parmi les amateurs qu'il faut chercher vos voleurs. On ne vole guère que pour vendre, et encore vendre sous le manteau et à l'étranger. Les amateurs achètent au clair soleil, ils échangent entre eux : ils ne font pas le commerce public ; ils conservent. Ils conservent! un beau mot, messieurs les conservateurs! Leur goût a sauvé une infinité de documents grandement rares et curieux qui, pour la plupart, quand ils les ont recueillis, semblaient bagatelles et pièces de nulle conséquence; et si, depuis deux cents ans, il n'y avait point eu de cette espèce de béats, que serait, je vous prie, le Cabinet des manuscrits? Que serait-il sans les fonds de Béthune, Dupuy, Baluze, Colbert et *tutti*? Que serait-il sans cet immense fonds de de Gaignières qui a ouvert de si nobles et si nombreuses sources de l'esprit, qui a pour ainsi dire prélevé, en chaque genre, comme disait Pline l'ancien, la fleur des mortels? Et tous ces gens, qu'étaient-ils? Ni plus ni moins que des amateurs d'autographes « qui vous amassaient tout, » qui vous ont faits ce que vous êtes. Insigne ingratitude! Au moins, l'hypercritique Scaliger avait sa façon de rendre justice. Eh! plût à Dieu que les « crocheteurs » de ce genre eussent fourmillé aux temps de nos discordes civiles! ils eussent arraché aux flammes et aux agents de l'étranger beaucoup plus de ces cartulaires d'abbayes, de ces archives de famille, de ces trésors littéraires ou historiques ramassés à l'envi par les Anglais, les Allemands et les Russes, sous nos stupides pavés révolutionnés. Le Muséum britannique regorge de ces papiers précieux (collections Egerton, etc.), qui composent aussi une belle portion des cabinets publics et privés de Pétersbourg, de Berlin et de Dresde. Est-ce vous, conservateurs du Cabinet des manuscrits, qui avez enlevé à prix d'or en la ville de Pesth et rendu à notre pays le testament de Louis XVI, titre de famille pour la France, et dont l'armoire de fer, aux archives générales de l'État, conserve religieusement le double? Non, c'est moi, et non pas vous. Est-ce vous qui avez ravi à Naples ces précieux papiers de Napoléon, pages arrachées par l'étranger à notre histoire, et qui allaient être perdues pour notre pays? Non, encore une fois; c'est moi et non pas vous. Mon Dieu! laissez faire à ces curiosités solitaires, à ces passions de retraite et de cabinet : les choses se font toujours mieux que nous ne les faisons. Il n'est point mal que quelques grandes collections se conservent; il n'est point mal que quelques-unes se décomposent et se vendent : cela ravive le feu sacré, cela renouvelle la face des collections, et en fin finale, tôt ou tard, ce que les fourmis ont amassé vous revient. L'autre jour encore un de ces collecteurs qui n'ont jamais volé qu'avec leur argent, M. le baron de Trémond, vous faisait présent d'une portion de ses trésors longuement recueillis. A quoi devez-vous cette offrande? A l'influence personnelle, à la bonne grâce de l'un de vos conservateurs, M. Paulin-Paris, dont le nom eût dû être inscrit en vos procès-verbaux. Que produiraient au contraire de hargneuses ergoteries? Elles fermeraient les cabinets et rejetteraient en Angleterre un commerce qui de toute l'Europe tendait chaque jour à se centraliser en France.

En résumé, je répugne à croire que l'administrateur général de la Bibliothèque nationale, dans les circonstances où nous place vis-à-vis l'un de l'autre le procès qu'il m'a intenté, ait pu avouer les lâches et malhabiles insinuations qui, au sein même de l'établissement qu'il dirige, ont été laborieusement compilées contre moi par la vanité de faire et l'ambition de parvenir. Dans tous les cas, je doute fort que sa dignité s'accommodât de partager avec le sieur Lalanne les honneurs du dénoûment.

Je l'avoue, à tout cela le dégoût prend au cœur. A-t-on seulement effleuré le côté sérieux et critique de la question? Non; on a procédé, comme toujours, par assertions, rapetassant et ressemelant le même caquetage sans preuves, au mépris de ces lois sacrées de probité littéraire qui repoussent toute attaque enveloppant les personnes, sans que des démonstrations irrécusables soient au bout de la plume. La Bibliothèque est demanderesse, c'est à elle à établir la preuve des faits sur lesquels reposent ses conclusions. Que si elle ne saurait justifier de sa prétendue propriété autrement que par des suppositions appuyées d'insinuations en dehors des faits, qu'elle ait, comme j'ai déjà eu l'occasion de le dire à M. Naudet lui-même, le bon goût et la probité de se taire. Il est de l'honneur d'un établissement public de ne point se lancer dans la carrière des hasards et des aventures, d'être plus que personne sérieux et circonspect dans ses réclamations, en matière surtout où la légèreté est si voisine de la calomnie.

V.

Réfutation du Mémoire de la Bibliothèque.

Je vais reproduire ici mot à mot le Mémoire de la Bibliothèque. Pour plus de clarté, j'en diviserai le texte en paragraphes numérotés; je ferai suivre chaque paragraphe de mes observations, et de la sorte rien ne sera omis des moyens de mes adversaires, et rien ne restera sans réponse.

« BIBLIOTHÈQUE NATIONALE. »

§ I. « Dans un ouvrage intitulé *Galerie française*, Paris, 1821, 1823, en trois volumes in-4°, M. Gouget a publié le *fac-simile* d'une lettre de Mon-

taigne à Claude Dupuy, et, dans une note jointe à cette pièce, M. Gouget a déclaré l'avoir reproduite *d'après le manuscrit de la Bibliothèque du roi.* Quelques années après, la même lettre fut de nouveau calquée sur l'original pour l'*Iconographie* de Mme Delpech, et parut dans ce recueil, mais avec cette autre indication d'origine : *Tiré de la collection de M. Feuillet.*

« La parfaite similitude des deux calques n'est ni contestable ni contestée. C'est, on le reconnaît, le même autographe qui a tour à tour été reproduit suivant le même procédé dans la publication de M. Gouget et dans celle de Mme Delpech.

« Quelle est donc la question?

« Puisque M. Feuillet nous écrit qu'on voit encore dans son cabinet l'original de la lettre publiée par Mme Delpech, il est certain par cela même qu'*on ne voit plus* à la Bibliothèque l'original de la lettre publiée par M. Gouget.

« Mais est-il bien vrai que cette lettre ait jamais figuré dans nos collections? La déclaration faite à cet égard par M. Gouget peut-elle être acceptée comme une preuve suffisante?

L'exposé des faits bruts n'est point contesté; mais nous différons totalement dans la manière d'en tirer les conséquences. Posons nettement le point en litige. Suivant vous, ma lettre a appartenu à la Bibliothèque nationale. Votre base d'attaque est le témoignage Gouget. Or, pour le faire admettre, il faut en prouver la valeur, que je conteste. Moi, je pose en fait que la pièce qui est chez moi depuis trente ans n'a jamais appartenu à la Bibliothèque nationale, qu'elle n'y est entrée que quand je l'y ai portée à M. Letronne; que Gouget s'est trompé et que son témoignage, comme l'a dit, il y a treize ans, le même M. Letronne, ne signifie rien. La preuve de tout cela va ressortir de mon argumentation. C'est à vous, demandeur, à prouver d'abord. Voyons si vous y réussissez.

§ II. « Nous sommes en l'année 1850, et M. Feuillet nous écrit qu'il y a trente ans environ, Lémontey lui faisait don de ce précieux autographe. C'est donc vers 1820. Or, M. Gouget affirme de la manière la plus positive qu'il a *vu, touché, calqué* LUI-MÊME cet autographe à la Bibliothèque nationale, vers l'année 1821. On peut consulter à ce sujet la *Notice biographique sur Montaigne*, publiée en 1837 par M. le docteur Payen. »

Je remarque une chose : cette notice, qui, par parenthèse, est *bibliographique*, et non *biographique*, est-il bien sûr que l'auteur du mémoire l'ait lue? S'il l'a lue, c'est à la fenêtre, et, *ma foi, je commence à le croire un petit*, comme dit Sosie, car elle ne dit mot de cette année 1821, que l'on oppose d'une façon si affirmative à la date de mon entrée en possession. Il serait par trop commode de se faire des textes pour les besoins de la cause à la façon de M. Jubinal, et d'en argumenter ensuite. Qu'on veuille bien, sur tous ces préliminaires, se reporter à notre historique, p. 4 et suiv. M. le docteur Payen, p. 42 de sa notice, se borne à raconter que Gouget lui a affirmé avoir vu et calqué la lettre originale à la Bibliothèque royale; il ne dit point du tout qu'il ait exécuté ce calque en 1821. Or, s'il ne le dit pas, c'est que Gouget ne l'a pas dit, car, dans l'écrit spécial que j'ai déjà cité plus haut, le docteur affirme que, *pendant que Gouget parlait, il avait, lui docteur, un crayon à la main, et qu'il peut dire avoir écrit sous sa dictée.* Les détails qu'il cite ensuite touchant ses rapports avec Gouget ne conduisent pas davantage à cette prétendue date du calque de la lettre. Du reste, le mémoire essaierait en pure perte, par une citation interpolée, à me mettre en contradiction avec moi-même sur ce point; car Gouget, qui n'a pas soufflé mot de cette année 1821, l'eût-il citée, le fait n'en serait pas moins une erreur, puisqu'on aura tout à l'heure une preuve matérielle, irréfragable que le *fac-simile* avait été *exécuté* l'année précédente. Mais n'anticipons pas.

§ III. « N'ayant pu retrouver à la Bibliothèque nationale la lettre publiée dans la *Galerie française*, ce curieux et scrupuleux bibliographe se rend chez M. Gouget, l'interroge, *lui demande s'il n'a pas commis une erreur*, fait une sorte d'enquête sur l'exactitude des souvenirs, et celui-ci, ferme, inébranlable dans son affirmation, précis dans toutes ses réponses, donna sur la communication qui lui a été faite, en 1821, à la Bibliothèque nationale, *les renseignements les plus circonstanciés*. Voilà ce qu'on peut lire dans la notice de M. Payen. »

Pour l'y lire, il faudrait l'y mettre; car cela n'y est pas. Décidément, l'auteur du Mémoire n'avait point cette Notice sous les yeux en écrivant. Il s'en est tenu au récit imaginaire de M. Jubinal, que nous avons suffisamment réfuté par les paroles mêmes du docteur. Il y met aussi du sien, par exemple cette date de 1821, qui va à son raisonnement, et que la vérité des faits contredit.

§ IV. « Nous n'attribuons à personne l'intention d'altérer la vérité. M. Gouget n'avait d'ailleurs, en cette affaire, aucun intérêt à fabriquer une histoire dont tous les détails pouvaient être sur-le-champ démentis. »

D'accord, mais alors ne rapportez donc vous-même que ce que cet homme a dit; ne faites point un récit à votre usage. Encore une fois, cette *date de* 1821, cette prétendue insistance textuelle du docteur à demander à Gouget *s'il n'aurait pas commis une erreur*; ces *renseignements les plus circonstanciés*, qui ne vont à autre chose qu'à la mention précise des *manuscrits Dupuy*, par cet homme qui pourtant n'en a pas parlé, tout cela, je le crains, n'est qu'un plagiat des tristes aberrations du commentaire Jubinal.

§ V. « Mais la mémoire de M. Feuillet ne serait-elle pas aujourd'hui légèrement infidèle? Une date est une chose qui demeure toujours un peu confuse dans l'esprit, surtout après un laps de temps considérable; et si, par exemple, Lémontey, mort en 1825, n'avait offert l'autographe de Montaigne à M. Feuillet que vers les années 1822 ou 1823, tout s'éclaircirait, il ne subsisterait plus aucune contradiction entre des témoignages qui semblent, au premier abord, s'accuser réciproquement de mensonge.

« Que M. Feuillet ne s'étonne pas de nous voir ici poser et discuter une hypothèse. Nous n'avons à faire valoir dans notre cause aucun argument de ce genre; il l'apprendra tout à l'heure. Nous ne cherchons qu'à mettre M. Feuillet d'accord avec lui-même. En effet, s'il persiste à soutenir que le don de Lémontey est de l'année 1820, comment ne se rappelle-t-il pas avoir lui-même, en 1821, confié cette lettre de Montaigne à M. Gouget pour qu'elle fût reproduite dans la *Galerie française?* Car enfin, puisque M. Gouget l'a publiée, il faut qu'il l'ait vue et calquée en quelque lieu; et si ce n'est à la Bibliothèque nationale, c'est dans le cabinet de M. Feuillet. Cependant, M. Feuillet ne s'est jamais rappelé cette circonstance. Il faut qu'il y ait dans ses souvenirs ou quelque trouble ou une étrange lacune. C'est donc, qu'on nous permette l'emploi de ce terme, c'est donc une accusation que nous portons contre la mémoire de M. Feuillet, et cette accusation, hâtons-nous de le dire, prouve quelle confiance nous plaçons ici dans sa bonne foi. »

Est-ce naïveté? est-ce ironie? — Dans tous les cas, voilà ce que c'est que de se livrer, en sujet si sérieux, aux témérités de l'hypothèse. On part d'un exposé imaginaire, de prémisses erronées, alors on va droit à de fausses conséquences, et la vérité travestie prend l'air du mensonge. En fin de compte, qu'est-ce que ces inventions de témoignages qui se donnent des démentis, de mémoire tombée en défaillance? Frivole abus de rhétorique! pures chimères! puériles divinations! L'esprit a beau vouloir devancer le bon sens, le bon sens vous rattrape, et, en passant, vous donne puissamment du coude. Tout ce jeu d'esprit pivote sur la pointe d'une aiguille, à savoir : cette *date de* 1821 où l'auteur s'opiniâtre. La vérité est, — la vérité sans phrase, — que je possède le Montaigne depuis 1820 : les circonstances que j'ai énumérées dans mon historique fixent pour moi la date. Je n'ai fait ni pu faire aucune communication personnelle à Gouget, que je n'ai jamais ni vu ni connu. Le calque était exécuté avant ma possession. Mais, objectez-vous, « si ce n'est à la Bibliothèque qu'il a été exécuté, c'est donc chez M. Feuillet? » Qu'est-ce à dire? N'y avait-il donc au monde que le Cabinet des manuscrits et ma collection naissante où Gouget pût copier la lettre? N'y avait-il pas la collection de Lémontey, cette collection dans laquelle, pour me faire un présent, cet excellent homme prit une pincée d'autographes où se trouvait le Montaigne en litige?

Ah! j'y suis! Une chose vous fait obstiner à cette date de 1821, c'est qu'elle est celle du titre du premier volume de la *Galerie française,* où parut le calque de Montaigne. Le titre porte le millésime de 1821, donc le calque est de 1821. Eh bien! je ne voulais point insister sur cette question incidente; mais, puisque vous l'avez tellement à cœur, que vous y reveniez si souvent, vidons-la sur l'heure une bonne fois.

De ce que le titre d'un volume porte tel millésime, s'ensuit-il rigoureusement que les annexes n'en soient pas d'une exécution antérieure. A coup sûr, non. Notre grande Bibliothèque nationale, où la science bibliographique devrait se respirer avec l'air, aurait fait sagement de ne point tirer avantage d'une semblable induction. L'A. B. C. de cette science enseigne que tout ouvrage de longue haleine, destiné à contenir des gravures et des lithographies, se prépare longuement à l'avance. Tel livre est en cours d'exécution pendant des années avant qu'aucune feuille n'en ait vu le jour. Par exemple, quand parut, en 1828, le premier cahier de l'*Isographie,* il y avait déjà deux ans qu'on en amassait les éléments, et que M. Duchesne avait fait exécuter, sous ses yeux, les calques de l'écriture des célébrités allemandes aux musées de Berlin, de Dresde et de Vienne. Il y a mieux : la date d'un livre n'est pas toujours la date réelle de sa mise au jour. Si les peintres ont leur façon de rajeunir leurs modèles, les libraires ont la leur de rajeunir leurs livres, et tout le monde sait qu'en librairie les trois derniers mois d'une année appartiennent à l'année suivante. Hier encore, je lisais, dans le *Journal des Savants,* un article d'un ancien employé du Cabinet des manuscrits, M. Miller, aujourd'hui bibliothécaire de l'Assemblée nationale, rendant compte en 1849 d'un ouvrage daté par anticipation de 1850. Le titre d'un livre est généralement la dernière chose qui s'en imprime. L'ouvrage a-t-il paru par livraisons, il peut arriver que déjà ces livraisons soient vieilles de deux années quand les feuilles complémentaires viennent, avec le titre, résumer la publication sous une date trompeuse. Les exemples fameux ne me manqueraient pas : je n'ai que l'embarras du choix. Un seul suffira, celui-là irrécusable pour la Bibliothèque, irrécusable apparemment pour l'auteur du Mémoire, M. Hauréau lui-même, puisqu'il s'agit d'un de ses propres livres intitulé *la Montagne*. Qu'on ouvre ce livre tel que le vend aujourd'hui *le libraire Bréauté, passage Colbert*, on trouve au titre le millésime de 1834, et sur la couverture la date de 1832, parce que cette couverture est faite avec les chemises des anciennes livraisons de l'ouvrage, qui fut deux ans à se compléter. On n'improvise pas un livre de cette force. J'avais voulu consulter l'exemplaire de la Bibliothèque nationale : le croirait-on? le livre n'y est pas complet; on n'en trouve que trois livraisons (sous la rubrique L[a] 1900. 123 E), reliées sous leurs enveloppes primitives, datées de 1832.

Certes, ni M. Hauréau, ni son menin M. Hase, ni ses collègues ne sauraient avoir perdu de vue ce mémorable ouvrage que, dans sa dédicace et son introduction, l'auteur nomme son *martyrologe*, *l'oraison funèbre des prédécesseurs de son œuvre*, lesquels plus loin il appelle les *Saints de la Montagne*. Ces martyrs, ces saints, ces précurseurs de l'œuvre sont les honnêtes gens que chacun sait : Danton, Camille Desmoulins, Collot d'Herbois, Billaud-Varennes, Babeuf, Fouquier-Thinville, Joseph Lebon, Couthon, Robespierre, Marat, etc. On n'oublie point un livre qui sanctifie de pareils hommes et où se trouvent des beautés comme celles qui suivent :

Et d'abord cette glorification des massacres de septembre :

« Alors, les officiers municipaux partent et vont proclamer dans la ville l'imminence des périls qui menacent la république, et on entend le fameux canon d'alarme qui annonce ces *journées si sublimes et si terribles, si nécessaires, si belles qu'on en tressaille encore*, malgré les déclamations éternelles de la Gironde et malgré quelques crimes malheureux; car, comme il fut dit plus tard aux Jacobins, *les crimes des patriotes ne sont autre chose que l'amour du pays* (p. 7-8). »

Et ce coup de pinceau sur Danton accompagné de la béatification de Robespierre, Saint-Just et Couthon :

« Il (Danton) fut grand entre les montagnards comme Jourdan *Coupe-Tête* entre les patriotes de la rue (p. 14). »

« C'était encore une branche qui tombait de l'arbre pourri de la contre-révolution. Robespierre, Saint-Just, Couthon, semblaient avoir désormais sous leur tutelle la grande famille des sans-culottes; et ceux-là n'étaient pas les Caïns, malgré le dire de Danton, mais les justes (p. 15). »

« Nous ne sommes en vérité que des gamins à côté de ces hommes à la pensée ferme qui venaient, forts de leur conscience, doter le monde d'une vie nouvelle et le *régénérer par la terreur* (p. 30). »

Il ne manque plus que la guillotine: la voici à travers des insultes à Napoléon :

« Reverchon annonçait à la Convention la mort de seize cent quatre-vingt-deux rebelles, la détention jusqu'à la paix de seize cent quatre-vingt-quatre suspects. Je dis qu'il n'y a pas là de quoi frémir, de quoi accuser même. — Et c'est plaisant de voir vraiment comment les grands admirateurs de Buonaparte, les grands praticiens du sabre, qui balancent tout le jour l'encensoir à l'égorgeur renégat, dont tous les meurtres avaient pour fin lui et son despotisme, *osent crier si fort et si impudemment contre les exécutions de guillotine qui purgeaient la terre d'aristocrates et de négociants trafiqueurs de remuements politiques pour asseoir définitivement le règne de la morale et de l'égalité* (p. 41). »

« Collot d'Herbois n'eut pas de peine à vaincre. La *guillotine* fit plus tard justice de ces poètes courtisans et modérés qui n'avaient pas seulement tout ce qu'il faut de tête pour comprendre le peuple (p. 37-38). »

Et cette apologie des massacres :

« Il y avait dans ce temps-là des *idées qu'il fallait tuer, des hommes représentants d'idées qu'il fallait détruire* (p. 116). »

Citons encore cette lyrique improvisation socialiste contre les vertus privées et contre la conscience.

« ..... Je n'aime pas qu'on parle tant de vertus privées. Malesherbes aussi, et Louis XVI peut-être, eurent des vertus privées et de la conscience. Je n'aime pas qu'on parle de conscience, car en politique la conscience des niais est souvent pire que l'intrigue habile, et qui sait qu'on ne parvient qu'en défendant le peuple. Du reste, morale et vertus privées sont souvent des mots vides de sens; il n'y a de crimes que ceux qui contredisent la société et le salut du peuple (p. 42). »

Et ces tableaux dans le style d'un Boucher pris de vin :

« Après thermidor revient la fille de joie. — Non plus la courtisanerie de Louis XVI, impudique de naissance et portant des paniers : quelque chose de plus puant, de plus près du tripot. Après l'austérité grave et morne, après ton âme de chasteté, Saint-Just! c'est la Cabarus et son Tallien, et les débauches de nuit... Et la Vénus grecque, ressuscitant si à propos dans cet âge; les femmes de Paris, race de prostituées qu'on revoit tout à coup avec les sandales, les bandelettes, avec la robe dégagée, et surtout l'impudence des hanches et les baisers à tout venant... Allons donc! faites après cela des révolutions, grands hommes, défaites des rois, bouleversez tout un siècle, marchez sur tout : rien n'est fait, si *vous ne tranchez la tête* à cette race paillarde, non d'amours, mais de débauches, mais de modes, mais de bals, mais de boissons; à cette bourgeoisie bête et laide, avec l'orgueil d'une harengère en souliers de satin (p. 43-44). »

Et, après l'apothéose du « grand Robespierre (p. 62), » Marat :

« Robespierre n'avait pu même tout pardonner à Marat : il blâmait en lui *cette verve de guillotine, que nous ne pourons cependant appeler qu'une sainte colère, bien excusable sans doute, à cause de ses entourages, à cause de ses amis et de ses ennemis* (p. 244). »

« Je lancerai de mes deux mains le blâme contre ceux qui l'ont gâté par l'excès du malheur, tandis que *je le louerai, lui qui n'erra jamais que par excès de vertu... et je répète que Marat... mérita bien de la patrie, et que tous nous devons avoir pour lui de l'estime, sinon de l'amour* (p. 91-96). »

Parlez pour vous, monsieur le conservateur Hauréau; permettez-nous de garder notre amour pour la vertu et notre exécration pour le crime, notre respect pour les victimes et non pour les scélérats et les bourreaux.

Ici, je m'arrête, car tout est de cette force dans ce livre que je me serais abstenu de citer, s'il eût été retiré du commerce par l'auteur, et sur lequel je ne me suis étendu que parce qu'il en a paru ces jours derniers des extraits dans plusieurs journaux, et que sa célébrité nouvelle en a fait tripler le prix. J'en ai dit assez pour le rendre présent à la pensée du Conservatoire de la Bibliothèque, s'il avait échappé à son souvenir. Mais cela, ce semble, n'est pas possible, et, tel indulgent fût-on pour un crime de jeunesse, le public, qui veut la dignité en ceux qui le représentent, se demandera si ce serait par hasard sur les principes du livre que M. Naudet, que M. Hase et leurs collègues se seraient fondés pour élever l'auteur à la vice-présidence du Conservatoire. Tout homme honnête et qui se respecte gémira à l'idée que, par impossible, M. Hauréau ait, à son entrée, exercé jusque dans le sein même de la Bibliothèque un peu de cette terreur qui lui semble un si bon ressort de gouvernement.

Dans tous les cas, MM. de la Bibliothèque me rendront cette justice, que l'exemple de ce livre même de l'un des leurs bat en brèche leur argumentation tirée de la date de 1821. A coup sûr, ils eussent fait que sage de s'abstenir, et l'on pourra trouver extraordinaire que eux, qui sont à la source vive de toute information bibliographique, ne se soient pas donné la peine de prendre conseil de leur *vade mecum*, le *Journal de la Librairie;* ils y eussent vu, année 1820, n° 1932 et suivants, que la totalité du premier volume de la *Galerie française* n'est point une publication de 1821, mais que la première livraison en a paru le 27 mai 1820, que le *fac-simile* de ma lettre de Montaigne était exécuté dans cette même année, et que si le titre porte le millésime de 1821, c'est que la publication de la longue introduction de l'ouvrage, remise de jour en jour, n'a été effectuée qu'en cette année, alors même que le second volume était depuis longtemps en cours de publication. Si même le Conservatoire daigne ouvrir le tome II du *Manuel du Libraire*, livre qui donnerait de savantes leçons aux catalogueurs de la Bibliothèque, il y verra, page 354, qu'il arriva pour le troisième volume de cette même *Galerie française* tout juste le contraire de ce qui était arrivé pour le premier : « *Quoique daté de* 1823, *ce volume n'a été complété qu'en* 1830. » Preuve nouvelle du peu d'accord qui existe entre le millésime du titre d'un livre et la date réelle de la publication du texte.

Qu'en disent ces messieurs qui ont approuvé sans vérification?

La date fixée, reprenons la suite du Mémoire.

§ VI. « En effet, la bonne foi de M. Feuillet est, en cette affaire, parfaitement établie. Avant l'année 1837, il ne connaissait pas l'insertion faite dans la *Galerie française*, et il montrait à tous les regards, dans son riche cabinet, l'autographe précieux dont il ne supposait pas que la propriété pût jamais lui être contestée. En 1837, en lisant la brochure de M. le docteur Payen, il apprend que cet autographe n'est plus inédit, que c'est une pièce publiée dès 1821 par M. Gouget, et publiée comme extraite d'un volume appartenant à la Bibliothèque nationale. Aussitôt, il le confesse, il s'élève des doutes dans son esprit, et il se rend près des conservateurs du département des manuscrits de la Bibliothèque pour leur communiquer ses alarmes et leur demander si, par aventure, un autographe de Montaigne n'aurait pas été soustrait au dépôt national. Aucun indice de cette soustraction n'étant découvert, M. Feuillet se retire; il se retire pleinement convaincu qu'il possède légitimement l'inestimable autographe. Mais son esprit est-il désormais affranchi de toute inquiétude? Non, sans doute, puisqu'il ne sait pas mieux qu'auparavant s'expliquer la publication faite en 1821 par M. Gouget. Cette explication, M. Feuillet l'aura trouvée quand il voudra reconnaître qu'on peut se tromper de deux années sur la date d'un présent fait à une époque déjà lointaine. »

Encore cette malencontreuse date de 1821 : argument mort-né. Passons.

§ VII. « Ainsi nous n'incriminons en aucune manière ni la conduite de M. Feuillet, ni les termes de la lettre qu'il a récemment adressée à M. l'administrateur général. Nous n'avons rien fait encore que chercher à dissiper ses doutes anciens et actuels. Nous allons maintenant répondre à la question qu'il adressait, en 1837, aux conservateurs du département des manuscrits. M. Feuillet semblait alors prêt à livrer l'autographe qu'il avait entre les mains, si l'on parvenait à lui prouver qu'une lettre de Montaigne avait été dérobée à la Bibliothèque nationale. Cette preuve, qu'on ne put lui fournir, nous l'avons sous les yeux; nous allons la faire connaître à M. Feuillet. »

Vous n'incriminez ni la conduite ni la lettre de votre adversaire; je le crois bien! Voilà un compliment qui a presque la gaucherie d'une offense. Était-il possible de montrer plus de netteté que je ne l'ai fait? En 1837, pour tarir dans leur source les doutes indiscrets, je mets en demeure la Bibliothèque, pièce en main. M. Letronne, administrateur excellent, mais mesuré, me la rend avec la déclaration officielle que l'on sait. Aujourd'hui, la Bibliothèque n'a pas plus de preuves qu'elle n'en avait alors; seulement, autre directeur, autre système. Les prétendues preuves nouvelles sont des bulles de savon dorées au soleil de M. Jubinal. Je le démontrerai sans peine. Jusqu'en 1837, je n'avais nulle raison d'éplucher la légitimité de ma possession : je tenais d'un homme de bien mon autographe, cela devait suffire. Je ne me suis pas enquis, comme pour un immeuble, si le donateur possédait depuis trente ans. Mais plus tard, une fois que la réponse de M. Letronne fut pour moi un fait acquis; une fois que j'eus connu, par les récits de M. le docteur Payen, la valeur qu'on pouvait attacher au témoignage d'un débile esprit tel que celui du pauvre Gouget, je fus aussi tranquille sur la légitimité de ma propriété que personne le pût être sur la sienne. Et quand, dans ces derniers temps, je mis de nouveau la Bibliothèque en demeure, — tant s'en faut qu'il me restât le moindre doute, et que je me livrasse à la discrétion du Cabinet des manuscrits. J'allais loyalement au-devant de l'hostilité du langage tenu dans cette séance du Conservatoire où l'on s'était permis de discuter mon nom. En fait de meubles, possession vaut titre. Cet axiome de droit, et au besoin la première décision de la Bibliothèque, me couvraient; mais la publicité de l'attaque étourdie de M. Jubinal, qui avait fait écho dans les journaux, m'imposait la nécessité de pousser résolûment au monstre et de vider officiellement la question. Examinons les prétendues preuves nouvelles du Mémoire.

§ VIII. « Quand, en 1837, M. Feuillet interrogea nos prédécesseurs, on fit sans doute une recherche dans les répertoires alphabétiques du département des manuscrits, et comme, en effet, le nom de Montaigne ne s'y trouvait pas porté, on répondit qu'aucun larcin n'avait été commis. Cette déclaration n'attestait qu'une chose, l'insuffisance de nos répertoires alphabétiques. Depuis la recherche faite à la demande de M. Feuillet, deux lettres originales de Montaigne ont été retrouvées dans une seule de nos collections, la collection Dupuy, l'une par M. Macé, l'autre par M. Jubinal.

« Ces deux lettres ne sont point inscrites au répertoire alphabétique, mais elles se trouvent encore dans les volumes. »

Ajoutons, ce que vous négligez de dire, que non-seulement elles ne sont point portées au catalogue alphabétique, mais qu'il n'en est non plus aucunement question au répertoire, dans la table sommaire des volumes où sont reliées ces lettres. Cela n'autoriserait-il point à penser qu'elles n'y auraient été reliées que par mégarde, d'autant qu'elles n'y sont point à leur date, et que le grand écrivain Michel de Montaigne, maire de Bordeaux, le correspondant de Henri IV, et arbitre entre le roi et le duc de Guise pour le règlement de leurs différends, était un personnage trop considérable pour que les Dupuy négligeassent, à deux reprises, de porter à l'inventaire de leur collection des lettres de lui qu'ils y faisaient entrer? Ces lettres-là, d'ailleurs, sont toutes deux d'une bien autre importance que la mienne qui, suivant le Mémoire, aurait sa mention à l'inventaire. Ce sont pièces historiques, écrites dans le plus beau style des *Essais*, plus étudiées même, tandis que ma lettre n'est qu'une recommandation. Raison de plus de supposer qu'on aurait plutôt omis la mention de cette dernière que la mention des autres.

§ IX. « Pour ce qui regarde la lettre de Montaigne à Claude Dupuy publiée par M. Gouget et par Mme Delpech, elle est, il est vrai, désignée sur le répertoire alphabétique de la collection Dupuy (nous allons dire de quelle manière); mais elle ne se trouve plus dans le volume auquel renvoie la mention du répertoire, puisque M. Feuillet reconnaît qu'elle occupe actuellement une place d'honneur dans son cabinet.

« Comment nos prédécesseurs n'ont-ils pas constaté cette lacune? Ce que raconte à ce sujet M. Jubinal est parfaitement exact. Nous n'avons pas l'original du répertoire alphabétique de la collection Dupuy; nous n'en possédons qu'une transcription extrêmement fautive, faite à la hâte par le plus ignorant et le plus maladroit des copistes. Et voici l'erreur qu'il a commise : où l'inventaire portait le nom *de* MONTAIGNE, il a lu MONTAGU; il a inscrit sous ce nom une lettre de Montaigne mentionnée dans l'inventaire au n° 712. Il était, nous le reconnaissons, peu facile à nos prédécesseurs de soupçonner que le nom de *Montagu* occupait la place de celui de *Montaigne*, et voilà pourquoi ils ont répondu d'une manière tout à fait inexacte à la question qui leur était posée par M. Feuillet. »

Nous allons voir qui de M. Letronne ou de M. Hauréau mérite le reproche d'inexactitude.

Le Mémoire va droit sans préambule à un volume de la collection Dupuy, et décide que la lettre en provient. Qu'est-ce qui a conduit à cette collection d'abord? à cette conclusion ensuite? Qu'est-ce qui autorise le demandeur à se vanter d'avoir sous les yeux des preuves nouvelles? C'est le Mémoire de M. Jubinal, rien de plus.

On voit, en effet, à l'inanité du Mémoire, qui a tout l'air d'un propos interrompu, que M. Jubinal bruit dans le cerveau du rédacteur. Celui-ci ne parle de la collection Dupuy que parce que M. Jubinal en a parlé. Le peu d'arguments qu'il parvient à dresser sur leurs jambes sont tirés textuellement du *factum* de cet écrivain. Quelle autorité! Celui-ci avait fait dire à Gouget qu'il avait *calqué* la lettre dans l'un des volumes du *fonds Dupuy*, etc., etc. On a vu plus haut (chapitre 1er) ce qu'il en est. Du moins, ces enjolivements d'imagination donnaient au roman du *factum* un certain ensemble spécieux auquel se sont laissé prendre ceux qui n'ont ni le temps ni la volonté d'aller au fond des choses. Réduit, par les dénégations du docteur Payen qui ont transpiré, à la déclaration toute nue de Gouget et aux équivoques indications des catalogues, le rédacteur du Mémoire qui, cela paraît évident, avait fait son siége avec le travail au complet de M. Jubinal, ne sait plus où se prendre, il hésite entre le regret de la surprise que le *factum* lui a faite et la fausse honte de revenir sur ses pas. De là, faiblesse et incohérence dans ses allégations et raisonnements.

A quoi, en fin de compte, se borne aujourd'hui le témoignage Gouget? A ce qu'il était en 1820, à ce qu'il était en 1837, avant comme après l'intervention de M. Payen, c'est-à-dire aux simples mots de la *Galerie française : La lettre fait partie d'un volume de la Bibliothèque royale ayant pour titre :* LETTRES FRANÇAISES DE DIVERS GRANDS HOMMES. Or, puisque ce fait est acquis à la cause, que Gouget n'a ni imprimé, ni dit verbalement, ni laissé le plus légèrement pressentir à M. Payen que la collection Dupuy fût la source primitive de mon autographe de Montaigne, pourquoi cette collection est-elle le terrain où l'on porte la discussion? Pour que ce renvoi fût justifiable, il faudrait qu'il fût constant qu'il y a un volume identiquement pareil de titre dans cette collection Dupuy. Or, cela n'est pas, comme on va le voir.

Il existe à la Bibliothèque nationale deux sortes de catalogues des papiers Dupuy : le premier alphabétique et par ordre de matières, le second par ordre de volumes et indiquant sommairement les pièces qui s'y trouvent. Celui-ci est appelé communément *Répertoire.* Du Catalogue la Bibliothèque n'a qu'un exemplaire; du Répertoire elle en a quatre. Sur la table par ordre de matières, il y a *Montagu,* dont la Bibliothèque, d'après M. Jubinal, fait *Montaigne;* sur trois des répertoires, il y a *Montagne;* sur le quatrième est une large rature à la place correspondante à ce nom. Ces catalogues des papiers Dupuy ne sont pas les seuls qui existent : il y en a, comme je l'ai déjà dit, un exemplaire de chacun à la bibliothèque de l'Assemblée nationale; 2° à la bibliothèque des médailles et antiques de la ville de Grenoble (1); 3° au Musée britannique de Londres (2); 4° aux mains d'un employé des archives générales de l'État, M. Lallemand. Dans

(1) Lettre du conservateur de cette bibliothèque.

(2) Lettre de M. John Holmes, *senior assistant* au Musée britannique, 8 avril 1850.

ces quatre exemplaires, la table alphabétique est complète et donne uniformément Montagu. Le répertoire du Musée britannique est le seul complet : au volume 712, il donne, comme le répertoire de la Bibliothèque nationale, Montagne. Les trois autres répertoires ne vont qu'au volume 606, partant ils sont muets sur la question.

Or, le Mémoire dit que la Bibliothèque nationale ne possède pas l'original du catalogue alphabétique ; qui le posséderait donc? Au surplus, si ce n'est elle, qui a dû cependant le recevoir avec les papiers à elle vendus en 1734, on n'a que l'embarras du choix entre les quatre exemplaires disséminés en France et à Londres. Eh bien! encore une fois, tous unanimement s'accordent à dire *Montagu* et non *Montagne*, encore moins *Montaigne*. A prendre la réalité des faits, il est évident qu'il n'y a eu qu'un catalogue et un répertoire étalons et types; le reste n'a été que copies. Dès lors cela nous met en présence d'une négation et d'une affirmation, en présence du mot *Montagu* et du mot *Montagne*. Il y a autant de témoignages pour l'un que pour l'autre, ou plutôt il n'y en a qu'un de chaque côté. Il faut donc être bien hardi ou bien prévenu pour prononcer entre les deux sans autres éléments de discussion.

Ajoutez que, dans le catalogue, il n'y a point qu'un renvoi unique au mot Montagu : il y a à la lettre M, entre le nom de *Montafié* et le mot de Montreuil, ce qui suit :

« Mariage *Montagu*, v. 761. »

« Lettres de Montagu, v. 712. »

« De la condamnation du sieur de *Montagu*, 1409. — V. 744. »

« Don de ses biens au Dauphin, 1409. — *Id.* »

« Contrat de mariage de la dame de *Montagu*. — *Ibid.* »

« Don de *Montagu* en Combraille à Pierre de Bourbon ; v. Bourbon. »

Ainsi, le second renvoi, celui des lettres (le mot est au pluriel), que l'on veut à toute force rapporter à mon autographe, est enclavé en bonne compagnie d'autres mentions *Montagu*, qui toutes sont exactes. On aura beau s'agiter, toutes les fleurs de rhétorique ne feront pas qu'il y ait là *Montaigne*. Notez même que ce mot n'est nulle part en toutes lettres dans les catalogues, que le répertoire-type dont le Mémoire argumente dit seulement *Montagne*. Le Mémoire, qui ne se fait pas scrupule d'interpolations pour aider à sa cause (on en verra plus loin une preuve à peine croyable), dit qu'il y a *Montaigne;* mais cela est inexact : il y a MONTAGNE dans l'original, MONTAGNE dans la copie de Londres, et, dans l'exemplaire raturé, il n'y a pas, à retracer lettre à lettre, place pour le nom entier de *Montaigne* avec l'*i*. Or, la maison et seigneurie de Montagu-lez-Combrailles, chef-lieu de canton de l'arrondissement de Riom, et qui a fourni plusieurs hommes célèbres, est une de ces maisons qui, comme celle des Biron, des d'Harcourt, des Richemont, a fourni une branche à l'Angleterre, et ce nom s'écrit indifféremment, chez nos voisins comme chez nous, *Montagu* ou *Montague*. Qui prouve que le copiste du répertoire n'ait pas mis un *n* pour un *u*, et, ayant réellement à écrire *Montague*, n'ait pas écrit à la place *Montagne?* car enfin il n'y a là ni ailleurs le nom de Montaigne en toutes lettres. Peut-être la question serait-elle résolue en ce sens, si les lettres qui font défaut au volume 712 étaient à leur place.

Une autre conjecture se présente encore pour résoudre la difficulté. Il n'y a nulle part, avons-nous dit, Montaigne en toutes lettres, mais il y a *Montagne*. Eh bien! sans parler de l'historiographe Jean Sirmond, qui, sous le pseudonyme de *Des Montagnes*, publia quelques livres, notamment, en 1631, une Vie du cardinal d'Amboise, il y eut plusieurs auteurs contemporains de Michel de Montaigne, et amis des Dupuy, de Pasquier, de Du Bartas, qui ont porté ce nom même de *Montagne*, celui de *La Montagne* ou de *Des Montagnes*, voire le nom de *Montaigne*. Entre tous, le choix peut hésiter, car on a vu, par l'exemple de Malherbe, comme on estropiait les noms d'autrui et même le sien propre, à cette époque. Il y eut, par exemple, l'auteur d'une *Histoire des Calvinistes*, publiée en 1560, et qui s'appelait DE MONTAGNE, juste comme à l'inscription des répertoires de Dupuy. Qu'on me prouve qu'ils n'ont pas voulu désigner celui-là.

Il y eut aussi un François *Des Montagnes* qui, en 1595, presque à la même époque où Étienne Pasquier donnait son *Catéchisme des Jésuites,* répondait au fameux plaidoyer d'Antoine Arnauld le père contre la Société.

Il y eut encore un Jean *de la Montagne* qui donna, en 1633, une traduction du livre anglais d'Alexandre Cooke sur la *Papesse Jeanne*, et, en 1640, une version également française du livre des *Recherches sur la diversité des langues et religions,* d'Édouard Brerewood.

Si l'on veut que par *Montagne* le répertoire ait entendu dire *Montaigne*, alors pourquoi serait-ce plutôt le nom de Michel de Montaigne que celui de *Guillaume* MONTAIGNE, qui, en 1560, dédia au cardinal de Tournon son curieux et excellent livre sur la *Police des pauvres de Paris?*

MM. de la Bibliothèque trouveraient-ils la conjecture subtile? Je réponds qu'elle l'est moins que les leurs, que ce sont eux d'ailleurs qui y ont ouvert la voie, et que le champ est libre pour tout le monde. Pourtant, je serai généreux et facile, et j'admettrai, si l'on veut, que ce *Montagne* des catalogues veuille bien réellement dire *Michel de Montaigne;* alors je ne pourrai m'empêcher de m'écrier : Quoi! deux lettres de ce grand écrivain, deux lettres non portées aux catalogues de la collection Dupuy, ont été découvertes dans cette collection, et là-dessus la plume ne vous tombe pas des mains! Vous persistez à soutenir que la mention équivoque du répertoire désigne ma lettre et non l'une de celles qui ont été retrouvées et qui sont là présentes, comme si une transposition n'était pas la chose la plus simple et la plus naturelle à supposer! En vérité, c'est trop fort! Songez-y donc : pour que cette mention signifiât quelque chose à l'endroit de mon autographe, il faudrait qu'elle fût notoirement nominale et descriptive; il faudrait qu'elle dît : « Lettre de Montaigne à telle personne, de telle date et sur tel sujet. » Il y aurait alors preuve authentique. Loin de là, ni adresse, ni date, ni analyse quelconque; rien qu'un nom sans plus. Ce nom fût-il sans conteste le nom de

Montaigne, il faut être bien prévenu pour oser trancher. Qui autorise à établir que la lettre indiquée soit plutôt celle-là que celle-ci, celle-ci que celle-là? et quelle confiance accorder à des catalogues et répertoires qui, suivant vous-mêmes, auraient des renvois pour ce qui n'est pas aux volumes, et n'en auraient pas pour ce qui y est? Voilà deux pièces qui vous tombent des nues. Demain peut-être cette mine féconde des papiers Dupuy en fera surgir d'autres encore non cataloguées, et cela ne vous satisfait pas! Il vous faut tout ce qu'a écrit Montaigne! Vous avez dans votre poche une poignée de pièces d'or dont vous ignorez le nombre, l'effigie et le millésime, et vous vous écriez : « On m'a volé une pièce d'or! Vous qui êtes là devant moi, vous en avez une : elle m'appartient, quelle qu'en soit l'effigie; rendez-la-moi. » Là-dessus, vous appelez à votre aide la justice, à qui vous faites l'injure de croire que vous aurez bon marché de ses lumières. C'est révoltant.

On insiste, et l'on cite le tome 712 de la collection Dupuy comme étant la patrie primitive de ma lettre de Montaigne. Examinons ce volume.

Ce n° 712 est relié avec les n°s 711 et 713. Il porte en tête une feuille écrite de la main de Pierre Dupuy, avec les mots suivants et sa signature en dessous :

LETTRES DE PLUSIEURS GRANDS PERSONNAGES.

MDCXLVI (1).

Au répertoire qui renvoie à ce volume, le titre n'est plus le même, il est transformé en

LETTRES DE PLUSIEURS PERSONNES DE QUALITÉ.

Deux titres pour un. Mais en bonne conscience, est-ce qu'aucun des

(1) Cette date est celle de l'année où les lettres ont été réunies en volumes. Elles sont de toutes dates, placées à tort et à travers et sans ordre chronologique comme les lettres de Dupuy dans la collection Peiresc : 1600 après 1627, etc.

deux est littéralement celui qu'a indiqué la *Galerie française,* à savoir :

LETTRES FRANÇAISES DE DIVERS GRANDS HOMMES?

Non, assurément. Notez bien que les Dupuy sont explicites, quand il se trouve des lettres qui sont adressées soit à eux, soit à leurs auteurs : ils le mentionnent. Ainsi, dans le tome suivant, n° 713, le titre porte :

Lettres de M. de Saumaise à MM. Dupuy.

En présence de pareilles dissemblances de titres, mes adversaires ne sentent-ils pas que leur fausse logique vient se briser contre les faits et les foule dans un cercle sans issue? Il n'est simple apprenti amateur d'autographes, soit en France, soit à l'étranger, qui ne sache que ce genre de titres : *Lettres françaises, Lettres latines, Lettres anglaises, Lettres italiennes de divers grands hommes,* est l'intitulé banal des recueils de miscellanées autographiques. J'en ai trente de cette espèce, et j'ai emprunté ce lieu commun à deux volumes que possédait Lémontey, l'une de *Lettres françaises,* l'autre de *Lettres latines :* deux livres de fort mince apparence et où chaque lettre était passée sous un mauvais ruban qui la retenait, mais où se trouvaient quelques documents de grand prix. On se trémousse bien fort pour fausser la source de ma lettre de Montaigne, quand un mot d'explication avec moi l'eût si facilement rendue manifeste. Mais ce mot, mes adversaires n'ont pas daigné l'écouter. Lémontey, qui avait donné les notices de Marguerite de Valois, de Jeanne d'Albret, de François de Guise et de Coligny dans le premier volume de la *Galerie française,* était tout naturellement connu de Gouget, et celui-ci a copié le Montaigne dans le volume des *Lettres françaises* de Lémontey, et s'est trompé en indiquant la source de son emprunt, comme s'est trompée l'Isographie de M. Duchesne, comme s'est trompée l'Iconographie de Mme Delpech, comme se sont trompés tous ces livres à citations multipliées et minutieuses. Comment d'ailleurs s'étonnerait-on d'un écart de mémoire de la part d'un homme qui plus tard, de faiblesse en faiblesse, arriva jusqu'à la perte totale de la raison? Et qui sait, si ce n'est Dieu, la limite fatale où la raison finit, où la folie commence?

Lémontey n'était point de ces amateurs ardents, à l'affût, je ne dis pas des ventes d'autographes (on n'en faisait guère alors), mais des occasions. Il se bornait à garder le peu qu'il avait. Fils d'une très-riche beurrière-épicière, marchande de fruits, de Lyon, heureusement douée, et qui, entre le beurre et la cannelle, barbouillait secrètement d'assez jolis vers, ce qu'elle appelait « faire du papier pour la boutique, » il avait commencé presque enfant une collection d'autographes, en triant, au magasin, les papiers achetés à la livre. L'autographe, n'en déplaise aux grands hommes, a de l'affinité avec la beurrière. Aussi l'enfant fit-il assez belle moisson; et cela, joint à des débris de papiers de famille, car on se vantait d'avoir la sienne, composa les deux cahiers en question. Lémontey descendait, par sa mère, de ce petit paysan de Mirebeau, en Bourgogne, Hugues Picardet, qui, par la protection des princes de Bauffremont, reçut une belle éducation, et s'éleva à un tel degré de savoir, de doctrine et de considération, que, dans cette vieille société, qui, bien qu'on en dise, ne repoussait personne, il parvint au poste de conseiller procureur général au parlement de Bourgogne, à la fin du XVIe siècle, et maria sa fille aînée à Jacques-Auguste de Thou, non le grand historien de ce nom, mais le président aux enquêtes, ambassadeur en Hollande. C'est à la seconde fille de Picardet, mariée à un avocat fort occupé alors, que Lémontey faisait remonter sa généalogie. Eh bien! cette descendance même me fournit un puissant argument. La lettre de Montaigne n'est pas la seule que Gouget ait empruntée de Lémontey; il tint de lui encore Le Sueur et La Bruyère, et une lettre plus anciennne, celle d'Étienne Pasquier. Or, cette dernière lettre, c'est la *Galerie française* qui le dit, est adressée *au procureur général Picardet.* C'était un de ces papiers de famille dont Lémontey était

6*

si fier. La beurrière de Lyon eût fait quelques jolis vers sur l'incident (1).

§ X. « Cette interminable question, comme dit M. Feuillet, c'est l'inventaire de la collection Dupuy qui l'a résolue pour nous. Il ne nous reste plus qu'à faire accepter cette solution par la bonne volonté de M. Feuillet. »

Cet inventaire me conduit précisément à une solution diamétralement opposée. Le temps ne fait rien à l'affaire : c'est la vérité qui importe, et si l'on m'eût démontré, quelque tardivement que ce fût, la vérité des assertions soi-disant nouvelles de la Bibliothèque, j'aurais sur-le-champ fait présent de ma pièce. Mais, en vérité, est-ce se montrer difficile sur les preuves que de ne point accepter de pareilles pauvretés et obscurités ? Car, enfin, ma pièce, feuille pure et vierge, ne porte nul signe quelconque de repère : ni cote, ni estampille, ni trace de couture. D'un côté, tous les catalogues disent uniformément *Montagu;* de l'autre, en supposant que le répertoire dît *Montaigne*, ce serait tout au plus Montaigne tout court, Montaigne en général, sans nulle spécification. Or, il y a deux lettres de Montaigne égarées dans d'autres volumes, et qui, en toute rigueur, peuvent aussi bien et même de préférence avoir appartenu à ce volume 712. Enfin, aucun des deux titres de ce volume duquel vous voulez à toute force que ma lettre, qui n'a jamais été cousue, ait été arrachée, n'est identiquement celui qu'a donné Gouget, et vous avez le courage de vous inscrire contre la déclaration de M. Letronne ! Et vous supposez que gens qui ont passé les dents de sept ans ne verront point à mordre en tout cela !

§ XI. « M. Jubinal, qui disserte à grand bruit sur toute cette affaire et sur plusieurs autres, ne nous a pas révélé l'existence de la tache d'encre

(1) Pour y ajouter un trait, je lui aurais dit que la veuve du dernier de ces Valois auxquels appartenait la comtesse de La Motte qui s'est rendue si honteusement célèbre par l'affaire du collier, mais qui n'en descendait pas moins de Henri II par une Nicole de Savigny, est en ce moment portière à l'église et couvent des Missions étrangères, au faubourg Saint-Germain.

apposée dans le volume dont nous l'avons autorisé à prendre connaissance. Ce délit nous était connu quelques mois avant que M. Jubinal ait cru devoir en faire au public l'indiscrète confidence. Mais si, comme on doit le supposer, cette tache d'encre a été faite sur l'exemplaire de l'inventaire communiqué à M. Jubinal pour dissimuler un vol accompli, l'auteur de cette dissimulation a bien mal réussi dans son entreprise. En effet, la rature n'a été faite que sur une des plus mauvaises copies de l'inventaire de la collection Dupuy, et nous avons en outre 1° l'original de cet inventaire rédigé en 1720, et signé, paraphé, à la première et à la dernière page, par les héritiers indirects de Dupuy et par le premier acquéreur de la collection, le procureur général Joly de Fleury; 2° une copie sur papier timbré du même inventaire, faisant partie des manuscrits et papiers acquis à M. Joly de Fleury, le 31 juillet 1736 (*sic:* mais il y a erreur de copiste sans doute : il faut 1754); 3° une troisième copie faite pour le président Bouhier. Or, sur tous ces exemplaires, dont l'auteur de la rature ignorait l'existence, la description du volume qui porte le n° 712 commence par ces mots :

« Lettres de plusieurs personnes de qualité : Ronsard, Henry Estienne, Coquelay, Cl. Dupuy, de Montagne, Audebert, d'Albain, etc. Il n'y a donc pas à rechercher si la rature cache le nom de Montagu ou celui de Montaigne. »

J'avoue qu'au point de vue de la cause, je ne saurais prendre au sérieux cette histoire de tache d'encre, pour laquelle M. Jubinal, épuisant l'*ithos* et le *pathos*, avait promis la célébrité du pâté d'encre de Paul-Louis Courier, et qui n'a eu que la célébrité de M. Jubinal. — Une chose me frappe, c'est ce mot curieux du Mémoire: « M. Jubinal ne nous a pas révélé ce pâté; le délit nous était connu plusieurs mois avant qu'il n'en fît au public l'indiscrète confidence. » Vrai! vous connaissiez cette tête de Méduse avant que M. Jubinal ne la montrât au public? vous la connaissiez, et vous avez été discret à ce point que vous n'en ayez *rien dit à personne,* pas même à vos collègues du département des manuscrits! Vous la connaissiez, et vous, si ardent de zèle, que vous recommenciez en sous-œuvre tout ce qui est bien fait, que vous lanciez votre acolyte pour m'attaquer extra-judiciairement, quand nous avons un procès engagé, vous n'avez pas jeté les hauts cris, vous n'avez pas mis sur pied le ban et l'arrière-ban de la Bibliothèque pour découvrir le coupable! vous n'avez trouvé nul usage à faire de cette noire découverte! Quoi! cette révélation met, suivant vous, le Cabinet des manuscrits sur la trace d'une étoile filante, d'une lettre fugitive : quelle occasion de se faire place et de se montrer au grand jour! N'importe, cette vigilante mais discrète Bibliothèque attend, l'arme au bras, pour exercer ses droits et ses devoirs, que les temps soient accomplis! Elle attend que M. Jubinal ait fait scandale, qu'il la prenne par l'épaule et la pousse au combat. Elle n'a rien soupçonné, rien imaginé, rien découvert par elle-même (car, entre nous, si elle dit le contraire, m'est avis qu'elle se vante un petit : la découverte est vaine, il est vrai, mais enfin elle l'accepte); elle est à la remorque d'un étranger qu'elle traite de haut, à qui néanmoins elle devrait remettre ses clefs, puisqu'il a fait sa besogne. Lui, en votre lieu, a dit votre messe; à lui donc la mense et la place; car serait-ce chose de république, qu'à l'exemple de cette maison d'un grand d'autrefois que rappelle Paul-Louis, tous, dans la grasse Bibliothèque, eussent bénéfices, hormis l'aumônier?

De deux choses l'une : ou le pâté est ancien, ou il est nouveau. Ancien, pourquoi ne serait-il pas d'un conservateur, de l'abbé de Lespine, par exemple, qui eût mis le catalogue d'accord avec le volume? Récent, il y a autre chose à dire. Quand j'en appris l'existence par la brochure de M. Jubinal, j'allai au Cabinet des manuscrits, et j'examinai la rature en société de M. le docteur Payen et de l'un des conservateurs; — nous ne fîmes qu'un cri tous trois : « C'est de l'encre presque fraîche; cette rature n'a pas plus de trois mois! » Ce fut au point que le docteur tacha d'encre un morceau de papier, rien qu'en humectant, non la rature même à laquelle nous ne voulions point toucher, mais une maculature qu'elle avait laissée sur la feuille en regard. Le docteur est là pour déclarer le fait. De bon compte, est-ce qu'une pareille rature n'est pas plutôt pour appeler les regards que pour les détourner? Aussi je n'accuse personne, mais je déclare qu'il ne m'est nullement prouvé, comme à vous, que le pâté ait eu pour objet plutôt de dissimuler un vol que d'en *faire supposer un*. En ces temps de zèle, la fureur de faire parler de soi, la rage d'avoir raison à tout prix, sont bien ingénieuses. Il sert de peu de jeter, en glissant et quasi par manière d'acquit, ce mot équivoque : « *On doit supposer* que cette tache a été faite pour dissimuler un vol accompli. » Ce n'est pas là raisonner, fouiller une question et l'éclaircir. Votre devoir, messieurs les conservateurs, puisque vous faites tant que de prendre la plume, est d'être nets et explicites, et non pas énigmatiques. Examinez le *cui bono?* Dites-nous à qui la rature, s'il y a eu délit, a pu profiter. Ce sera apparemment, dans votre système, au voleur de mon Montaigne ; mais, prenez-y garde, il faudra la faire remonter à plus de trente ans. Trente ans !

Convenez-en : pendant l'intervalle écoulé,
La Parque à la sourdine a diablement filé !

Alors, comment expliquerait-on que ce fameux pâté n'eût frappé personne depuis cette lointaine époque ? Ce répertoire est cependant un de ceux qui ont été le plus remués par les conservateurs et par le public pour les travaux historiques officiels comme pour les travaux privés. Vous avez, dites-vous, découvert la rature un peu avant la publication de M. Jubinal, — et vos prédécesseurs n'auraient pas eu ce mérite en vingt-huit années ! La tache leur eût échappé même à cette époque où, sous M. Letronne, l'attention de toute la Bibliothèque avait été éveillée par mon initiative ! Allons donc ! Qui veut trop prouver ne prouve rien.

Et puis, le public de la salle de lecture n'a pas ses coudées tellement franches sur les tables du Cabinet des manuscrits qu'on pût prendre tranquillement son temps pour exécuter, en échappant à tous les regards, une rature de cette force. Impossible, en un mot, de l'expliquer d'une autre façon qu'exécutée paisiblement et à loisir. Qui donc l'a faite? Vous rejetterez-vous sur un conservateur ou sur quelque affilié ? Vous avez fait autant d'ignorants de vos prédécesseurs dont vous recommencez en sous-œuvre la besogne ; il n'en coûte pas davantage de trouver parmi eux un voleur.

La table sommaire du répertoire fait elle-même le procès à votre système. Elle s'exprime ainsi littéralement :

Volume 712. Lettres de plusieurs personnes de qualité.

Ronsard, Henry Estienne, Coquelay, Cl. Dupuy (ici le pâté, laissant percer encore *les lettres* Mo et des jambages confondus dans des ratures multipliées), *Audebert, d'Albain, Cl. Dupuy, Du Bartas, Corbinelli, Bongaret* (pour Bongars), *Van de Chas, Guillemier, Renaut, Dolot* (pour Dolet), *S. Jori du Faro* (Dufaur de Saint-Jory), *Contius, Pasquier, Linguelheim* (Lingelshem, de Heidelberg), *Worneren, Th. Beza, C. Dumoulin* (Du Molin), *Plantin, Vinet, Savaron, Sponde, Dony, d'Aviron, du Haillan, Gueffier, Rivet.* Vient ensuite un *etc.*

Ouvrez maintenant le volume 712; ne manque-t-il que le Montaigne dont on mène tant de bruit? Non, il manque également Ronsard, Henry Estienne, Coquelay, Claude et Clément (les deux Cl. désignant probablement ces deux prénoms) Dupuy, Albain, Du Bartas, Dolet, Étienne Pasquier, Worneren, — en un mot, un cahier tout entier. S'il y a eu vol et non transposition, qui a volé une pièce a volé les douze : tout le cahier y a passé en même temps. Alors, supposerez-vous que le voleur ait été assez bête pour rayer un seul nom quand il aurait eu intérêt à faire également disparaître le tout ? Un voleur est plus habile, quand surtout il est de loisir comme l'aurait été celui-là. Est-ce que les autographes de Ronsard, d'Henry Estienne, de Du Bartas, de Dolet, d'Étienne Pasquier n'étaient pas des raretés littéraires de collection aussi bien que celui de Montaigne, et dont il aurait fallu de même masquer la disparition? En outre, il y avait là une lettre de Théodore de Besze, l'un des pères du beau langage français; —comment le voleur, s'il y eût eu voleur, l'eût-il laissée? Comment, d'une autre part, eût-il enlevé des autographes de nulle valeur, tels que ceux des deux Dupuy? Mêmement des chiffons insignifiants qui n'auraient point trouvé acheteur dans les ventes, tels que des épîtres des *Albain, Coquelay* (1), *Worneren* (2), gens aussi complétement ignorés que le seront un jour les plus renommés de nos adversaires?

En fin de compte, tout cela est absurde, et ce pâ-âté de Brid'oison, beaucoup moins « probable » que le fameux soufflet de jésuite de la XIVe Provinciale, n'est, à tout prendre, qu'une légèreté de plus à reléguer aux divagations des sottisiers du temps, si mieux n'est d'y voir, comme je l'ai soupçonné (je ne suis pas le seul), un pâté postiche et apocryphe, une infamie moderne destinée à faire supposer une soustraction. Dans l'un comme dans l'autre cas, la cause s'en est trop préoccupée. Passons.

§ XII. « Voilà un fait bien positif, dégagé de toute équivoque : suivant l'inventaire original, et suivant toutes les copies de cet inventaire, une lettre autographe de Montaigne à Claude Dupuy existait autrefois dans le volume de la collection Dupuy qui porte le n° 712.

« Qu'on ouvre ensuite le n° 712, et qu'on y cherche la lettre mentionnée dans l'inventaire, elle n'y est plus : c'est un second fait aussi incontestable que le premier. »

Comme dans ce que vous venez de dire, monsieur le rédacteur du Mémoire, on voit la prévention qui vous aveugle et vous empêche d'être bon juge! En effet, ce qui est « positif et dégagé de toute équivoque, » ce n'est point votre assertion, c'est le contraire de votre assertion. Ce qu'il y a de positif et d'incontestable, c'est que l'inventaire original ne fait nulle mention d'une lettre de Montaigne à *Claude Dupuy* au volume 712; c'est qu'aucune copie de cet

(1) Coqueley et non Coquelay. C'était une famille de robe.

(2) M. Jubinal suppose que ce pourrait être Vertunen; sans doute a-t-il voulu imprimer *Vertunien*, c'est-à-dire Vertunien-Lavau, docteur en médecine à Poitiers. Mais les lettres de ce bibliophile sont à leur ordre dans le volume. Il parle aussi d'un Versamont, compris dans l'*etc.* du catalogue : lisez *Verthamont*, nom fort connu. Il cite encore parmi ces *etc.* des lettres de Chastelet, il veut dire *Hay du Chastelet*, l'avocat au parlement d'Aix, qui fut le premier secrétaire perpétuel de l'Académie française. H. Laisné d'Aix et Jacques Séguier, l'envoyé à Rome, sont aussi dans les limbes des *etc.*

inventaire n'en dit le moindre mot. Cela est faux, archifaux; c'est vous qui commentez et interpolez. Et cette assertion est grave, car, à l'admettre, il y aurait déjà commencement d'indication de ma pièce, tandis que, dans la réalité, il n'y en a aucune. Encore une fois, des catalogues les uns disent *Montagu*, les autres *Montagne;* pas une syllabe, pas un *iota* de plus. Le reste est invention ou *lapsus*, si l'on veut; mais ce *lapsus*, sous votre plume et en pareille matière, est une inadvertance répréhensible et sans excuse. Ah! c'est donc là le secret motif pourquoi vous vous êtes évertué à me cacher les catalogues, inventaires et répertoires que l'on remet aujourd'hui encore au premier venu à la salle de lecture! ce sont donc là les « *moyens que*, suivant votre expression, *vous ne vouliez pas me fournir contre vous!* » Ainsi, voilà deux choses : celle-ci et cette date obstinée de 1821, dont vous vous êtes servi à l'étourdie et à l'insu de votre raison pour enchevêtrer une dialectique spécieuse! voilà comme vous avez trompé la religion de l'administrateur général et du Conservatoire de la Bibliothèque, qui, sur un faux exposé, ont provoqué les poursuites en revendication! voilà comme le ministre de l'Instruction publique a été induit à les autoriser! Pour la date, un facile argument, tiré d'un de vos propres ouvrages, en a fait rudement justice. Le moindre examen de vos répertoires, que vous citez si mal, suffira pour faire tomber votre légèreté nouvelle.

§ XIII. « Puisque cette lettre était dans la collection Dupuy et n'y est plus, elle en a donc été distraite par un larcin. C'est une conclusion contre laquelle on serait bien empêché de s'inscrire. »

La conclusion serait admissible, si elle venait après des preuves. La réfuter ferait redite. Passons encore :

§ XIV. « Mais à quelle date ce larcin a-t-il été commis?

« Nous accordons très-volontiers à M. Feuillet que, dans le pamphlet de M. Jubinal, le faux se choque contre le vrai. » Ainsi, l'auteur du pamphlet s'efforce d'établir sur des indices recueillis, dit-il, sur l'observation attentive du volume, que la lettre de Montaigne, celle de Ronsard et plusieurs autres également portées à l'inventaire, également ravies au n° 712, ont disparu depuis que les pages de ce volume ont été rapprochées et unies par le fil et la colle du relieur. Cette assertion doit sembler chimérique à M. Feuillet, du moins en ce qui regarde la lettre de Montaigne; elle l'est en effet. C'est vers 1831 que les derniers volumes de la collection Dupuy, auparavant cartonnés, sont revenus de chez le relieur, et M. Feuillet sait parfaitement qu'avant cette date il avait entre les mains la lettre dont Mme Delpech a publié le *fac-simile*. La Bibliothèque nationale, nous le reconnaissons, avait été dépouillée, avant l'année 1831, des lettres de Montaigne, de Ronsard, etc., etc., que contenait le n° 712 de la collection Dupuy.

« Mais, pour que nous ne soyons pas autorisés à rechercher chez autrui la lettre de Montaigne qui nous manque, il faut que cette lettre ait été enlevée à la collection Dupuy avant l'année 1754, date du transport de la collection dans le cabinet du roi. Or, en 1820 ou 1821, M. Gouget copiait, calquait lui-même, à la Bibliothèque nationale, la lettre qui se voit aujourd'hui chez M. Feuillet; il ne serait donc pas aisé de faire remonter la soustraction de cette lettre jusqu'à l'année 1754.

« Voilà plus de détails qu'il n'était peut-être besoin d'en donner pour répondre à la question posée par M. Feuillet, et rendre clair ce qui lui semblait obscur. Surpris, alarmé, en 1837, par la révélation de M. le docteur Payen, il demandait alors aux conservateurs de la Bibliothèque de lui prouver qu'une lettre de Montaigne avait été soustraite du trésor de l'État. Maintenant cette preuve est fournie. Nous avons donc lieu de croire que M. Feuillet s'empressera de terminer, pour sa part, une contestation qui pourrait durer quelque temps encore, en restituant à la Bibliothèque un autographe de grande valeur dont elle n'a pu être dépouillée que par un larcin.

« Pour copie conforme,

« *Signé :* Naudet. »

Quand la pièce aurait-elle disparu, si jamais elle a fait partie du fonds de Dupuy? Cette collection n'a pas toujours appartenu à la Bibliothèque. Des mains des frères Dupuy, elle a passé par succession à des collatéraux; ceux-ci l'ont vendue, en 1720, au procureur général Joly de Fleury, et le procureur général l'a rétrocédée, en 1734, à la Bibliothèque. Voilà bien des migrations pendant lesquelles la collection Dupuy, pareille à la fiancée du roi de Garbe, a pu laisser chaque fois quelque trésor de virginité sur les ronces du chemin. Et, de fait, elle y a laissé de nombreux débris; car, en 1720, lors de la vente à Joly de Fleury, dix à douze volumes manquaient à l'appel, dont l'absence fut constatée au procès-verbal de vente. Ces volumes ne reparurent jamais durant la possession de M. Joly de Fleury, et par conséquent n'entrèrent point, en 1734, à la Bibliothèque. Ils n'ont donc jamais été la propriété de la Bibliothèque, pas plus que ne le seraient des cahiers, des pièces séparées, qui auraient été extraits volontairement par les précédents propriétaires, se seraient égarés, ou même leur auraient été dérobés; car, en définitive, la Bibliothèque ne peut être propriétaire que de ce qu'elle a réellement acquis, de ce qui lui a été livré. Or, à l'exemple du célèbre bibliophile Grolier, qui inscrivait sur tous ses livres : *Io. Grolerii et amicorum*, les collecteurs d'autrefois, qui n'avaient guère de recueils d'autographes que pour l'usage de la science, les mettaient sans scrupule à la disposition de leurs amis. Le goût des collections, en tant que pures curiosités, était alors fort restreint à cette époque. Quand celui-ci ou celui-là venait à être enlevé, le mort saisissait le plus souvent le vif, et les restitutions ne suivaient pas toujours le décès. De son côté, on possédait des recueils ou des lettres qui appartenaient au défunt et qu'on ne rendait pas; cela faisait compensation. C'est ainsi que les Dupuy avaient incessamment, dans la circulation savante, des volumes de leur grande collection qu'ils prêtaient pour l'étude ou pour la copie. Cela résulte du témoignage de l'Estoile, qui le dit dès le début de son Journal, et le répète fort souvent ailleurs; car il leur faisait de fréquents emprunts. On voit même, en un lieu de ce même Journal, que Pierre Dupuy possédait plusieurs lettres autographes de Rabelais, qu'il prêta, un jour, à l'Estoile. La collection Dupuy n'en contient plus que des copies. Par contre, elle s'est enrichie de plusieurs volumes et dossiers *amicorum*. — Que si encore on avait eu l'attention de relever et constater successivement aux répertoires et catalogues de la collection Dupuy les lacunes de volumes, de cahiers et de pièces non rentrés, on pourrait faire quelque fond sur le témoignage de ces catalogues et répertoires, pour constater les soustractions commises depuis l'acquisition; mais la Bibliothèque ne se donne pas le tracas de pareilles précautions; elle est trop grande dame. Et quand, en 1734, elle acheta des deniers de l'État cette collection célèbre, elle n'eut pas même le scrupule qu'avait eu, en 1720, le procureur général, un particulier, de faire un récolement exact et minutieux par volumes et par pièces de ce dont elle prenait livraison. Que vient-elle aujourd'hui, après toutes ses négligences, s'appuyer sur de semblables catalogues! — Encore une fois, fût-il prouvé, — et le contraire est patent, — que mon autographe de Montaigne eût jamais fait partie des papiers Dupuy, qui prouverait qu'il fût jamais entré à la Bibliothèque avant que je l'y portasse moi-même? C'est comme si le propriétaire d'un hôtel que vous auriez habité venait *ex abrupto*, trente ans après votre sortie, vous réclamer des réparations et dommages, alors que vous auriez eu déjà dix successeurs.

Quand la collection Dupuy entra à la Bibliothèque, elle n'était que cartonnée, c'est-à-dire cousue, collée et couverte seulement de papier. On ne l'a revêtue d'une demi-reliure définitive en veau que de 1828 à 1831, — reliure, par parenthèse, fort médiocre, mais moins mauvaise encore que les reliures misérables, sortes d'emboîtages sans solidité, dont on affuble aujourd'hui, sous M. Hauréau, dans un si grand établissement public, les manuscrits qui devraient être rendus solides et durables à jamais. — Vous reconnaissez que le volume 712 n'a subi aucune mutilation depuis sa reliure en peau, par conséquent, à partir de 1828 à 1831 jusqu'à ce jour. Vous réfutez en cela M. Jubinal, que, pour mon compte, je n'aurais point pris la peine de réfuter, si vous ne fussiez descendu à ses arguments. Alors il vous faut prouver que le prétendu larcin est antérieur à 1820, et pour cela vous revenez encore sur le témoignage M. de Gouget : un dernier mot donc sur ce témoignage.

Il suffit d'examiner la *Galerie française* pour se convaincre que, si M. Gouget n'eût point fait confusion primitivement, en 1820, dans son indication d'origine, il eût désigné le fonds où il aurait puisé la pièce à la Bibliothèque nationale, si c'eût été à la Bibliothèque qu'il l'eût trouvée. Il ne manque jamais à cette louable minutie d'éditeur; il pousse même le scrupule jusqu'à indiquer le *folio*, quand les *folio* sont marqués. Comment, pour le Montaigne, se fût-il écarté de sa constante méthode? L'indication d'un fonds aussi célèbre que le fonds Dupuy, qui étale sa richesse sur tant de rayons, se fût forcément placée sous sa plume. Il y a mieux : il donne deux pièces comme tirées de ce même volume; — s'il se fût trompé une fois dans sa mention d'origine, il ne se fût pas trompé deux. D'après son énoncé, il me paraît évident, à en juger par ses habitudes de travail, qu'il a voulu désigner un volume distinct, *sui generis*, un tout et non la partie d'un tout. Se borne-t-il à écrire *Bibliothèque royale* tout court, c'est qu'il s'agit de lettres séparées qui n'appartiennent pas à des fonds connus. S'il ne donne aucune indication d'origine pour une pièce, c'est que l'original appartient à une collection privée. Rarement il nomme une de ces collections. Il n'en était guère alors qui fussent assez généralement célèbres pour faire autorité. Mais une chose remarquable et dont il faut tenir compte, c'est qu'en tête des notes spéciales du premier volume de la *Galerie française*, où se trouve le *fac-simile* du Montaigne, est une sorte d'avertissement dans lequel Gouget annonce qu'il a puisé *presque tous* ses autographes au Cabinet des manuscrits de la Bibliothèque royale, *presque tous, et non pas tous;* et cependant quand, dans ces notes mêmes, il en vient à indiquer pièce à pièce la source de ses *fac-simile,* il n'en est *pas un seul* qu'il ne porte comme émanant de la Bibliothèque. Ou le bonhomme Gouget était un insigne étourdi et commençait l'aliénation mentale dont il a été traité plus tard, ou cette réticence « *presque tous* » avait dans son esprit une signification, et s'appliquait au Montaigne et à quelque autre pièce.

Quand le docteur Payen interroge Gouget, en 1837, sur ses souvenirs à propos des origines du Montaigne, celui-ci répond au docteur qu'il a reçu, à la Bibliothèque royale, des mains de feu l'abbé de Lespine, le volume où se trouvait la pièce. Or, à côté de ce témoignage de Gouget vient précisément se dresser le témoignage réitéré de ce même abbé, employé fort entendu du Cabinet des manuscrits. En 1820, il voit mon autographe, tout frais sortant des mains de Lémontey; il l'examine avec une attention particulière, je puis même dire passionnée, et me déclare que la Bibliothèque, *qui ne possède point de lettres de Montaigne*, ne peut établir par la comparaison l'authenticité de la mienne. Notez que cet abbé Lespine est un Périgourdin, chercheur infatigable de documents sur les illustrations de sa province; qui professait, comme aujourd'hui M. le docteur Payen, un culte pour Montaigne, la grande gloire du Périgord, à telles enseignes qu'il a rempli plusieurs cartons de ses travaux sur son sujet favori, lesquels il a légués à la Bibliothèque. Si jamais il eût vu une lettre de Montaigne au Cabinet des manuscrits, est-ce qu'il l'eût oublié? est-ce que lui, le minutieux annotateur, n'eût pas sur-le-champ coté cette lettre au grand répertoire alphabétique français? Il y a mieux, quand, de 1827 à 1830, l'un des conservateurs actuels de la Bibliothèque nationale, l'honorable M. Duchesne aîné, travaillant à recueillir des pièces pour les calques de l'*Isographie*, dépouilla les fonds de Béthune, de Colbert, de Nicaise, de Germain Garnier, et même celui des Dupuy, il chercha en vain une pièce de Montaigne, et finalement l'abbé Lespine arrêta toutes ses recherches en lui affirmant que la Bibliothèque n'avait jamais rien trouvé de la main de cet écrivain. Voici les propres paroles qu'a écrites, à ce sujet, M. Duchesne, sous la date du 13 mai dernier :

« Lors du voyage que je fis, en 1827, en Allemagne, je fis faire quelques calques à Munich, à Vienne, à Dresde, à Prague et à Berlin; ils furent acceptés à mon retour, et notre travail avançait beaucoup. Cependant nous regrettions quelques lacunes; une, entre autres, que nous aurions désiré remplir, était celle de Michel de Montaigne, dont le nom m'avait ému un instant en l'apercevant au bas d'une lettre; mais elle n'était pas du philosophe périgourdin; elle était d'un homonyme, entrepreneur de travaux publics à Dunkerque, et était adressée au ministre Colbert. Il nous fallut donc renoncer à donner cette célébrité. M. Lespine, d'ailleurs, dont plusieurs fois j'avais exercé la complaisance, M'ASSURA QU'IL N'AVAIT JAMAIS TROUVÉ A LA BIBLIOTHÈQUE DE LETTRE DE SON CÉLÈBRE COMPATRIOTE. »

Cette lettre n'est-elle pas concluante? Peut-on raisonnablement admettre que si l'abbé de Lespine eût trouvé un autographe de Montaigne, il l'eût celé à l'un de ses amis, à l'un de ses collègues, après en avoir donné communication à un étranger quelques années auparavant? Que si, de 1827 à 1830, il ne l'eût plus retrouvé, peut-on encore raisonnablement admettre qu'il eût placidement gardé le silence au lieu de le crier avec véhémence et sur les toits? D'ailleurs, était-il nécessaire d'être Périgourdin comme M. Lespine pour être fanatique de Montaigne? Les admirations littéraires n'étaient point, à cette époque, divisées, livrées à l'anarchie comme elles le sont de nos jours, où la métaphore enragée, et, suivant l'expression de Montaigne, « une façon de parler bouffie et bouillonnée de pointes, » fait si rude guerre à la belle langue des XVIe et XVIIe siècles. Montaigne était le bréviaire des littérateurs, et la disparition d'un morceau de sa main eût fait événement.

Voyez ensuite de quelle façon le pauvre Gouget appuie en 1837 son dire de 1820. Il est, j'en suis certain, de la meilleure foi du monde; mais il affirme, après avoir perdu la faculté qui perçoit et qui se souvient. Encore un an ou deux, et un jugement, qui le reconnaît privé de raison, l'a envoyé dans une maison de santé.

« C'était en 1837, *dit M. le docteur Payen dans le même écrit déjà cité*, un homme doux, paisible, timide même; il s'animait peu dans la conversation. Souvent il répétait ses mots comme pour prendre le temps de retrouver sa pensée. Sa parole était entrecoupée, un peu hésitante. Il laissait souvent ses phrases inachevées. Je n'étais pas son médecin, je ne sais rien de sa santé, et je n'avais, avant son accident judiciaire, rien observé chez lui qui pût faire soupçonner un dérangement cérébral; mais, tel que je l'ai connu, un peu *brouillon*, AHURI, comme on dit familièrement, je serais fort surpris si on me disait que sa folie, sur laquelle je n'ai pas l'ombre d'un renseignement, ait été *active, illuminée, ambitieuse, dominatrice;* tandis que je comprendrais très-bien que l'exagération du caractère que j'ai observé chez lui l'eût conduit à une folie *calme*, à LA PERTE DE LA MÉMOIRE...

« Depuis sa folie, j'ai quelquefois rencontré M. Gouget; il ne semblait me reconnaître qu'à demi; il me parut plusieurs fois éviter de me parler; je dus faire comme lui, et nous en vînmes à nous saluer sans nous aborder... C'est en 1837 que je le connus. »

Cette opinion sur la nature des facultés du pauvre Gouget est importante; elle n'est point d'un homme ordinaire, mais d'un médecin distingué, doué d'un rare esprit d'observation.

Avant le moment fatal de la folie de Gouget, M. le docteur Payen le conduit à la Bibliothèque pour le confronter avec les conservateurs et en quelque sorte avec les lieux mêmes où, suivant sa déclaration, il a fait son calque. Certes, la topographie de ce Cabinet des manuscrits que Gouget a tant pratiqué de 1820 à 1823 doit lui être familière. Cependant il traverse sans mot dire six salles : 1° la salle du grand fonds de Béthune et des armoires vitrées; 2° la salle Barthélemy, où s'étalent les 958 volumes de la collection Dupuy; 3° la salle des livres chinois; 4° la petite salle des manuscrits grecs. Il arrive enfin aux trois grandes salles de lecture (1). C'est dans ces dernières qu'en « quelque sorte inspiré par les lieux, » suivant l'expression de M. Payen (voir page 13 et suivantes), il s'écrie qu'il a trouvé Méon et l'abbé Lespine dans la pièce où se tient M. Lacabane (la sixième); que l'un de ces messieurs en partit pour aller chercher le volume en question; que lui, Gouget, passant alors dans la salle précédente près d'une fenêtre (celle où se tient aujourd'hui M. Reynaud), il s'est placé, pour avoir plus de jour, à un coin de la table voisine (juste l'endroit où travaille M. Stanislas Julien), et que c'est à ce point précis qu'il a exécuté son calque.

(1) Depuis février 1848, le public ne jouit plus que de deux grandes salles d'étude; la troisième, où se tenait M. Champollion et où se tient aujourd'hui M. Hauréau, a été réservée. Cette salle est appelée Salle Colbert; la suivante, Salle Fréret. Le Cabinet des manuscrits comprend encore le *Cabinet généalogique*, qui occupe les pièces immenses des combles. C'est là que sont les trésors que connaît si admirablement le savant M. Lacabane.

Il n'y a à cela qu'une petite difficulté, c'est qu'au temps où cela se serait passé, les grandes salles d'étude, dans lesquelles le pauvre Gouget se souvient si nettement d'avoir fait ses évolutions lithographiques, n'appartenaient point au département des manuscrits. C'était un local tout à fait distinct, séparé par un gros mur : c'était une partie des bureaux du Trésor royal, et en dernier lieu le siége de la commission des créances de Saint-Domingue. Ce fut seulement en 1833 que, par le crédit du directeur M. Letronne, le gros mur fut percé, et que le Cabinet des manuscrits s'accrut de ces grandes salles et de douze autres encore, après que tous les bureaux du Trésor eurent été transférés à la rue de Rivoli. Les employés qui avaient, disait-on, donné le fameux volume à Gouget, MM. Méon et Lespine, morts en 1831, n'ont jamais vu cette terre promise. De leur vivant, le Cabinet des manuscrits ne se composait que de quatre pièces, indépendamment de cette grande galerie Mazarin, où, mourant, le grand cardinal, si Français quoique Italien, pleurait jadis ses trésors d'artiste. De ces quatre pièces, les deux premières seulement étaient ouvertes au travail ; c'était là que se tenaient les conservateurs, les employés et les travailleurs. La troisième était une réserve que l'on n'ouvrait que les jours publics pour donner entrée dans la galerie. La quatrième enfin, aujourd'hui la salle grecque, était une pièce de débarras où l'on entrait moins qu'en aucune autre, et où même de vieux employés ne se rappellent pas avoir jamais mis les pieds à cette époque.

Ainsi, voilà un homme qui n'a jamais franchi ni pu franchir de 1820 à 1823, avec une plume à calque, la seconde salle du Cabinet des manuscrits, qui pousse droit aux cinquième et sixième salles, *alors n'existant pas,* et qui dit : « C'est là ! » Qu'il se soit assis à quelque coin de table pour exécuter en leur temps les nombreux *fac-simile* de ses trois volumes, à la bonne heure ; mais il est évident que le nombre même de ces *fac-simile* lui fait faire confusion et qu'ici les souvenirs s'embrouillent en ce faible cerveau. Fonder des raisonnements sur les dires d'un tel témoin, c'est bâtir sur des nuages. Or, en fin de compte, la seule prétendue preuve que la Bibliothèque ait à alléguer avec les équivoques inscriptions de ses catalogues est le témoignage Gougel. J'avais jusqu'ici entendu dire qu'en fait de meubles possession vaut titre. Il était réservé à la Bibliothèque de nous apprendre que le débile témoignage d'un malheureux privé de raison doit primer tout cela, même quand ses hallucinations sont contredites par des impossibilités matérielles et par les témoignages d'esprits en pleine jouissance de leur bon sens. Mais le bon sens se fait-il écouter des préjugés de la passion ?

VI.

RÉSUMÉ ET CONCLUSION.

Cette cause est toute de détails, et il est bien difficile de la résumer en quelques pages sans en négliger des points intéressants, utiles à la démonstration. Néanmoins, je vais ici en faire ressortir les parties essentielles et culminantes.

Lémontey, de l'Académie française, m'avait fait cadeau, en 1820, de l'autographe de Michel de Montaigne, objet du litige. Dès cette même époque, je l'avais fait voir à l'un des employés du Cabinet des manuscrits à la Bibliothèque alors royale, qui m'avait déclaré ne pouvoir par la comparaison constater l'authenticité de ma pièce, *la Bibliothèque ne possédant aucune lettre originale de cet écrivain.* Cet employé de la Bibliothèque est feu l'abbé Lespine, qui était Périgourdin comme Montaigne, professait un culte enthousiaste pour son grand compatriote, et a écrit sur les illustrations de son pays.

En 1837, j'apprends par un savant bibliographe, M. le docteur Payen, qui s'est particulièrement occupé de la personne et des ouvrages de Montaigne, que ma lettre, qu'il avait crue jusque-là, comme moi, inédite, a été reproduite en *fac-simile* par la lithographie, dans le premier volume d'un livre intitulé *Galerie française,* qui porte au titre le millésime de 1821, et qu'une note de ce livre indique qu'elle a été copiée à la Bibliothèque royale, dans un volume intitulé :

« *Lettres françaises de divers grands hommes.* »

Jamais, jusque-là, cette *Galerie française* ne m'était tombée sous la main. La Bibliothèque elle-même, qui ne saurait prétexter cause d'ignorance en matière de livres, puisqu'elle les a tous, ne s'inquiétait pas autrement, depuis 1821, du dire de ce même livre, et ne songeait point à réclamer. « Cependant, dis-je au docteur, il faut vérifier à la Bibliothèque si l'on y possède un tel volume. » Le docteur avait déjà fait la démarche : le volume avait été cherché au Cabinet des manuscrits, et là on lui avait confirmé ce qui m'avait été affirmé à moi-même en 1820, à savoir : que le Cabinet des manuscrits n'avait jamais rien possédé de Montaigne. La même réponse avait été faite par le même abbé Lespine, en 1828, à son collègue M. Duchesne aîné, lorsque ce dernier était en quête d'un autographe de Montaigne pour en insérer le *fac-simile* dans son recueil intitulé l'*Isographie*. Voilà qui était positif.

Je ne m'en tins pas à ces renseignements; j'allai droit à la Bibliothèque, et je remis mon autographe au directeur, M. Letronne, en lui disant : « On a imprimé qu'il vient de chez vous : prouvez-moi cette origine en me montrant une description nominale et précise de ma pièce sur vos catalogues, et je vous la laisse. » Le Cabinet des manuscrits n'ayant pu trouver aucune preuve, l'autographe me fut rendu avec cette déclaration formelle : « *La note du livre d'où l'on prétend que la pièce dont il s'agit a été tirée, à notre dépôt public, ne signifie rien; l'autographe ne nous a jamais appartenu.* »

Ces faits ne sont pas contestés. Ils sont écrits et acquis à la cause.

Cela se passait, avons-nous dit, en 1837.

En janvier 1850, paraît une brochure de M. Jubinal qui remet de nouveau sur le tapis la question jugée. J'apprends que la Bibliothèque, à qui sa déclaration de 1837 semblait commander le silence, a cependant le dessein de le rompre en m'attaquant, non avec ses propres armes, mais avec celles de M. Jubinal que je n'ai pas pris au sérieux et à qui je n'ai pas répondu. Autre directeur, autre système. Je vais au-devant de l'attaque, et j'écris à M. Naudet : « Ce que j'ai offert, il y a treize ans, à M. Letronne, je vous l'offre : montrez-moi dans vos catalogues la mention nominale et descriptive de ma pièce : elle est à vous sans combat. Si vous voulez des raisons qui vous prouvent que ma propriété n'a jamais été vôtre, je suis prêt à vous en donner verbalement ou par écrit. »

La Bibliothèque prend son temps, fait dresser un Mémoire sur la question par le conservateur M. Hauréau, et m'envoie au bout de onze jours ce Mémoire où, ne pouvant couper court en justifiant de ce que je lui demande, elle se rejette sur un tissu de conjectures, d'hypothèses et d'inductions.

J'avais été au-devant des discussions par aversion pour le bruit et le scandale, et afin d'étouffer dans leur source les paroles indiscrètes. Je me serais empressé de faire cadeau de ma lettre sur des preuves; à défaut de preuves seulement spécieuses, je la garde.

Cependant je fais une réponse au Mémoire officiel; mais M. Naudet ne l'attend pas. Il décide *à priori* sans m'entendre, et m'écrit presque coup sur coup que le non-envoi immédiat de la pièce est, à ses yeux, une dénégation, et que la Bibliothèque va me poursuivre devant les tribunaux, en restitution.

L'effet suit la menace, et, dès ce moment, la Bibliothèque se conduit envers moi d'une manière peu loyale.

Ainsi, j'ai besoin, pour compléter ma défense, de consulter ses catalogues, — elle me les refuse, disant d'abord qu'elle ne *veut pas me donner des moyens contre elle,* et une autre fois que *la Bibliothèque n'a pas de catalogues,* tandis qu'elle en a plus de deux cents volumes au Département des manuscrits, tandis que, dans un cabinet réservé et même en pleine salle publique de lecture, on les remet à la disposition du premier venu! Procédé indigne, car, entre simples particuliers, entre plaideurs vulgaires, on se communique *de plano* toute pièce de procès, et il est honteux à un grand établissement public de se faire arracher demain par un jugement ce qu'on eût dû accorder aujourd'hui avec bonne grâce. — En outre, la Bibliothèque, quand l'affaire est engagée entre nous judiciairement, me fait attaquer par un de ses employés auxiliaires dans un journal intitulé

Bibliothèque de l'École des Chartes, façon nouvelle de plaider avant les plaidoiries.

Le Mémoire, sur la lecture duquel la Bibliothèque présumait que je m'empresserais de déposer à ses pieds mon autographe de Montaigne, m'avait paru d'une rare faiblesse de raisonnement. En y répondant, j'avais eu peine à savoir où me prendre, car on ne peut saisir que ce qui a un corps. Sur quel fondement logique avait-on pu se flatter d'avoir résolu et prouvé aujourd'hui ce que M. Letronne avait, en 1837, décidé négativement? Serait-ce donc que l'auteur du Mémoire eût fait une contre-enquête sérieuse; qu'il eût débattu avec moi le pour et le contre; qu'il eût puisé des lumières auprès de M. le docteur Payen pour contrôler les légèretés de M. Jubinal? Serait-ce que, cherchant de l'eau dans son propre puits, comme disent les Orientaux, il eût trouvé quelque vigoureux argument de son cru; qu'il eût enfin découvert en quelque catalogue secret de ces preuves victorieuses d'une autorité irréfragable et décisive? Non, rien de tout cela; *rien, rien, rien!* Il n'a pas même demandé à voir la pièce en litige, cette belle Hélène dont la conquête aura duré finalement trois fois autant d'années que le siége de Troie. C'était bien la peine d'en être si amoureux! Le Mémoire n'est littéralement que l'habit retourné de M. Jubinal, tout décousu par M. Payen. Et tandis que, de peur d'errer, la justice du pays s'entoure, en toute affaire, d'une instruction sévère, profonde, prêtant oreille attentive et critique à tous les dires, la Bibliothèque, dédaigneuse des voies vulgaires, décide par inspiration et intuition, comme si elle avait consulté la sibylle ou une somnambule. Est-il donc écrit qu'on pourra ainsi impunément violer à l'aveugle un citoyen dans sa propriété, dans sa tranquillité? La chose publique n'a-t-elle donc pas assez d'inévitables angoisses qui brisent notre vie en secousses violentes?

Et d'abord, l'exposé des faits est faux, par *lapsus*, je le présume; mais enfin il est faux en des points capitaux. Le Mémoire dévore près de la moitié de son étendue à disputer à vide, pour établir que la pièce n'a été lithographiée qu'en 1821, et que dès lors, puisque ce n'est pas moi qui l'ai communiquée, je ne puis pas posséder depuis trente ans. Pour établir le fait, il suppose dans la conversation de l'éditeur, imprimée par M. le docteur Payen en sa *Notice bibliographique*, la mention textuelle de cette date de 1821, *qui n'y est pas*, qui n'y peut pas être, attendu que la pièce avait été lithographiée en 1820, peut-être même avant; attendu que, si le frontispice du volume où figure la lettre porte le millésime de 1821, c'est que l'ouvrage a paru par livraisons, que le titre d'un livre est généralement la dernière chose qui s'en imprime, et que les premières livraisons de la *Galerie française*, parmi lesquelles se trouvait le Montaigne, ont paru à partir de mai 1820. Cela est prouvé par le *Journal de la Librairie* que la Bibliothèque n'a pas même pris la peine de consulter.

L'échafaudage du Mémoire repose, comme le *factum* de M. Jubinal, sur deux bases : 1° le témoignage de l'éditeur du livre, nommé Gouget; 2° le témoignage des catalogues. Or, des catalogues, les uns disent *Montagu*, les autres *Montagne*, à l'endroit où l'on suppose par *divination* qu'ils ont voulu dire Montaigne et désigner mon autographe, le mien, non un autre. Mais Michel de Montaigne a eu des homonymes, ses contemporains. On peut citer, entre autres, l'auteur de l'*Histoire des Calvinistes*, nommé *De Montagne*; on peut citer Guillaume *Montaigne*, l'auteur du beau livre de la *Police des pauvres de Paris*. Il serait curieux de voir comment s'y prendraient mes adversaires pour décider logiquement si les inscriptions du catalogue ont voulu désigner le grand philosophe du Périgord plutôt que ceux-là, d'autant qu'ils étaient amis de toute la Pléiade, ainsi que des Dupuy et de Pasquier.

Pour rendre sa dialectique plus persuasive, l'auteur, qui ne voit que sa pensée, débute par aider, au moyen d'une date fausse, à la lettre du témoignage Gouget; il en fait autant pour les catalogues : il affirme que, suivant l'inventaire original, et suivant toutes les copies de cet inventaire, une *lettre de Montaigne à* Claude Dupuy (ce qui est bien trouvé, puisque la mienne est adressée à un Dupuy) existait autrefois dans le volume 712 de la collection Dupuy. Cela est faux encore, matériellement faux. Il n'y a nulle part ni en toutes lettres, ni sommairement, ni de près ni de loin, rien qui particularise la lettre indiquée, rien qui conduise au nom de Dupuy. Encore une fois, sur la moitié des catalogues *Montagu*, sur l'autre moitié *Montagne*, jamais *Montaigne*, RIEN DE PLUS. Quelle bonne raison le Mémoire allègue-t-il d'opter entre ces deux noms? Aucune. L'intérêt de sa cause est son seul guide. Faites, si vous le voulez, Montaigne de *Montagu* et de *Montagne*, vous n'aurez pas davantage *à Claude Dupuy*. Or, l'existence de cette mention eût pu mener assez raisonnablement à une induction spécieuse. Voilà pourquoi le Mémoire en argumente; mais, encore une fois, elle est fausse, et l'argument lui échappe.

Gouget, en sa note de 1820, donne pour origine à ma pièce la Bibliothèque royale. En 1837, il affirme à M. le docteur Payen qu'il l'y a calquée lui-même dans un volume intitulé : LETTRES FRANÇAISES DE DIVERS GRANDS HOMMES; mais, comme l'a vérifié M. Letronne, la Bibliothèque n'a pas un seul volume qui porte un titre parfaitement identique. Le Mémoire, toujours d'après M. Jubinal, montre triomphalement le n° 712 de la collection Dupuy, ce volume auquel renvoie le *Montagu* ou le *Montagne* des Répertoires; — mais ce 712 porte deux titres dont aucun n'est pareil à celui qu'a donné Gouget. Nous marchons bravement de suppositions en interpolations, d'interpolations en à peu près. Le Mémoire, qui sent son faible, élude sur ce point la discussion; mais la Justice n'élude rien.

Ce titre de *Lettres françaises, Lettres latines*, etc., n'est, après tout, qu'un titre banal au service de toutes les collections privées, usité autrefois, usité de nos jours, et qui était celui des recueils d'autographes de Lémontey, qui en a tiré cette lettre si disputée dont il m'a fait présent. Gouget, en indiquant pour origine la Bibliothèque, s'est trompé comme, en pareil cas, s'est trompée l'*Iconographie*, et plus souvent encore l'*Isographie, quelquefois même à dessein*, au témoignage d'un conservateur de la Bibliothèque, M. Duchesne, l'un des auteurs de ce dernier recueil de *fac-simile*.

Le hasard a fait découvrir en ces derniers temps, dans deux volumes différents de cette même collection Dupuy, deux lettres jusqu'ici inconnues de Montaigne. Ces lettres ne sont portées sur aucun des catalogues comme existant aux volumes où elles se sont trouvées. Le *Montagu* ou le *Montagne* des répertoires les désigne tout aussi bien que la mienne, puisqu'ils n'offrent aucune indication descriptive quelconque. Pourquoi donc, quand on a sous la main en quelque sorte le corps du délit, quand tout s'explique par une pure transposition à la reliure ou avant la reliure, quand enfin mon autographe même, par ses caractères extérieurs, à savoir : l'absence de cote et d'estampille et l'intégrité de la feuille qui n'a jamais été reliée, repousse formellement la main de l'État, comment s'acharner à mon autographe? Peut-on bien logiquement argumenter, dans l'espèce, de catalogues qui ne disent pas ce qui est, et disent ce qui n'est pas?

Une large rature ou tache d'encre trouvée sur l'un des répertoires, à l'endroit de la description du volume 712, cache le mot *Montagu* ou *Montagne*. La Bibliothèque y voit un pâté intentionnel, coupable, méchamment apposé pour dissimuler le larcin de mon autographe, comme si une souillure aussi indiscrètement apparente n'était pas plutôt de nature à appeler les regards et éveiller les soupçons que faite pour cacher quelque chose. D'ailleurs, à quelle date a été accomplie cette tache ou rature? Il est acquis à la cause (le Mémoire de la Bibliothèque le reconnaît) que, depuis l'époque où le volume a été relié en peau, c'est-à-dire de 1828 à 1830, il n'a subi aucune perte, et que, par conséquent, le larcin n'aurait pu être commis qu'avant cette reliure définitive. Alors, il faudrait qu'elle remontât, soit à trente ans, soit à vingt ans, à tout le moins à cette date de 1837, où la question du Montaigne a été pour la première fois soulevée. Or, la tache paraît fraîche de quelques mois, et commise plutôt pour faire supposer un dol que pour en dissimuler un. Et puis, dans ce même volume, là où aurait été jadis le Montaigne, il manque douze autres pièces, dont les unes sont plus précieuses que le Montaigne même, parce qu'elles sont encore plus rares; les autres sont de personnages totalement obscurs et inconnus et n'auraient point en vente trouvé acheteur. A quoi bon le voleur aurait-il dérobé les chiffons inutiles? Et comment surtout, ayant intérêt à effacer toutes les désignations du Répertoire, n'eût-il raturé que celle du Montaigne? Tout bien pesé, c'est une rature qui a toute la mine d'un pâté postiche et apocryphe, sur lequel l'auteur lui-même du Mémoire, fort empêché de trouver une explication, a glissé, comme toujours, quand l'orateur s'embarrasse. On ne saurait y voir un incident sérieux, à moins qu'on ne s'arrêtât, ainsi que plusieurs, au soupçon d'une intention mauvaise, suscitée par les besoins de la cause.

Gouget a pris soin lui-même d'infirmer par des contradictions son témoignage. En tête des notes de ce même volume où il indique le Montaigne comme provenant de la Bibliothèque royale, il dit qu'il a tiré *presque* tous ses *fac-simile*, *presque tous*, de cet établissement; et, quand il en vient à les énumérer un à un, il les en fait *tous* sortir. Sa réserve *presque tous* n'implique-t-elle pas l'exclusion de certaines pièces qui ne sont pas exceptées et auraient dû l'être? Qui dit que le Montaigne ne soit pas du nombre?

D'ailleurs, lui qui est dans l'habitude, lorsqu'il cite une provenance de la Bibliothèque, de relater le fonds où il a puisé, de désigner même scrupuleusement le volume et le *folio*, il n'indique aucun fonds pour le Montaigne. Il se borne à nommer le fameux volume de *Lettres françaises*, etc., qui n'existe pas. Or, en 1837, le docteur Payen conduit Gouget au Cabinet des manuscrits pour en tirer des lumières sur les lieux mêmes; si Gouget eût puisé en effet le Montaigne dans le fonds des Dupuy, il s'en serait souvenu à ce moment, quand il passait et repassait devant cette collection, laquelle s'étale et saute aux yeux dès la seconde salle d'entrée, et dont les 958 volumes lui criaient le nom de *Dupuy!* — Il a passé indifférent.

Il y a plus, cet homme se trompe grossièrement de lieu, et lui qui, pendant trois ans, a travaillé à la Bibliothèque royale pour son ouvrage, lui qui en doit connaître à merveille la topographie, reconnaît pour l'endroit précis où il aurait calqué, une salle très-différente et très-éloignée de celles où l'on travaillait en 1820, une salle où il n'avait jamais pu entrer, puisqu'elle ne faisait point alors partie du Cabinet des manuscrits et dépendait du Trésor public. C'est que le pauvre Gouget était un esprit faible qui, peu de temps après, s'est éteint dans une aliénation mentale.

Gouget a dit encore que c'est un des employés, l'abbé Lespine, qui lui a communiqué le volume contenant le Montaigne. Il se rencontre que cet abbé est le même Périgourdin, le même compatriote de Montaigne, qui, en 1820, m'a dit que la Bibliothèque n'a jamais rien découvert de ce grand philosophe; il se rencontre que c'est le même qui, en 1828, a fait une pareille réponse à l'un des conservateurs actuels, M. Duchesne, qui en témoigne. Gouget s'est trompé : il a confondu avec l'un des cent autres *fac-simile* qu'il a exécutés au Cabinet des manuscrits, s'il en a jamais exécuté aucun.

Mais finalement, où donc a-t-il trouvé l'original qu'il aurait copié? Je l'ai déjà dit, cette pièce était chez Lémontey, depuis son enfance amateur d'autographes, qui avait donné des notices dans la *Galerie française*, et que par conséquent Gouget connaissait. La preuve que c'est dans le recueil de cet académicien que Gouget a puisé, c'est qu'une autre pièce qu'il dit avoir trouvée dans ce même volume de *Lettres françaises*, une lettre autographe d'Étienne Pasquier, était adressée au procureur général Picardet, aïeul de Lémontey, qu'elle faisait partie des papiers de famille de ce dernier, et n'a jamais appartenu à la Bibliothèque nationale, non plus que le Montaigne.

Il faudrait être bien prévenu pour résister à de pareilles objections et savourer encore les délices d'illusion et l'odeur de proie qui charmaient le rapporteur de la Bibliothèque en dressant son Mémoire. Si je donnais aujourd'hui ma lettre au Cabinet des manuscrits, je le mettrais au défi de justifier pourquoi il la rangerait dans le volume 712 en question plutôt que dans tel ou tel autre. Ce n'est qu'après avoir fait l'étude de quelques volumes qu'on viendrait à bout de lui assigner une place, qui vraisemblablement ne serait pas celle-là.

Quand je dis la Bibliothèque, entendons-nous. Tant s'en faut que je prétende (j'ai eu le soin de le dire aux premières lignes de cet écrit) attaquer sans distinction tous les hommes distingués qui composent le Conservatoire. Ils ont été mis de côté par l'administration de la Bibliothèque, ou abusés, dès le début de l'affaire. Que le bon M. Hase se soit fait le complaisant de M. Hauréau, qu'il ait participé au maladroit refus des catalogues, ce n'est pas une raison pour lui imputer une faiblesse à crime. Lui dont toute pensée traverse un souvenir grec ou latin, et qui, s'il avait à dire : « Nicole, apportez-moi mes pantoufles, » en trouverait, à coup sûr, quelque exemple dans l'antiquité, vit trop aux Panathénées athéniennes pour s'apercevoir des choses de cette terre et pour reconnaître qu'on abuse de sa bienveillante et débonnaire nature, en l'associant, par un acte de déloyauté, à une coterie effrénée de bruit. Certes, ce n'est pas de lui-même qu'il eût refusé ces catalogues, « pour ne pas fournir de moyens, » comme dit M. Hauréau. Ce refus, dont tout le blâme retombe sur ce dernier et sur M. Naudet, qui l'a approuvé, restera comme un exemple étrange de naïveté à la fois et de déni de justice.

Nous vivons cependant à une époque où l'affaiblissement du principe d'autorité et la sotte manie de donner des leçons au gouvernement mettent les pouvoirs les plus légitimes dans l'obligation de se retremper en d'étroites conditions de modération, de justice et de dignité. La force et la puissance du pouvoir ne sont qu'à ce prix. Mes adversaires ont méconnu envers moi toutes ces conditions. Accusés souvent d'incurie, de désordre et de négligence, ils s'agitent et s'évertuent, ils font du zèle, ils tâchent à se relever par l'éclat et le scandale; ils passent à parader devant la Justice un temps qui serait mieux employé pour eux et pour les autres à faire la besogne en souffrance; et, rejetant le poids du blâme sur leurs prédécesseurs ou sur leurs collègues, ne s'apercevant pas qu'ils se diminuent en définitive eux-mêmes en essayant de diminuer ceux dont les traditions font leur savoir, ils s'adjugent le grand et le petit triomphe. Je ne tremperai pas dans la bonne opinion qu'ils ont d'eux-mêmes, quelque disposé que je sois d'instinct, de sympathies, d'habitude en faveur d'une administration publique. Quand M. l'administrateur général est forcé d'accepter d'un modeste libraire un démenti qui touche à une question de bonne foi, je gémis, comme ancien serviteur de l'État, de l'humiliation où descend le gardien officiel d'un des trésors du pays. Attaqué à mon tour indiscrètement par cet administrateur, j'ai fait, en homme d'ordre, tout ce qui était humainement possible pour prévenir le scandale d'une discussion publique. Mais la facilité ne pouvait aller jusqu'à me laisser dépouiller, et il a bien fallu me défendre par les révélations qu'on m'arrache à force d'injustice et d'outrecuidante légèreté.

Si, d'un côté, l'on est toujours intéressant quand on parle au nom du bien public, de l'autre, les hommes d'expérience savent de reste que, comme tel est le cas de la Bibliothèque à mon égard, l'esprit d'envahissement et de corps, voisin du zèle, ne tend que trop à se mettre de la partie et pousse son homme. Il n'est pas sans exemple que le garde d'un dépôt public se soit abusé sur le crédit de ce titre honorable. A côté du devoir de revendiquer ce qui appartient à l'État est le danger d'étendre la main sur ce qui ne lui appartient pas. Le succès trompeur du procès en revendication de la signature de Molière est tout propre à mettre en goût. De tout temps, aujourd'hui surtout, l'homme se laisse volontiers séduire à des conseils de rancune et de commérage, facilement il se fait illusion sur l'innocence des armes qu'il emploie. Et puis, en fine fin, quel est l'enjeu dans tous ces procès en revendication? Serait-ce la bourse des conservateurs? Oh! que non pas! C'est moins que rien, c'est seulement la bourse de la victime et la caisse de l'État. Aussi a-t-on la main leste à intenter un procès, et, tandis qu'il est des fous

> Qui, toujours assignant et toujours assignés,
> Souvent demeurent gueux de vingt procès gagnés,

on n'aurait encore qu'à se féliciter même d'un procès perdu. Somme toute, en effet, le triomphe est une gloire. La défaite, qui ne coûte rien, est encore un gage de zèle. Que s'il y allait pour soi d'un risque personnel, on aurait, qui en doute? un semblable courage; en hommes délicats, on risquerait même sa fortune plus facilement que celle de l'État. Ce néanmoins et sans malice, il est permis de supposer qu'en général on y regarderait à deux fois. Je ne sais quelle prudence ferait alors mieux sentir que l'intervention officielle et publique d'un Conservatoire, c'est-à-dire de l'État, doit être dictée par une pensée haute et sérieuse. Tuteur des intérêts d'une bibliothèque qui, de sa nature, est en quelque sorte mineure, on ne la jetterait en un procès qu'en tremblant, à la dernière extrémité, le pour et le contre pesé mûrement, froidement et à coup sûr. S'il est vrai qu'un procès pourrait faire parfois l'affaire des rancunes personnelles ou de l'ambition de tels conservateurs, il est toujours un inconvénient pour l'État, quand il emprunte de ses origines et de ses circonstances un caractère de tracasserie, d'accaparement et de confiscation. Il met de petites passions à la place de l'équité; il entache de déconsidération ce qui, encore une fois, ne doit s'offrir aux yeux de tous que digne et calme comme la loi.

« De quoi vous plaignez-vous? me demande-t-on doucereusement aujourd'hui à la Bibliothèque; personne n'effleure votre caractère, nul ne dit que ce soit vous qui ayez soustrait l'autographe de Montaigne : on reconnaît pleinement votre bonne foi. Nous nous bornons à chercher devant la Justice l'éclaircissement du point de fait de la propriété légale de la pièce. »

La belle grâce en vérité que vous m'octroyez là, de l'air d'un prévôt qui prend quelque maraud sur le fait! Eh! messeigneurs! je réponds que ma bonne foi est au-dessus des attaques de l'administration de la Bibliothèque, et se passerait volontiers de vos certificats. Je réponds que vos déclarations s'accommodent d'ailleurs assez mal avec la déloyauté calomnieuse de l'un des employés auxiliaires du Cabinet des manuscrits, duquel les insinuations dans la *Bibliothèque de l'École des Chartes* n'ont pas été désavouées par M. Naudet. Je réponds qu'un administrateur qui ne cherche que la vérité ne cache point les catalogues qui peuvent y conduire, ne se refuse pas à entendre un homme qui a été ouvertement au-devant de son attaque, qui offre des explications, et avec qui un mot d'entretien verbal ou écrit eût prévenu le scandale d'un procès. Non, non, ce que cherchait avant tout M. Naudet, c'était le bruit. Grisé par le commérage de M. Jubinal, aveuglé par le faux exposé et les conclusions illogiques du rapport de M. Hauréau, et plus encore par sa propre passion; comptant avec une injurieuse confiance sur le succès *quand même* devant une magistrature qui cependant ne sait que rendre et faire justice, il n'avait qu'un but, celui d'entrer par la porte de ma collection dans toutes les collections d'autographes et de pièces historiques, comme ayant foison de tous biens à la convenance de la Bibliothèque. Chose commode assurément que de faire du zèle sans risques aux dépens de la propriété d'autrui, s'il n'était besoin, pour confisquer et moissonner à plaisir, ni d'estampilles, ni de cotes, ni d'enregistrements nominaux et descriptifs aux catalogues publics; s'il n'y avait qu'à se montrer malappris aux armes courtoises, à faire diffamer par insinuations et qualifier finalement de voleurs, à tout le moins de recéleurs, par quelques malheureux à gages, les honnêtes propriétaires de collections! La propriété c'est le vol. Ah! si les vieux gouvernements nous confisquaient, du moins ne nous salissaient-ils pas!

En vérité, l'on ne saurait s'y prendre mieux que ne s'y prennent les plus ardents défenseurs de la Bibliothèque pour en discréditer l'administration, et rendre cette dernière à la fois ridicule et odieuse:

Ridicule, en mettant une sorte de frénésie à crier sur les toits que la pauvre Bibliothèque n'a pas su se conserver; à en faire une espèce de Vestale pour rire, dont la pudeur dérisoire est la fable des carrefours; à se vanter, à propos de tout et à propos de rien, de son ordre, au sein des désordres les plus déplorables, et à rendre un public narquois confident de ses haines et guerres intestines, car tels de ces hommes de bibliothèque et de science se prendraient à la gorge dans le paradis;

Odieuse, en faisant table rase et niant les services de ses devanciers, sans rien substituer à leurs travaux; en s'amusant, au grand détriment du budget, à disputer sur le beau en matière de catalogues, et à les recommencer toujours, sans jamais rien finir; — comme s'il n'y allait pas des intérêts du public et de la science, comme s'il n'y avait en jeu qu'une thèse spéculative et de mode, pur paradoxe à discuter nonchalamment aux heures de loisir, ainsi qu'on se joue dans les arts, sur cette question du beau immuable, qui change tous les vingt ou trente ans; odieuse, en s'en prenant un peu à tout le monde de ses propres désordres, en traînant étourdiment et sans preuves les amateurs d'autographes et de manuscrits devant les tribunaux, sans daigner écouter leurs raisons, sans même avoir vu les pièces qu'on prétend revendiquer;

Ridicule enfin et odieuse tout ensemble, en n'appuyant sa revendication que d'un exposé faux, solennellement approuvé et paraphé en plein Conservatoire, et trompant ainsi sur les droits de l'État et la religion de ses propres collègues et la religion du ministre qui décide des poursuites; enfin, en n'ayant pas même l'honneur de l'initiative de ses propres actes, et n'agissant, après trente ans de mutisme, que contrainte et forcée, sur l'impulsion d'un quidam qui la gourmande et harcèle avec dédain. Est-il un aveu plus naïf d'incurie et d'impuissance? La dignité d'un grand établissement de l'État, du premier des dépôts bibliographiques et paléographiques du monde, peut-elle se railler plus à vif d'elle-même et accepter un pareil rôle sans rougir?

En vain, au demeurant, MM. Naudet et Hauréau voudraient-ils rendre le Conservatoire entier solidaire de leur légèreté à l'égard de la revendication du Montaigne, il faudrait qu'on ne sût pas comment se passent les choses au sein de ce Conservatoire, qui n'est plus, en résumé, aujourd'hui, que le conseil sans autorité, sans initiative, et le plus souvent muet, d'un administrateur sans contrôle. En toute commission administrative sérieuse, il y a étude commune, élaboration commune des affaires, examen, discussion sur pièces, sur faits et articles. Quand, au Conservatoire de la Bibliothèque nationale, il fut question de mon autographe, M. Hauréau lut son rapport. Nulle pièce, nul catalogue à l'appui; partant, nul examen possible. Il fallut accepter sur parole prémisses et conclusions. Lecture faite, l'administrateur laissa tomber sur le disciple le manteau d'Élie, il signa, et l'on passa à autre chose. Au Conservatoire, l'administrateur-président se substitue à tout, et malheureusement, ses manières rendant trop souvent les observations voisines de l'aigreur, plusieurs des hommes les plus forts et les plus accrédités ou s'abstiennent de venir ou se taisent. Un esprit froid, étroit et sans tact, uni à un caractère difficile, cassant et passionné, n'est pas pour appeler la conciliation. Il ne suffit pas, pour tenir les rênes d'une administration, d'avoir les intentions droites et les mains pures, encore faut-il savoir vivre avec les hommes. Ce sont ces difficultés de caractère qui ont fait de la Bibliothèque une arène de discordes intestines dont ne souffrent pas seulement les personnes, mais le service public; qui, au dehors, transforment en affaires ce qu'un peu de tact, de mesure et de savoir-vivre aurait concilié. Ainsi, par exemple, un académicien a emprunté, avec toutes les formalités voulues, de la Bibliothèque nationale, quelques-uns de ces manuscrits orientaux dans lesquels il lit à livre ouvert, comme Le Verrier dans le ciel, et dont le séjour prolongé chez lui pour ses études ne fait pas faute à d'autres savants, rares défricheurs de ces terres inconnues, — M. Naudet réclame ces manuscrits par *huissier!*

Ainsi mon affaire du Montaigne, jugée, comme elle devait l'être, à l'amiable, par l'illustre Letronne, devient, dans les mains malheureuses de l'administrateur nouveau, guerre ouverte, et s'en va étourdir la Justice. J'aurais vingt exemples pareils à citer que j'omets pour ne point incidenter. Je n'en rappellerai qu'un qui m'est personnel, car ce n'est pas pour la première fois que, bien innocemment et sans provocation, je me trouve en lutte avec M. Naudet. Un jour (c'était il y a trois ou quatre ans), un de mes amis, M. Melchior Tiran, chancelier de l'ambassade de France à Madrid, avait reçu mission de recueillir en Espagne, pour la Bibliothèque royale, des livres et des manuscrits. Il en envoya plusieurs caisses, et, en prévenant le ministre de l'Instruction publique de cet envoi, il fit passer les factures d'acquisition et ne réclama que ses déboursés. De mon côté, sur sa prière, j'invitai officieusement M. Naudet à vouloir bien ordonner un récolement des livres et manuscrits et à faire connaître promptement sa décision au ministre, qui avait promis une réponse à mon ami. M. Naudet choisit et marchanda comme s'il eût eu affaire à un spéculateur, et, le croirait-on? ne s'entendant pas avec M. Tiran blessé de ce marchandage, et qui annonçait, du reste, qu'il serait à Paris sous quinze jours, il s'en prit à moi et me cita devant le tribunal civil pour que j'eusse à faire enlever sur-le-champ les caisses, sous peine de les voir jeter à la rue dans les vingt-quatre heures. En vain je lui fis observer que cela ne me regardait pas, que M. Tiran était comme lui le délégué du ministre de l'Instruction publique, et que c'était au ministre qu'il fallait s'adresser; que ce n'était pas moi qui avais envoyé les caisses, que je n'étais pas le fondé de pouvoirs de M. Tiran, et n'étais intervenu qu'en dehors de l'action officielle et seulement pour lui transmettre une prière; — M. Naudet tint bon. Il fallut aller en référé; le Juge, en entendant l'exposé des faits, haussa les épaules et brisa là, déboutant M. Naudet de sa plainte. *Inde iræ.* Le chapitre des causes secrètes est toujours bon à consulter.

Que la Bibliothèque examine avec soin les catalogues de vente, et réclame des vendeurs ce qui lui appartient réellement, à la bonne heure! Tout le monde l'y aidera, moi tout le premier; mais qu'elle évite de réclamer ce qui n'est point à elle. Avec de bonnes manières, on a toujours eu bon marché des amateurs, — témoin cet ancien conseiller d'État, député, de mes amis, qui, apprenant que, dans son cabinet mis en vente, deux pièces non estampillées avaient été enlevées à la Bibliothèque, en fit sur-le-champ, et de bonne grâce, présent au Cabinet des manuscrits (1). Tous feraient de même,

(1) En parcourant les pièces de cette vente avec mon ami, le comte Gilbert Borromeo, chez le marchand d'autographes Laverdet, je signalai à ce dernier une lettre de Malherbe sur laquelle se trouvait encore un numéro d'ordre de la main de M. Paulin

pourvu qu'on leur administràt de bonnes preuves et qu'on y mît des formes. Je ne connais point d'amateurs qui acceptassent des plaisirs autographiques aux dépens d'autrui. Mais, je le demande, à quoi ressemblent, en matière de revendication, quelques-unes des façons de M. Naudet? Au mois de novembre 1848, un jeune homme, un boiteux, — sans doute le *pede pœna claudo,* — entrant de vitesse lancé, donne au travers d'une vente publique d'autographes, renversant ce qui se trouve sur son passage, et interrompt deux fois la vente avec scandale pour s'écrier : « Au nom de M. Naudet, administrateur général de la Bibliothèque nationale (comme qui dirait au nom du Roi), je vous somme de me dire le nom de celui qui fait faire cette vente, où sont des pièces qui appartiennent à la Bibliothèque. » — « Qui appartiennent! » ne dirait-on pas qu'il avait eu jugement? On fit taire cet homme sans mission légale, et l'on fit bien; l'officier public qui présidait à la vente lui eût fait vider la salle, s'il eût continué son scandale. Cette vente était celle où se trouvaient les deux pièces dont fit cadeau le député en question, dès que, finissant par où l'on aurait dû commencer, on eut poliment parlé à l'expert qui faisait la vente, et qu'on se fut entendu à l'amiable avec le vendeur. Ces façons de gendarme jettent du ridicule sur l'administration. S'en tint-on là? Non. Cet ancien député avait reçu les pièces en présent d'une personne qui les avait *achetées,* bien légitimement, à une *vente publique cataloguée* et connue de la Bibliothèque. Les mêmes pièces avaient primitivement *figuré en vente,* en avril 1844, à l'Al-

Pàris, du Cabinet des manuscrits. Je l'engageai à faire rétablir la pièce dans les papiers de Peiresc, d'où elle sortait évidemment, et je le prévins, du reste, que, s'il ne prenait pas les devants, il devait s'attendre à une réclamation de la Bibliothèque. En effet, l'article relatif au Malherbe dans le Catalogue de cette vente m'ayant tout d'abord donné l'éveil avant même que j'eusse vu Laverdet, j'avais averti du fait, huit jours auparavant, M. Paulin Pàris, par l'entremise bienveillante de l'auteur du livre sur Louis XIII, M. Bazin, qui s'intéressait vivement à tout ce qui touchait à Malherbe. Il paraît qu'un ami ou collaborateur de M. Lalanne, et comme lui ancien élève de l'École des Chartes, était présent quand je fis mon observation à Laverdet. Il courut vite auprès de M. Naudet se faire un mérite de ce qu'il venait d'apprendre, et que le Cabinet des manuscrits savait depuis huit jours. (Voir page 32 de la *Lettre de M. Naudet à M. Libri,* 1849.)

liance des arts, sans que, dans ces deux circonstances, la Bibliothèque eût dit mot. Eh bien! elle fit citer ce député devant un juge d'instruction pour faire connaître d'où il tenait des pièces auxquelles une pareille notoriété était acquise, et qui avaient passé par tant de mains! Quel amour du papier timbré! quel luxe de tracasseries sans but!

A sept mois de là, le libraire Téchener met en vente publique une pièce de Gabriel Naudé qui peut bien valoir un écu; la pièce ne portait ni cote, ni estampille; on devait donc la vendre sans scrupule, d'autant qu'elle avait déjà passé en vente publique cataloguée, en 1847. La Bibliothèque avise, seulement en 1849, non une inscription descriptive sur des catalogues, mais je ne sais quel lien moral entre cette pièce et une autre qu'elle possède. Alors, au lieu d'appeler tout bonnement Téchener pour s'arranger avec lui, vite elle le fait citer par devant le juge criminel. Téchener, qui n'y entend pas malice, désigne la vente où il a acheté cet autographe de Naudé, vente où le boiteux de M. Naudet (ne confondons pas) ni aucun autre réclamant n'était intervenu. Cité à son tour, le libraire Charavay, qui a fait la vente, nomme la personne qui l'en a chargé. Enfin, celle-ci étant appelée, il se trouva que les autographes vendus étaient extraits pour les neuf dixièmes de la collection si riche du marquis de Châteaugiron; il se trouva que la misérable pièce en question qui intriguait tant les puissances, provenait d'un de ces volumes de la correspondance de Peiresc dont la Bibliothèque de la ville de Carpentras possède une portion, les Bibliothèques de Rome, de Londres, d'Aix et de Nîmes une autre, la Bibliothèque de la rue Richelieu une autre encore, et dont le reste, échappé aux *auto-da-fé* de la nièce de Peiresc, a été disséminé, à différentes époques, en diverses mains; il se trouva enfin que le volume avait été donné en présent à Châteaugiron par le président Agier qui, pas plus que le bon Châteaugiron, n'a volé personne. Était-ce le cas de remuer, pour ainsi parler, la terre et le ciel?

Pour tuer une puce, il voulait obliger
Les dieux à lui prêter leur foudre et leur massue.

Toutefois, comme il fallait que la fin couronnât l'œuvre, on ne dit plus mot à Téchener; mais il ne revit plus sa pièce, et elle fut remise sans nulle discussion contradictoire quelconque, sans autre forme de procès, à la Bibliothèque; et la Bibliothèque ne manqua pas de la frapper de l'estampille et de la placer dans un de ses volumes avec cette inscription : « Pièce qui, après avoir été enlevée à la Bibliothèque, a été remise, le 7 décembre 1849, par M. le juge d'instruction. » Je vois bien là une application de la loi du plus fort; mais qu'en dirait l'article 366 du Code d'Instruction criminelle?

Or, comme le procédé réussit à M. Naudet, et qu'il est déjà à la tête de trois ou quatre pièces conquises, ce qui par parenthèse est bien peu depuis près de trois ans qu'on fait tant de bruit;—comme il s'aperçoit que les héritiers qui mettent en vente les papiers de leurs auteurs sont peu enclins à entamer des procès coûteux pour lui disputer des débris d'héritage, il fait trier aux ventes et saisir ce qui *pourrait avoir appartenu* au Cabinet des manuscrits. Il ne prouve et ne démontre rien : il se borne à prendre, et par peur des frais on le laisse faire. C'est ainsi qu'a été dépouillée Mme Waldor à la vente des collections de son père, M. Villenave. Il y a là un scandale auquel une certaine pudeur doit mettre un terme.

Du reste, je suis de ceux qui pensent que le Cabinet des manuscrits a subi beaucoup moins de pertes que le département des livres. Il règne une telle abondance dans le premier, qu'on retrouve à chaque instant, glissées dans des fonds étrangers, des pièces qu'on croyait perdues. Tel est, par exemple, le cas des minutes de lettres de Malherbe, dont M. Hauréau a promis la publication : celles-là même dont j'ai parlé, p. 36, qu'on avait portées comme enlevées au *fonds de Baluze*, et qui se sont retrouvées de fortune au *Résidu de Saint-Germain*.

Pourquoi la Bibliothèque nationale attaque-t-elle, d'une égale vivacité, et ceux qui affirment que l'on a beaucoup perdu de livres imprimés et ceux qui soutiennent que les voleurs ont beaucoup plus respecté le Cabinet des manuscrits? — C'est que, entre les conservateurs du département des imprimés, l'un en est chargé depuis vingt ans, les deux autres le sont depuis dix ans, et qu'y signaler des gaspillages, c'est accuser leur système de conservation; tandis qu'au département des manuscrits, M. Hauréau a été imposé par le Gouvernement provisoire, et qu'il est de l'intérêt de ce nouveau-venu au Cabinet de prétendre qu'avant lui les conservateurs laissaient tout prendre, s'ils ne prenaient pas eux-mêmes, et qu'on n'a fait bonne et sérieuse garde qu'à dater de son avénement. De la sorte, on justifie tant bien que mal les diatribes du *National* de 1847, écrites par M. Hauréau, ainsi que chacun sait; on justifie la révocation de M. Champollion-Figeac, et le remplacement de celui-ci, non, comme je l'ai déjà fait observer, par un des membres de l'Institut, attachés depuis quinze ou vingt ans au département des manuscrits, et qui se connaissent en monuments écrits, mais par M. Hauréau lui-même, qui ne s'y connaît pas. L'historien Josèphe dit quelque part qu'il avait entendu dans le temple de Jérusalem la voix des faux dieux qui murmuraient : « Sortons d'ici. » N'entend-on pas quelque part cette voix dans l'antique palais de Mazarin?

Il serait facile de prouver que la thèse contraire à celle de M. Naudet est l'expression de la vérité. On a beaucoup pris, on prendra beaucoup encore dans le Cabinet des livres imprimés, tant qu'on ne possédera pas un catalogue général des livres. On a moins volé au département des manuscrits, parce que les volumes ont toujours été soumis à une grande surveillance, parce qu'on ne les a jamais confiés qu'à des personnes honorablement connues, parce qu'on n'a jamais cessé de tenir la liste des emprunteurs, et que les objets prêtés sont rigoureusement vérifiés au retour, parce qu'enfin un grand nombre des pièces les plus importantes (malheureusement pas toutes) sont revêtues d'une estampille indélébile, et qu'il est bien plus malaisé de tirer argent de fragments manuscrits que de volumes imprimés. Le goût des livres est bien autrement général, et, la plupart du temps, le simple changement du titre qui porte le timbre suffirait à les défigurer. En effet, la reliure aux armes qui les distingue encore était une reliure banale sous les vieilles monarchies : tous les livres destinés aux présents du prince étaient reliés en maroquin du Levant à la Bibliothèque royale, et frappés du même écusson que les livres de la Bibliothèque elle-même.

En tous les temps, il y a eu dans l'air un courant de folles idées. A une époque se déclara une sorte d'épidémie de sorcellerie; un ennemi criait : « Voilà un sorcier! » et l'on brûlait. Plus tard, on a crié aux libertins et aux athées; plus tard encore, aux aristocrates, et l'on prenait alors, comme dit M. Hauréau, « *le parti le plus sage*, « LA GUILLOTINE. » (*La Montagne*, page 41.) Aujourd'hui, l'on voit partout des voleurs, et, par suite sans doute d'un théorème trop fameux, les propriétaires d'autographes ont le front courbé sous le poids des réprobations *sociales*. En attendant le triomphe de l'*idée*, les autographes sont cependant choses qui peuvent être possédées, dont la loi garantit la possession, comme de tout autre objet de curiosité(1).

L'application du facile système de la Bibliothèque rendrait toute collection impossible en quelque branche que ce fût des lettres et des arts. Par exemple, la Bibliothèque nationale possède un inventaire fait à Fontainebleau du cabinet de François Ier. J'ai retrouvé quelques morceaux de ce cabinet dans le cabinet célèbre de M. de Bruges, tels que des insignes (*insignia*), grands camées que portaient les femmes dans leur chevelure, magnifiques pierres taillées, encadrées en or émaillé. J'ai reconnu également dans cette collection l'origine princière de plusieurs statuettes, et je nommerais les églises et les cartulaires d'abbayes d'où sortaient les plus beaux manuscrits à minia-

(1) Les gens de lettres savent bien les trouver et les cajoler au besoin, ces innocents « crocheteurs qui leur amassent tout. » Tantôt ils publient, malgré les propriétaires, leurs autographes; tantôt ils leur en empruntent qu'ils ne leur rendent pas; ou bien ils ne daignent pas même citer leur nom quand ils se servent de leurs trésors. Ainsi, le lord Brougham à qui j'avais prêté des lettres du XVIIIe siècle pour ses notices publiées en France sur Voltaire et sur Rousseau, a profité de mes communications et n'a pas indiqué la source où il avait puisé, de sorte que je n'aurais pas même, sans tomber sous le coup de la loi, le droit de réimprimer ce qui m'appartient. Ainsi,... mais chut! Abstenons-nous pour ne pas nous faire trop d'ennemis.

tures que le gendre de de Bruges, le savant M. Labarte, a livrés en vente. Un examen attentif de tous les cabinets d'antiquités amènerait un pareil résultat. S'ensuivrait-il que l'État eût à revendiquer ces richesses? Qui ne sait, en effet, que la plupart des monuments des arts, des monuments calligraphiques, des monuments écrits de nos mœurs anciennes ont été jetés aux vents des révolutions? Le séquestre, transformé volontiers en confiscation par l'État, lui a livré tout ou partie d'archives de famille; mais beaucoup de ces archives, pillées par la multitude quand elle ne les a pas livrées aux flammes, sont tombées dans le domaine public avec bon nombre de papiers des grandes administrations. Ouvrira-t-on l'arène à toutes les réclamations?

Indépendamment de ce pillage des papiers administratifs, il faut encore supputer tout ce que des ventes officielles de cartons de même nature, à des époques de désordre, ont introduit d'autographes dans la circulation. Ainsi, grâce à un employé imbécile, les papiers de la Marine, alors que les archives en étaient encore à Versailles, furent vendus par charretées. Les archives si riches des ducs de Bourgogne, à Dijon, eurent le même sort. Eh bien! tant d'années passées sur les méfaits de l'infidélité, de l'incurie et de la violence, ont amené une prescription nécessaire à la tranquillité publique, et dont les établissements nationaux eux-mêmes profitent.

La Bibliothèque du Louvre possède, ainsi que la Bibliothèque nationale, quantité de volumes d'autographes aux armes de Noailles. Certes, elles ne les tiennent point par acquisition de la famille même: ce sont des épaves révolutionnaires. La famille ne songera pas à les leur disputer, tout cruel qu'il ait pu être à M. le duc de Noailles d'y promener en étranger ses regards pour ses beaux travaux sur Mme de Maintenon. Deux volumes encore de ces mêmes archives de Noailles sont aux mains d'un des membres les plus honorables de l'Institut, M. le président de Golbéry; j'en ai deux moi-même : personne, que je sache, ne nous contestera la légitimité de notre possession, à moins que ce ne soit la Bibliothèque nationale.

Les archives de Navailles conservaient plusieurs volumes d'anciennes correspondances d'Armand de Gontaut, seigneur de Saint-Geniès, gouverneur et lieutenant-général pour le roi Henri, en son royaume de Navarre; la révolution a donné un revers de main sur ces archives et les a jetées aux hasards de la destinée. La dernière des Navailles, qui a épousé un neveu du roi de Suède, en a sauvé des débris. Le ministère des Affaires étrangères en possède un volume; M. le vicomte de Flotte, à Marseille, en a un second; M. Graham en possède deux en Angleterre; j'en ai un cinquième : qui de tous ces possesseurs a volé les autres?

Certes, la plupart des dépôts publics, à commencer par les Archives générales de la République et la Bibliothèque nationale, seraient fort empêchés s'il leur fallait articuler par le menu les origines de tout ce qu'ils conservent. On répugne à avouer qu'on doit beaucoup aux révolutions.

Les Musées, dont, par parenthèse, l'admirable activité fait le procès aux lenteurs de la Bibliothèque nationale, en nous donnant coup sur coup des chapitres de l'histoire de l'art, au moyen d'excellents catalogues des tableaux et statues de toutes les écoles, les Musées n'indiquent pas les provenances de leurs richesses, par peur sans doute des réclamations de particuliers. Timidité mal placée, à mon avis, car le milliard de l'émigration a, sur ce point, légitimé le passé. Quant aux tableaux venant de l'étranger, la conquête en avait été couverte par la capitulation de Paris, qui garantissait en France la propriété publique et particulière (1).

(1) L'histoire flétrira, à cette occasion, le nom du Directeur général de la Maison du roi, en 1815, qui eût tout donné, portes ouvertes à deux battants. Elle honorera la conduite du baron Denon, qui fit avec un courage inouï une résistance désespérée contre la violence. J'ai sous les yeux une lettre d'un intendant général des armées prussiennes, nommé Ribber Tropp, qui, sous la date du 9 juillet 1815, lui écrit en allemand qu'il vient d'inviter le baron de Mulling, gouverneur de Paris, à envoyer au Musée un officier et vingt-cinq hommes pour le mettre à la raison, et que si, le lendemain à midi, il n'a pas livré les chefs-d'œuvre enlevés, en 1806, par les Français, à

Voilà pour les musées du Louvre; mais, à coup sûr, il y aurait trop d'exigence et de malice à demander aux Archives générales et à la Bibliothèque nationale de nous permettre de lever à leur égard un coin du voile. Si c'est un secret d'État, ne le trahissons pas. Je déclare néanmoins tout haut que je ne saurais partager la doctrine de M. Naudet (Lettre à M. Libri, p. 21) touchant de prétendues

Berlin et à Potsdam, il le fera arrêter et conduire à la forteresse de Graudentz, dans la Prusse occidentale.

Un beau tableau de Jules Romain, représentant le *Martyre de saint Étienne*, avait été donné par la ville de Gênes à la république française; on en représentait l'acte de donation du corps municipal de cette ville; — l'escouade prussienne aida le commissaire sarde à enlever la peinture, et celui-ci laissa en échange la déclaration autographe suivante : « Le soussigné déclare avoir enlevé de force et sous la protection des troupes prussiennes, de la galerie du Musée royal, le tableau rappresentant (*sic*) le martyr de saint Étienne, par Jule Romain, lequel, ce que m'ont déclaré les directeurs du Musée, avait été donné par la ville de Gênes au gouvernement français, de laquelle donation on lui montra la copie.

« Paris, ce 30 septembre 1815.

Signé : A. L. Costa,
commissaire de S. M. le roi de Sardaigne. »

Il n'y eut pas jusqu'au commissaire de la Hollande et de la Belgique, nommé Apostool, qui ne fît preuve d'une rudesse égale à celle de la Prusse. Il voulut emporter de nuit, au risque d'incendier le Louvre, les tableaux qu'il revendiquait. L'enlèvement fut opéré avec l'appui d'une douzaine d'Anglais, sans même que les tableaux fussent montrés à M. Denon ni au secrétaire général des musées, M. Lavallée.

Encore une fois, toutes ces reprises furent une suite de violences, durant lesquelles Denon brava les baïonnettes; et quand le sacrifice fut consommé, il donna sa démission, mais il avait voulu rester sur la brèche tant qu'il y avait eu danger. Le prince de Talleyrand, cette vieille ruine sur laquelle s'appuyèrent à tour de rôle tous les empires, et le noble duc de Richelieu se conduisirent, dans cette circonstance, en vrais amis de leur pays; mais leur vive intervention auprès des ennemis fut impuissante. Louis XVIII lui-même, qui avait quelques parties d'un roi, alla jusqu'à abriter plusieurs des plus admirables chefs-d'œuvre de la peinture derrière son trône; ce qui rappelle le beau trait des Invalides murant les salles des plans de nos places fortes pour les soustraire à l'étranger.

Que si donc les scrupules de la direction des musées portent sur ce qui touche à l'étranger, ces scrupules sont sans fondement, d'autant que toutes ces conquêtes étaient inscrites aux livrets de l'Empire, qui en faisait trophée. L'habile directeur, M. de Nieuwerkerke, et les savants conservateurs, MM. Villot, de Longperrier, Léon de Laborde et Reiset, n'oublieront pas que ce qu'il peut rester encore d'objets d'art conquis par nos armes en Europe n'a été que trop payé de notre sang et de notre or, que notre propriété conquêtes de la *gloire* et de la *victoire*. Je suis aussi sensible que lui à l'honneur de mon pays; mais je rougirais de placer cet honneur dans l'obstination à ne pas rendre ce qui ne lui appartient pas. Quand je donnerais à M. Naudet toutes les figures de Quintilien, tout le sublime de Longin, tous les tropes de Dumarsais à joindre à

encore une fois est sous la protection des traités, et qu'à cet égard la diplomatie française n'a jamais fait ni pu faire aucune concession aux Cabinets.

Quel est, après tout, le secret de l'activité des musées? C'est qu'une administration bien entendue y emploie les forces vives du Conservatoire lui-même, et que les conservateurs ne font pas autre chose que leur besogne de conservateurs. Il en est de même à la bibliothèque du Louvre, à la bibliothèque Mazarine, à la bibliothèque de l'Arsenal, où tout est dans un ordre merveilleux, parce que les hiérarchies y sont respectées et que chacun dans sa sphère fait sa besogne. Mais il faut que le public sache enfin ce qui se passe à la Bibliothèque nationale. L'administrateur général y a brisé l'échelle hiérarchique, sans laquelle rien ne marche en concorde. Au lieu d'utiliser les employés titulaires pour dresser les catalogues de ce que naturellement ils connaissent mieux que personne, il avait pris un Italien pour faire le catalogue français du Cabinet des médailles; il prend deux étrangers à la Bibliothèque pour faire le catalogue des manuscrits, quand un conservateur adjoint, membre de l'Institut, homme appliqué uniquement à son affaire, M. Paulin Pâris, l'avait commencé et l'eût exécuté excellemment et pour rien. Au Cabinet des estampes, dont le conservateur est le doyen de la Bibliothèque, le travailleur le plus attaché à ses devoirs, le plus aimé du public, et dont les moindres instants de sa vie, heureusement longue et utile, ont été consacrés à l'amélioration du Cabinet, l'administrateur fait faire le catalogue par un homme nouveau, qu'au mépris de tous les règlements il place en dehors de l'action du chef de service, du conservateur. Anarchie et désordre organisés.

Ce qui est de nature à étonner davantage, c'est le défaut d'unité dans la classification des trésors du pays. Comment se fait-il que tous les objets d'art ne soient pas centralisés aux musées? L'ancien Cabinet du roi se composait jadis des collections de la Bibliothèque et des collections du Louvre. Les dessins appartenaient au Louvre, comme on le voit au livre du père Lelong. Pourquoi la Bibliothèque nationale recèle-t-elle des dessins des Clouet, des du Monstier, d'Albert Durer, etc.? Ces dessins devraient faire retour au Cabinet des dessins; les bronzes du Cabinet des médailles devraient passer également au Cabinet des antiques au Louvre. De leur côté, les musées possèdent de nombreux objets d'échanges, tels que gravures et manuscrits, qu'ils seraient prêts à livrer, si mieux n'était encore que le Cabinet des Médailles et le Cabinet des Estampes devinssent des départements du grand centre artiste au Louvre. Des obstacles viennent de la direction chicanière de la Bibliothèque. Cependant, toutes ces disséminations nuisent à l'étude et sont de mauvaise administration. Mais la rage de tirer à soi est la plaie de la rue de Richelieu. C'est à ce point que, dans le sein de l'établissement même, les divers départements se font la guerre et s'arrachent mutuellement leurs trésors.

ses propres *hendiadys*, il ne réussirait pas à prouver que la probité internationale, qui pour la France est non un mérite, mais une habitude, ne soit pas aussi sacrée que la morale pour les individus. Vérité politique, quand ce ne serait pas une vérité absolue.

Étrange anomalie! Il sied bien à la Bibliothèque nationale de se montrer si sévère en matière de revendications, elle qui se fait si peu scrupule de recéler le bien mal acquis! Pour avoir le droit d'adresser au modèle des bibliothécaires, à l'honorable M. Panizzi, du *British Museum*, le langage que M. Naudet a cru pouvoir lui tenir, il faudrait que le Cabinet des manuscrits n'eût point acheté le *Cancionero de Baëna*, connu comme volé à l'Escurial. On a aussi jeté grande clameur d'un vol considérable d'autographes commis à la Bibliothèque Laurentienne de Florence, et dont la plus forte partie fut vendue à Paris au marchand d'autographes Charon. Eh bien! c'est le Cabinet des manuscrits lui-même qui avait adressé le vendeur à ce marchand, après avoir, pour son compte, acheté quelques pièces, notamment une belle épître de l'Arétin à un Médicis (1)!

(1) Puisque aussi bien j'ai l'honneur de m'entretenir avec le grand scoliaste M. Naudet, trouvera-t-il indiscret qu'un écolier lui soumette en toute humilité une ou deux petites questions purement littéraires? *Dulces ante omnia Musæ*, comme il nous disait au collége. J'ai sous les yeux un livre intitulé : *la Pharsale de Lucain, édition publiée pour l'usage des classes et annotée par M. J. Naudet, membre de l'Institut (Académie des Inscriptions et Belles-Lettres), inspecteur général des études, 3e édition, Paris*, 1840. Je trouve, dans l'introduction de cet ouvrage, page 3, la phrase suivante : « Elle avait l'ame haute et la voix brillante et sonore, cette lignée d'écrivains espagnols, qui commence aux deux Sénèques, le rhéteur et le philosophe, et qui compta parmi ses rejetons Lucain et Florus. Tel fut leur succès qu'il s'établit à Rome une école d'éloquence dont le maître *professait en espagnol.* » En espagnol, au temps de Sénèque! Cette question sera-t-elle mise au concours de l'Académie par M. Naudet? Je sais un Ibérien qui désire concourir.

Autre question. J'ouvre à la page 102, la *Conjuration d'Étienne Marcel contre l'autorité royale, etc., par J. Naudet; Paris, chez Adrien Egron*, 1815. Dans un discours à la façon des discours de Tite-Live ou, mieux encore, des amplifications de collége, que l'auteur met dans la bouche d'Étienne Marcel, il parle de la bataille d'Azincourt, qui eut lieu en 1415. Or, le prévôt des marchands Étienne Marcel avait été tué, à la tête des Parisiens, l'année de *la Jacquerie*, en 1358. Serait-ce de l'histoire mise en roman, — compensation insuffisante pour tant de romans mis en histoire?

M. Naudet voudrait-il nous expliquer comment le propriétaire d'une lettre précieuse, un des plus étranges monuments du courage de Louis XVI, n'a pu réussir, après vingt ans de réclamations, à l'arracher du Cabinet des manuscrits, qui la retient contre tous les principes les plus élémentaires de la loyauté? Qu'on lise le chapitre XVII de l'*Essai sur les révolutions*, on connaîtra toute la valeur de ce document, pour ainsi dire aussi infernal, suivant M. de Chateaubriand, que le testament de Louis XVI est divin. Je veux parler de la lettre écrite sur l'exécution de ce monarque, par Sanson, bourreau de Paris, « cet homme qui a certifié conforme la plupart de nos crimes et de nos malheurs. » Cette lettre, dont le propriétaire avait refusé de plusieurs étrangers un prix considérable, fut confiée par lui, en 1830, à M. Hyde de Neuville; par ce dernier à M. de Chateaubriand, puis au ministre de l'Intérieur. Ce ministre, ayant été remplacé, oublia sur la table ministérielle la lettre précieuse. Son successeur la trouva, mais, n'en connaissant point le maître et croyant qu'elle appartenait à l'État, il l'envoya sur-le-champ au directeur de la Bibliothèque royale, avec ordre de la mettre sous clef dans un étui spécial; ce qui fut fait.

La Bibliothèque a bonne pince. Depuis lors, elle ne nie point la propriété, seulement elle ne rend pas, — et tout ce qu'on peut imaginer d'atermoiements dérisoires et de chicanes a été mis par elle en usage pour pousser à bout la patience du propriétaire. Un procès est chose coûteuse, et fait reculer les droits les mieux établis : la Bibliothèque le sait, et se rit des droits. Voilà bien les dépôts publics!

Notez que la Bibliothèque n'a pas même un prétexte pour appuyer son audacieuse confiscation, car la pièce n'offre aucune espèce de caractère public; ce n'est point une lettre adressée à un ministre, à un personnage officiel quelconque : elle est écrite à l'historien de Paris, Dulaure, alors rédacteur en chef du journal *le Thermomètre du jour*. — Si le ministre le savait!

Cette manie d'accaparement saisit presque infailliblement tout homme qui devient conservateur. Son excuse est dans ce qu'il appelle la considération du bien public. S'il est un élément particulier dont se forment les directeurs de bibliothèques, on peut assurer, sans personnalité, qu'il n'en fut pas mêlé une parcelle à l'âme de l'administrateur actuel de la Bibliothèque nationale. Il n'a jamais eu de livres, hormis un certain dom Bouquet, qu'il a vendu au libraire Franck, livre *à estampille grattée*, et cité comme tel par M. Paul Lacroix et M. Lepelle de Bois-Gallais (1); il n'aime pas la bibliographie; il naquit pour ainsi dire avec l'antipathie des livres; il ne les connaît ni ne les veut connaître. Habile scoliaste, il sait les anciens; mais, comme il me le disait naguère, il n'a jamais pu lire Rabelais. Sa passion pour les livres et les manuscrits n'est donc qu'une passion de circonstance et de position. La fureur de l'accaparement n'en est pas moins chez lui ce qu'elle a été de tout temps chez les conservateurs bibliophiles les plus convaincus; car, encore une fois, c'est proprement le mal endémique des bibliothécaires. Qui ne sait la curieuse histoire de l'un des plus savants bibliographes qui aient existé, chez qui le goût des livres et des manuscrits n'était pas une passion à froid, le spirituel sceptique Gabriel Naudé? La fureur de tirer à soi s'accroissait en lui à mesure qu'il passait successivement, en qualité de bibliothécaire, de l'hôtel du président de Mesmes aux palais des cardinaux Bagni et Barberin à Rome, de Richelieu et Mazarin à Paris. Ce n'était pas, à ses yeux, une moindre vertu d'acquérir que de conserver, et l'auteur un peu machiavélique du livre des *Coups d'État* a donné, sur la merveilleuse industrie de *recouvrer*, des secrets que la Bibliothèque nationale ne met que trop bien en œuvre. Il ne formule pas en précepte didactique

(1) « Tout Paris sait que le savant directeur de la Bibliothèque nationale, ayant appelé dans sa maison un libraire très-connu, auquel il voulait céder par voie de vente ou d'échange un exemplaire des *Historiens des Gaules*, par dom Bouquet (ouvrage qui vaut 1,200 à 1,500 francs), sembla fort étonné lorsque le libraire lui montra que, dans les douze premiers volumes de cet ouvrage, on avait coupé ou gratté des estampilles de bibliothèque. » (ENCORE UNE LETTRE INÉDITE DE MONTAIGNE, etc., par Fr. Lepelle de Bois-Gallais; Londres, Barthès et Lowell, 1850, in-8°, page 15, note 2.)

la ruse que pourraient, dit-il, pratiquer et exercer les magistrats et personnes autorisées par le moyen de leurs charges. Il ne veut point l'expliquer plus ouvertement que par le simple narré du stratagème duquel se servirent les Vénitiens pour avoir les meilleurs manuscrits de Pinelli, incontinent après qu'il fut décédé. Et là-dessus il raconte comme quoi, apprenant que l'on se disposait à transporter de Padoue à Naples la bibliothèque de ce grand bibliophile et amateur d'autographes, la seigneurie de Venise envoya sur-le-champ un de ses magistrats qui la saisit, alléguant pour raisons que, encore bien qu'on eût permis au défunt seigneur Pinelli, eu égard à sa condition, son dessein, sa vie louable et sans reproche, et principalement à l'amitié qu'il avait toujours montrée à la république, de faire copier les archives et registres des affaires des Vénitiens, il n'était pas néanmoins à propos ni expédient pour eux que telles pièces vinssent à être divulguées, découvertes et communiquées après sa mort (1).

(1) Le Vincent Pinelli dont l'héritage fut si lestement traité est l'un des premiers dont la passion pour les livres et les manuscrits ait donné aux amateurs l'exemple d'aller à la découverte dans les magasins de vieux papiers et parchemins, et dans les boutiques d'épiciers et autres débitants. Il se souvenait que, pendant que le Poggio était au concile de Constance, en 1416, cet écrivain avait exhumé de la poussière de l'abbaye de Saint-Gall, *au fond d'une sorte de cachot où l'on n'eût pas même*, dit le Poggio, *voulu jeter des condamnés à mort*, un grand nombre de manuscrits d'auteurs latins encore inconnus. Gabriel Naudé va jusqu'à dire que ce fut sur le comptoir d'un charcutier que le Poggio rencontra les *Institutions oratoires* de Quintilien ; que Papyre Masson retrouva les œuvres d'Agobard chez un relieur qui s'apprêtait à en endosser ses livres, et que les écrits d'Asconius Pedianus, l'ami de Virgile, nous ont été rendus par semblable rencontre. (Voir *Advis pour dresser une bibliothèque*, présenté à M. le président de Mesme, par Gabriel Naudé, M. DC. XXVII, pages 105 et 106.)

On peut rappeler aussi le fragment de capitulaire de Charlemagne, découvert par M. Guérard, de la Bibliothèque nationale, sur l'enveloppe d'un manuscrit de cette Bibliothèque, et la piquante trouvaille faite, dans ces derniers temps, par le comte Léon de Laborde, sur la reliure d'un *Journal des Débats*. Croirait-on que les dessins originaux, sur peau vélin, de la cathédrale de Cologne furent retrouvés cloués, en façon de couverture, sur la malle d'un étudiant?

Un grand collecteur d'autographes, M. Joseph Tastu, avait formé une des plus belles collections des temps modernes, rien qu'en fouillant les caves d'épiciers. Enfin, un

Catherine de Médicis en fit autant à l'occasion. Cette princesse qui, à l'exemple de tous les Médicis, avait sucé avec le lait le grand goût des objets d'art, des livres et des manuscrits précieux, avait l'œil sur la bibliothèque de son parent le maréchal Pierre Strozzi, bibliothèque riche entre toutes (1), particulièrement en manuscrits grecs. A peine Strozzi eut-il été tué, en 1558, au siége de Thionville, que, poussée par son bibliothécaire, la reine, sous prétexte de parenté, fit saisir la *librairie*, qui devint le premier noyau de sa grande bibliothèque, et cette dernière forme aujourd'hui un des plus beaux fonds de notre Bibliothèque nationale. Il n'y a de nouveau que ce qui a vieilli.

Les bibliothécaires ne dérogent pas de nos jours : les collections privées sont en état de siége. Paraît-il sur l'horizon un manuscrit ou une lettre autographe un peu remarquable, vite on est à l'affût. Que si l'on y avait quelque droit légitime résultant d'inscriptions sur les catalogues et de l'existence d'une estampille, à la bonne heure; — encore une fois tout le monde applaudirait. Mais on se contente, la plupart du temps, comme dans l'affaire du Montaigne, de suppositions et d'inductions à la légère. On s'écrie comme le Malvolio de la *Douzième Nuit* de Shakspeare :

« *By my life, this is my lady's hand: there be her very C's, her U's, and her T's, and thus makes she her great P's. It is, in contempt of question, her hand.* »

(Sur ma vie, ceci est bien l'écriture de Milady; voilà bien ses C, ses U, ses T; c'est bien ainsi qu'elle fait ses grandes lettres P. C'est bien, sans conteste possible, sa propre main.)

peintre, M. Wachsmuth, a déterré une signature de Molière et plusieurs de la Béjart, avec des reçus de la main de Racine et de Quinault, dans les quinze cents livres de parchemins mal triés, vendus à 2 francs 50 centimes la livre, par la Bibliothèque royale aux marchands de papier Pochard et Henry, en février 1823, époque où le Cabinet des manuscrits vendait à M. Campenon, de l'Académie française, cette autre signature de Molière que ledit Cabinet s'est fait rendre judiciairement, et dont il garde à la fois le prix.

(1) Voir la Notice de Brantôme sur le maréchal et *les Manuscrits français de la Bibliothèque du roi*, par Paulin Pâris; tome I, pages 11-12.

Cette lettre est authentique :

ELLE DOIT ÊTRE A NOUS!

Et là-dessus on fait saisir la pièce, ou l'on fait citer son homme devant un Magistrat criminel, ou l'on intente une action civile. C'est dérisoire et misérable!

Mais les Magistrats le sauront !

VII.

ADDITION.

Cet écrit était imprimé quand Me Chaix d'Est-Ange, mon défenseur, reçut la lettre suivante de M. Delarue, le lithographe. Connu plus tôt, ce témoignage, qui détruit de la façon la plus complète celui de feu Gouget, eût beaucoup simplifié la discussion.

A monsieur Chaix d'Est-Ange, avocat à la Cour d'appel de Paris.

31 juillet 1850.

« Monsieur,

« La citation imprimée en février 1840, à l'occasion du faux testament Bertheau, sur ma collaboration à *la Galerie française* comme *fac-similateur*, vous fait supposer que j'ai pu conserver quelque souvenir de l'autographe de Michel de Montaigne, dont le *fac-simile* aurait été fait, dit-on, par M. Goujet.

« Quoique près de trente années se soient écoulées depuis la publication de cet ouvrage, je puis cependant vous affirmer que les fac-simile qu'il renferme, imprimés chez **M. Motte**, lithographe du duc d'Orléans, où je suis resté de mars **1818** à octobre **1825**, époque de mon établissement, ont tous été exécutés, *de ma main*, par le procédé très-simple que j'emploie encore aujourd'hui, et dont je suis redevable à M. le comte de Lasteyrie. Parmi les fac-simile dont je me souviens particulièrement, je puis, en effet, citer celui de Montaigne. Je me souviens de celui-ci parce que l'autographe était regardé comme unique, et que le nom de l'auteur avait suscité en moi, observateur naissant, l'intérêt qu'il comporte. Au surplus, au bas de ce fac-simile se trouvent deux mots tracés de mon écriture naturelle sur pierre, propres à constater l'origine de cette pièce. Si M. Goujet, l'un des intéressés à cette publication, a déclaré l'avoir fait, il n'a pu l'entendre que comme éditeur qui commande et qui paie; car, autant par absence d'aptitude que par position, il était complétement étranger aux opérations manuelles. Après trente ans environ, dire où j'ai fait ce fac-simile serait pour moi chose impossible; ce que j'aurais pu dire, je le crois, si a cette époque on eût attaché aux autographes le prix qu'on y met aujourd'hui. Je sais seulement, et je puis affirmer aussi avec certitude, que j'allais exécuter de ces fac-simile tantôt à la Bibliothèque royale, tantôt chez des membres de l'Institut ou autres personnages, dont faisaient partie MM. Lémontey, Campenon, Auger, Monmerqué, Marron, etc.

« Veuillez agréer,

« Monsieur,

« L'expression de mes respectueuses civilités,

« *Signé :* DELARUE. »

« *P.-S.* Cet autographe paraît n'avoir jamais été cousu, et le fac-simile a toute l'apparence d'un travail fait à plat sur une pièce isolée; car ceux pris dans des collections reliées présentaient généralement des imperfections du côté du dos, qui ne sont pas sur celui-ci. Ces imperfections provenaient des difficultés que j'éprouvais à calquer de ce côté, en raison du bombement produit par l'ouverture du volume, qui permettait bien de tout lire, mais non de tout fac-similer convenablement. »

VIII.

POST-SCRIPTUM.

12 février 1851.

BASILE. — *Bone Deus!* se compromettre; susciter une méchante affaire, à la bonne heure! et, pendant la fermentation, calomnier à dire d'experts; *concedo.*

BARTHOLO. — Singulier moyen de se défaire d'un homme!

BASILE. — La calomnie, monsieur! vous ne savez guère ce que vous dédaignez. J'ai vu les plus honnêtes gens près d'en être accablés. Croyez qu'il n'y a pas de plates méchancetés, pas d'horreurs, pas de contes absurdes, qu'on ne fasse adopter aux oisifs d'une grande ville en s'y prenant bien; et nous avons ici des gens d'une adresse.....!

(*Le Barbier de Séville*, acte II, scène VIII.)

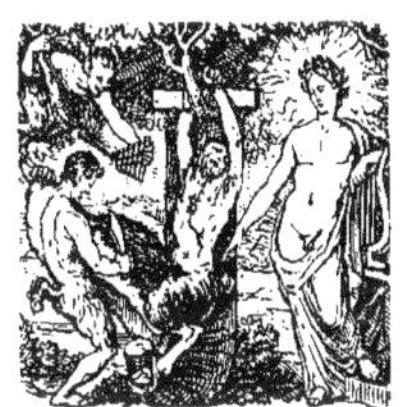

'AVAIS cru pouvoir m'en tenir à l'écrit qui précède et qui était imprimé, attendant l'heure de l'audience pour être mis en lumière. Ce qui va suivre expliquera comment j'ai dû reprendre la plume, et justifiera la vivacité de la première partie, rédigée sous l'impression de vagues rumeurs qui m'arrivaient déjà de tout côté, des diffamations concertées contre moi par mes adversaires. Leurs déloyales attaques dans la *Bibliothèque de l'École des Chartes* étaient le bruit précurseur de ces diffamations (1). Tous les efforts imaginables avaient été tentés pour me débarrasser promptement de l'affaire du Montaigne et pour la faire venir au grand jour de l'audience avant les vacances de 1850. Malheureusement, tantôt l'avocat de l'administration de la Bibliothèque avait à plaider devant une autre chambre quand l'affaire était

(1) Pour réparer une omission commise à la page 39, je donne ici l'indication du numéro de la *Bibliothèque* où se trouvent ces attaques : c'est le numéro de janvier et février 1850, p. 270-271.

appelée à la première ; tantôt survenait un autre incident. Bref, de remises en remises, on fut acculé aux vacations, et, à mon grand désespoir, les plaidoiries furent rejetées à la session de 1851.

De sérieux intérêts m'appelaient en Allemagne : le procès seul m'avait jusque-là retenu. Je partis sur-le-champ pour Munich, Vienne, Dresde et Berlin, chargé de dépêches du ministre des Affaires étrangères. Ce fut alors que mes adversaires, qui sentaient la faiblesse de leur cause, s'ingénièrent pour venir au secours de leurs prétentions mal assises, s'efforçant de mettre à profit mon absence et de faire diversion, en leur faveur, en me suscitant une méchante affaire, comme le conseille Basile, par voie de *calomnie à dire d'experts*.

Il ne s'agissait de rien moins que d'opérer une descente de Justice chez moi. L'enlèvement de mes papiers et de mes collections, le triage dans ces collections, toujours *à dire d'experts,* des pièces qu'on affirmerait *à priori,* avec l'autorité dont nous avons vu de curieux exemples (p. 40-54), *pouvoir provenir* de la Bibliothèque : tout cela eût été un coup de maître. On ne risquerait rien tant que je serais absent ; on nagerait en pleine eau ; on pourrait à plaisir prendre, ôter, remettre. Dût-on ne rien trouver, l'avanie du moins serait faite, mon nom serait adroitement compromis devant l'opinion publique. Certes, l'occasion était bonne, aujourd'hui que cette opinion est si vivement prévenue, en matière de soustractions, par l'affaire Libri ; occasion introuvable, en effet, pour ceux qui ont juré d'*exterminer* les collecteurs quels qu'ils soient, comme on exterminait au bon temps ce qu'on appelait les *accapareurs* sous la Convention (1). Mes collections ont été

(1) M. Hauréau a dit plusieurs fois à un de mes amis qu'il travaillerait à *exterminer* tous les collecteurs, mot qui n'est pas à dédaigner dans la bouche de l'auteur de *la Montagne*. Voir, dans ce livre, les pages 7, 29, 37, 41, 44, 46, 244. Quelques-uns de ces passages sont cités dans notre écrit, pages 67 à 69. En voici qui ne le sont pas :

« ..... N'importe, je dirai toujours qu'il n'en faut pas moins prononcer l'*anathème de la guillotine* sur tous ceux qui, placés haut dans la République, auraient le crâne si bas et les dévouements si étroits qu'ils pussent oublier un instant le salut du peuple, pour quelques petites voluptés de famille, et le plaisir de se sentir à l'aise, tranquilles et bien heureux. » (P. 7.)

« Les amis de l'égalité avaient donc grande et pénible chose à faire pour en finir vite avec ces intrigants de second ordre, qui tous les jours relevaient plus fièrement la tête, à chaque fois plus hideuse, plus sale de bourbe et de fumier. *Les proscriptions sanglantes*

trop montrées par moi à tout venant, et trop citées pour ne pas avoir allumé la jalousie des délateurs. Il faudrait abolir le cœur humain pour détruire l'envie. Mme Pernelle a raison :

> Les envieux mourront, mais non jamais l'envie.
>
> (*Tartufe*, act. V, sc. III.)

Malheur donc à ces collections modestes qui ont plus de renom que de valeur! M. Naudet, dans son ardeur bouillante attisée par M. Hauréau et ses petits alliés querelleurs, ne saurait attendre que je sois là pour lui en présenter les clefs sur un plat d'argent; il veut abattre la muraille et entrer fièrement par la brèche, à la façon du cardinal de Richelieu. Ainsi cette démarche odieuse d'une descente chez un absent, M. Hauréau et M. Naudet (ces gens-là n'ont rien de sacré) osaient la réclamer formellement. Je les nomme tous deux, parce que je suis sûr de ce que j'avance : mes renseignements viennent de source certaine et la plus élevée. — Il est bien entendu que la détermination tramée entre l'administrateur et consorts fut gardée secrète, et que le conseil d'administration, autrement dit le Conservatoire de la Bibliothèque, trop digne pour y donner son adhésion, n'en fut nullement avisé. — Battu de toute part aux vents de la clameur publique indignée, M. Hauréau sentait qu'il fallait, pour se maintenir, gagner à tout prix le procès civil du Montaigne : guerre déloyale s'il en fut; mais tout semble autorisé envers les collecteurs d'autographes, mis hors la loi à la Bibliothèque nationale.

de cet âge purgèrent la France; elles vinrent détruire tous les vestiges du vieil homme pour faire place au nouveau. » (P. 29.)

« Sa vie (celle de Collot-d'Herbois, qui se plaignait des lenteurs de la guillotine et inventa les boucheries de la place des Brotteaux), sa vie fut active et ferme; il ne recula jamais lorsqu'il fallut sévir... C'était un de ces *maîtres-bougres*, qui firent si grande épouvante à toute faction des *accapareurs;* colosses puissants de nerfs, terribles d'audace jusqu'à l'antique frénésie des temps romains, grands hommes pour démolir avec l'épieu lourd; d'ailleurs de cœur sensible et doux et de mœurs d'honnête homme. » (P. 39-40.)

« Le lendemain, on le conduisit donc à l'échafaud. — Ainsi les Gracques moururent... Ainsi l'on immola Sidney, Barnevelt; ainsi finirent tous ceux qui se sont rendus redoutables par un courage incorruptible. Les grands hommes ne meurent point dans leur lit. » (P. 253.)

Ce grand homme est Robespierre!

Ils ne mouraient pas tous, mais tous étaient frappés,

comme les animaux de La Fontaine : pauvres bonnes gens qu'une coterie étoufferait volontiers entre deux manuscrits, et qu'apparemment on songe à *régénérer par la Terreur*. (LA MONTAGNE, p. 30.) Mes adversaires voulaient donc faire de l'éclat avant le procès civil, et l'on se flattait qu'en versant à pleines mains l'avilissement sur un absent, le scandale d'une descente de Justice réagirait sur le succès du procès. Tel était le but. — Quels furent les moyens?

Comme je pouvais revenir d'un jour à l'autre, il fallait se hâter : on fut pressant dans ses démarches. Et d'abord, moi qui, en fait de collections, ai beaucoup acheté et échangé, et n'ai jamais fait de vente, on me transforma en une espèce de maquignon d'autographes. Revenant sur cette vente de mars 1847, dont j'ai parlé page 114, et sur laquelle tout avait été dit, M. Naudet, soufflé par M. Hauréau, répandit le bruit que c'était moi qui l'avais faite pour mon propre compte, bien qu'il fût de notoriété que le véritable vendeur était le célèbre bibliophile, éditeur, avec M. de Monmerqué, des *Historiettes de Tallemant des Réaux*, à savoir : le marquis de Châteaugiron, alors consul de France à Nice ; bien que lui, M. Naudet, sût pertinemment, depuis 1849, quel était ce vendeur. Pour que la vente en question eût l'air suspect, on y signala une douzaine de lettres que l'on dit avoir été soustraites au Cabinet des manuscrits. On en désignait une douzaine pour faire nombre, mais on n'affirmait sur preuves par catalogues que pour quelques-unes, détournées, disait-on, en 1838 ou 1841, c'est-à-dire il y a dix à treize ans. — Or, apparemment sur celles-là, comme sur les autres, on démontrait le détournement d'une façon aussi satisfaisante que le fameux vol des lettres de Louis XI, de Malherbe et de Gabrielle d'Estrées, détaillé pages 40 à 54. — Dès le moment qu'on m'attribuait la propriété des pièces de la vente, il en résultait, suivant la logique de mes agresseurs, qui n'est pas celle de Port-Royal, qu'à tout le moins j'avais été le recéleur. En un mot, dans la langue de M. Hauréau et de son adjoint M. Naudet, possession et soustraction étaient synonymes. Que ne m'accusait-on tout de suite de m'être sauvé avec les tours de Notre-Dame dans mes poches ! En pareil cas, un fameux chancelier avait indiqué la conduite à tenir. Aussi ne manqua-t-on pas de dire que j'avais suivi son conseil, et, pour appuyer la demande en perquisition judiciaire, déclara-t-on hardiment à la Justice que *j'étais en fuite!*

Et le tintamarre de maintes cervelles paléographiques appela sur moi, comme sur un contumace célèbre, toutes les vengeances de la loi. — Voilà qui va bien.

Grâces à un magnifique attelage d'arguments empoisonnés et de preuves malhonnêtes et mensongères (je prouverai cela plus loin), M. Hauréau et M. Naudet rattachèrent tant bien que mal une fraude collatérale à l'affaire civile, et tentèrent de circonvenir le procureur de la République, M. Lascoux.

Ainsi, la calomnie marchait comme un incendie, et, tâchant à se jouer de la haute sagacité du magistrat, le sollicitait violemment d'une démarche dont sa dignité révoltée eût eu plus tard à gémir.

M. Lascoux, un des grands amateurs d'antiquités du Périgord, est aujourd'hui membre d'une commission des Catalogues près la Bibliothèque nationale, avec M. Taschereau, après l'avoir été encore à la Bibliothèque, d'une autre commission, en 1848, avec M. Ravenel du Cabinet des livres, et le même M. Taschereau. Soit à la société de l'Histoire de France, soit au palais Mazarin, il est souvent en contact avec des gens qui se sont faits mes ennemis; en un mot, lui qui ne m'a jamais ni vu ni entendu, vit dans un milieu qui m'est hostile. Eh bien! ces relations mêmes furent pour lui un motif de plus de peser les faits avec une raison plus circonspecte et plus impartiale : tant il est vrai que l'amour de la justice et de l'équité n'est, en autres termes, que l'amour de l'ordre et de la vérité dans le cœur d'un vrai magistrat. Aussi, malgré la faveur qui s'attache tout naturellement, auprès du ministère public, à toute réclamation faite au nom de l'État, M. Lascoux trouva la demande exorbitante et ne voulut point s'y associer. Un magistrat éminent, à l'esprit juste et au cœur noble, M. le procureur général de Royer, aujourd'hui garde des sceaux, était malheureusement indisposé; ce fut M. Lascoux qui eut, comme c'était son devoir, à rendre compte de l'incident au garde des sceaux d'alors, M. Rouher. Celui-ci, esprit modérateur, ne trouva pas mieux justifiée l'audacieuse demande de l'administration de la Bibliothèque, et voulut en conférer avec son collègue du ministère des Affaires étrangères, M. le général de Lahitte, sous les ordres duquel j'étais alors placé. La prétendue fuite d'un homme qui laissait derrière soi un établissement de quarante années, femme, enfants, amis, affaires : tout le passé et tout le présent, — parut d'abord, dans son entier ridicule, au Général qui savait mieux que personne ce qu'il m'avait envoyé faire en Allemagne. Mes agresseurs avaient oublié qu'en matière de plaisanterie, si le conte n'est pas vrai, encore faut-il qu'il soit bon ; celui-ci était par trop naïf. La nature de la première imputation prémunissant contre les autres, prévint l'indignité d'une mesure sommaire et draconienne dont l'application eût fait demander si la Justice est instituée pour la protection des honnêtes gens ou pour les menus plaisirs de quelques pédants, envieux ou ambitieux, à tout le moins vindicatifs.

Notez que la requête officielle présentée au parquet par M. Naudet, requête que j'ai lue, était une *plainte contre inconnu,* ayant seulement pour objet de demander que le libraire chargé de la vente de mars 1847, et dont l'administrateur reconnaissait la bonne foi, fût appelé à faire connaître les acquéreurs des pièces prétendues soustraites, afin que ces pièces fussent réintégrées à la Bibliothèque nationale. De mon nom pas une syllabe. Mais en même temps qu'il remettait cette plainte contre inconnu, lui et M. Hauréau portaient de vive voix devant la Justice et semaient partout sous main une accusation directe contre moi. Ce n'est pas tout, ils appelaient à la rescousse pour les faire entendre à l'appui de leur réclamation, non pas de loyaux conservateurs ou employés titulaires de la Bibliothèque, connaissant, pour y avoir pris part, toutes les relations que j'ai pu avoir avec le Cabinet des manuscrits, — mais des étrangers à la Bibliothèque, mais ceux-là même qu'un jour, poussé à bout de patience, j'ai eu l'occasion de combattre sur leur propre terrain, touchant un écrit de Rabelais, et dont l'amour-propre ne m'a pas plus pardonné leur défaite que leur jalousie ne me pardonne mes collections, qu'ils n'ont jamais vues. Ce serait le cas de modifier en leur honneur le vers si fameux : « *Tantæne animis* cœlestibus *iræ!* »

Les rages envieuses, avides de démolition et de bruit, prirent ici le masque de l'intérêt général. On cria sur les toits au crime ; on commenta, augmenta, envenima.

> Qui veut noyer son chien l'accuse de la rage,

a dit Martine, le gros bon sens des *Femmes savantes* (act. v, sc. 5).

Ce bourdonnement, dont une coterie et quelques oisifs de la grande ville s'étaient faits les échos, parvint aux oreilles de plusieurs magistrats élevés de mes amis. Dans leur indignation, ils se rendirent spontanément auprès du procureur de la République, — non certes pour lui parler de l'affaire en elle-même : — (des juges savent trop bien qu'une affaire appartient exclusivement aux juges appelés à en connaître), — mais pour lui parler de ma personne qu'on essayait de faire marquer si gratuitement du sceau de la réprobation publique ; mais pour lui attester avec l'autorité de leur caractère, que, loin d'être en fuite, j'étais en mission spéciale, chose d'ailleurs si facile à vérifier à l'hôtel des Capucines, et que je serais toujours prêt à répondre devant la Justice, dès que je serais, ce qui ne tarderait pas, à portée de le faire.

Cependant, de mon côté, je continuais paisiblement mes travaux en Allemagne sans me douter de ces intrigues, que mon retour devait faire retomber de tout le poids de leur indignité sur mes agresseurs, habiles seulement à frapper par derrière et dans l'ombre, pour que leurs coups demeurent impunis. — Mais c'en est assez touchant ces ennemis sans pudeur qui me diffament avec une mitraille insaisissable d'absurdes *on dit*. Je me borne à rappeler la circonstance qui eût dû les retenir, et qui sûrement les a décidés, c'est que j'étais absent ! O Molière ! ô Beaumarchais !

A mon retour, après avoir rendu compte à M. le ministre des Affaires étrangères de mon voyage, j'appris de sa bouche ce qui s'était passé pendant mon absence. J'appris les inventions sur lesquelles MM. Hauréau et Naudet avaient appuyé leur demande de descente dans mon domicile. Je remis au juge d'instruction, M. Legonidec, chargé de la suite de la réclamation de la Bibliothèque concernant la vente de mon ami de Châteaugiron, des pièces trouvées dans ses papiers et constatant d'une façon péremptoire, irréfragable, l'origine des documents vendus. Le ridicule fantôme si maladroitement évoqué contre un absent était évanoui. — Un souffle, et la torche était éteinte. — Mais quoi ! sans l'intervention du procureur de la République et des ministres de la Justice et des Affaires étrangères, le jeu ténébreux d'une intrigue pouvait donc provoquer la mesure sommaire d'une perquisition de Justice chez un citoyen inoffensif absent ! Quoi ! sur la seule dénonciation sans preuves, sur les seules suggestions sans base de l'auteur de *la Montagne*, on pouvait donc impunément infliger le scandale d'une pareille avanie à mon nom ! On pouvait chasser du foyer domestique ma femme et mes enfants, pour faire place à de soi-disant experts (à la fois experts et dénonciateurs) dont l'insigne étourderie prend le nom d'un port pour un nom d'homme, un faux autographe pour un vrai, un vrai pour un faux, un *fac-simile* banal pour un original volé à la Bibliothèque nationale! Et ma plume ne brûlerait pas le papier de paroles indignées! Quoi! il n'a pas tenu au funeste auteur du plus atroce des livres, qui se croit tout permis pour faire du zèle et conserver la place que ce livre lui a value en 1848, que je ne fusse écrasé, absent, sous le poids de la plus incroyable accusation criminelle! Quoi! pour faire les affaires d'un nouveau venu à la Bibliothèque, il y a combat à outrance contre les honnêtes gens qui possèdent des cabinets; il faut que, dans le combat, une des deux parties périsse; il faut qu'à la voix d'un pédagogue, un amateur paie pour tous, et que ce soit moi qui prenne aujourd'hui la place de cet enfant chargé de recevoir les punitions pour le compte de M. le dauphin! — Eh bien! je ne suis pas de ces hommes qui se laissent fouetter et égorger avec une résignation musulmane : je relève le gant. Honte! honte! Je serais devant cette guillotine dont M. Hauréau glorifie la sagesse (*la Montagne*, p. 41), que je ne saurais m'en taire!

Quelque subalternes et méprisables que soient les suggestions, les *on dit*, les manéges, les cabales, les plates intrigues; tout cela, je le sais, finit par former un bourdonnement qui devient clameur, surtout contre un absent : « Calomniez, il en restera toujours quelque chose. » Néanmoins, j'ai dit le point de fait; il est élucidé : que cela suffise, — car, je le déclare, les imputations soulèvent en moi trop de dégoût et de dédain pour que j'y réponde. Si j'étais le premier venu, on aurait pu m'intimider avec ces grands mots de procureur de la République et de juge d'instruction. Depuis trente-cinq ans que je suis homme d'administration, j'ai appris combien il est d'un bon citoyen de respecter les pouvoirs établis; à plus forte raison respecté-je la magistrature, cette grande et austère institution seule restée debout au milieu de toutes nos ruines, et que partout j'ai vu l'étranger nous envier. Mon respect pour elle est au niveau de ma confiance. Je la vénère, mais ne la crains pas. Au contraire, je suis de ceux qui cherchent le grand soleil : les voleurs seuls craignent jusqu'aux réverbères.

Revenons à la vente de mars 1847, qui est le grand cheval de bataille de mes agresseurs et l'objet de l'instruction anonyme dont j'ai parlé (1). Que si c'eût été une vente occulte, à la bonne heure, on comprendrait que, venant par hasard à la dépister aujourd'hui, et soupçonnant que des pièces réellement dérobées au dépôt qui lui est confié s'y fussent glissées, M. Naudet fît maintenant du bruit. Mais nulle vente n'a reçu, en son temps, plus de publicité. Le catalogue, distribué à cinq cents exemplaires, a été envoyé, longtemps avant la vente, à la Bibliothèque nationale, et nommément à M. Naudet. De plus, des affiches placardées sur toutes les murailles, sur celles même de la Bibliothèque, ont dit et redit la vente. Celle-ci s'est effectuée dans un lieu public, où, suivant l'usage, présidait un officier public. D'où vient donc qu'en 1847, la Bibliothèque, si bien avertie, n'a dit mot? M. Naudet, cependant, était directeur à cette époque, et depuis longtemps, — d'où vient donc qu'il a attendu que le vendeur eût quitté cette terre? que les papiers qui se rattachent à la vente eussent pu être détruits? Il est vrai que M. Hauréau, le démon de ce nouveau Socrate, n'était pas encore là pour l'inspirer. Il y a un plaisant mot que jettent en avant les adhérents de M. Naudet :

« Met-on la main, disent-ils, sur un autographe qui a appartenu à la Bibliothèque, le possesseur vous renvoie tout de suite pour l'origine à un mort : il n'y a plus moyen de poursuivre. C'est comme dans l'affaire de la quittance de Molière, où l'on renvoya à feu Campenon et à feu Dacier! »

Permettez, l'acquéreur avait cent fois raison pour le Molière, au point de vue de la bonne foi, parce que M. Dacier, autorisé par une lettre générale

(1) Par piété pour mon pauvre ami de Châteaugiron, j'avais donné à cette vente un soin particulier. Les pièces qu'il m'avait remises au mois de décembre 1846, à mon retour d'Italie, n'étaient pas toutes en très-bon état; je les fis restaurer, rhabiller. Sur la demande du libraire chargé de la vente, j'y joignis, de mon propre fonds, pour la rehausser, quelques pièces de grande curiosité historique, sauf à les racheter moi-même aux enchères, et Châteaugiron me sut de ces petits détails plus de gré qu'ils ne méritaient. Que dirait-il s'il pouvait connaître les tracasseries que mon intervention bénévole m'a suscitées aujourd'hui? Bien entendu, *pas une seule* des pièces revendiquées, *pas une seule* ne m'appartenait, ainsi que le prouve la liste des pièces données par Châteaugiron pour être vendues. Quant à ce qui concerne mon vieil ami, si réellement quelqu'une de ses pièces provenait du Cabinet des manuscrits, la bonne foi du vendeur, en cette occasion, ne peut faire l'ombre d'un doute. Dans tous les cas, je ne saurais, sur la provenance, accepter les dires de M. Hauréau que sous bénéfice d'inventaire.

du ministre de l'Intérieur, M. de Corbière, en date du 20 janvier 1828, avait vendu 5 francs cette quittance en pleine salle publique de la Bibliothèque, à M. Campenon. La petite somme qui résultait de ces ventes était appliquée à la dépense de reliure des manuscrits pour laquelle le fonds était fort restreint à cette époque. Et, ici, je suis d'autant plus désintéressé, que je n'ai jamais acheté moi-même à ce genre de ventes; mais plusieurs de mes amis, hommes sérieux et justement respectés, y ont puisé, l'affirment et doivent être crus. Il y aurait, d'ailleurs, à soutenir le contraire une insigne mauvaise foi et une notable maladresse, car MM. Duchesne aîné, Paulin-Pâris et Guérard, de la Bibliothèque, qui tenaient à tour de rôle le livre de ces ventes, sont là pour en attester, contre les assertions de M. Naudet, la réalité. N'admirez-vous pas ensuite ces gens qui vous attaquent dans votre propriété, qui, de plus, vous diffament, et qui s'étonnent qu'on ne se laisse pas faire? Cependant, de ce qu'on a le malheur d'être vivant, ce n'est peut-être pas un motif pour qu'on soit criminel, sans bonnes raisons. Cela me rappelle ce Kayserlich fouillant les hommes gisant sur le champ de bataille, et qui, entendant les plaintes des mourants : « Si l'on en croyait ces gens-là, s'écria-t-il, il n'y aurait personne de mort. » Eh bien! s'il vous faut absolument des coupables, comme à celui-là il fallait des morts, déterrez alors de vrais coupables, vivants ou morts; ne dépouillez pas arbitrairement les honnêtes gens, fussent-ils si malavisés ou malicieux que d'être vivants. Estampillez, cataloguez, c'est votre devoir et notre droit. Ne laissez pas tout à l'abandon.

Pour revendiquer ce que vous prétendez avoir appartenu à l'État, faites vos diligences en temps utile ; veillez au lieu de dormir, ou, qui pis est, de tourmenter et calomnier les honnêtes gens ; rappelez-vous que la prescription, que je n'invoque pas pour moi, mais par laquelle le législateur a prévu la disparition ou l'oblitération des preuves pour ou contre, est un principe de morale et de sécurité publique acquis à tous ; n'attendez pas qu'une pièce ait reçu la sanction de la publicité d'une ou deux ventes à l'encan ; n'attendez pas *quatre ans* comme pour la vente Châteaugiron, *dix-huit ans* comme dans l'affaire du Molière, *trente ans* comme dans l'affaire du Montaigne, et l'on ne sera pas forcé de vous renvoyer à des morts.

C'est folie
De compter sur dix ans de vie,

a dit maître Jean, notre maître à tous. Il avait dit, deux vers plus haut :

Avant l'affaire,
Le roi, l'âne, ou moi, nous mourrons.

Cette fois c'est l'Âne qui a survécu, et voilà pourquoi une lettre vraie est une lettre fausse, une lettre fausse est une lettre vraie, un *fac simile* est un original volé à la Bibliothèque nationale, comme on l'a vu pages 53, 54. — *E sempre bene !*

Pourquoi donc M. Naudet a-t-il attendu? Eh ! mon Dieu, que l'on consulte l'étrange coïncidence qui existe entre les poursuites et notre affaire civile aujourd'hui pendante ! que l'on consulte la coïncidence entre les bruits diffamatoires et mon absence! là est la réponse. Quand je dis que M. Naudet n'a point réclamé, je me trompe, il avait réclamé en 1849, comme nous l'avons déjà rapporté p. 104, à propos de l'autographe de *Gabriel Naudé* à Peiresc, qui figurait au catalogue de la vente de 1847, aujourd'hui incriminé, que le libraire Téchener y avait acheté et qu'il avait mis dans une autre vente. J'avais eu alors l'occasion de m'expliquer avec M. Naudet *devant témoin* (1), touchant le nom du véritable vendeur des pièces portées à ce catalogue de 1847 ; j'avais eu l'occasion de donner également à ce sujet des renseignements à un juge d'instruction commis *ad hoc*, et procès-verbal en avait été dressé. Le catalogue était entre les mains de ce magistrat, qui me l'a montré. Par ainsi, M. Naudet savait à merveille à quoi s'en tenir sur la vente Châteaugiron, sans que nulle équivoque fût désormais possible. Aujourd'hui, néanmoins, que vient-on nous brouiller de cette vieille histoire, et que veulent dire tant de voix qui s'essoufflent à l'unisson touchant un fait dont on connaît la fausseté ?

Ce n'est pas tout, la passion étourdit à tel point l'administration de la Bibliothèque, que celle-ci en perd la mémoire. Le croirait-on ? parmi les pièces qu'elle revendique aujourd'hui, figure encore cette éternelle lettre de Gabriel Naudé qui a déjà été l'objet d'une instruction en blanc, avortée en 1849 ; que la Bibliothèque, sans y faire de façons, a insérée dans un de ses

(1) Il avait même imposé silence devant moi, dans son cabinet, à un employé de la Bibliothèque, qui m'attribuait la propriété de la lettre : « Les pièces de la vente où celle-ci se trouvait, lui dit-il, n'appartenaient point à M. F. »

volumes avec la note d'infamie qu'on a vue page **115**. Cette lettre de Gabriel Naudé à Peiresc, c'est leur épée de chevet. M. Naudet (ne confondons pas), M. Naudet en rêve tout éveillé. Sur la plainte nouvelle, Téchener fut appelé de nouveau, et s'il n'eût été malade à ce moment, ce qui l'empêcha de répondre à l'appel, il eût été quelque peu étonné qu'on le fît venir pour autre chose que pour lui rendre la pièce confisquée. Voici une lettre de M. Téchener à ce sujet :

« Paris, ce 12 janvier 1851.

« Monsieur,

« Vous me faites l'honneur de me demander ce qui s'est passé au sujet de la lettre de Gabriel Naudé, achetée par moi à la vente de Charavay, qui était, disait-on, celle de feu de Châteaugiron. Voici, monsieur, les faits tels qu'ils se sont passés : cette pièce a été réclamée à la vente de M. Laverdet, et déposée par le commissaire-priseur entre les mains de M. Hatton, juge d'instruction, qui s'est borné à me demander d'où je tenais la pièce.

« Depuis, j'ai appris qu'elle avait été remise à la Bibliothèque nationale; mais *cela a eu lieu sans ma participation et sans que j'aie été consulté en rien par la Justice sur la question de savoir si je voulais contester cette propriété.*

« J'ai l'honneur d'être, etc.

« J. Techener,

« 20, place du Louvre. »

En vérité, où en sommes-nous? Je m'étais jusqu'ici laissé dire que le bon sens d'accord avec la loi voulait que le sort d'un objet *déposé* en justice ne fût décidé que par un jugement ou par le libre abandon du propriétaire; aurait-on changé tout cela? Je suis décidé à n'être curieux qu'avec réserve ; mais en ma qualité de possesseur de collections qui m'ont coûté fort cher, j'ai besoin de savoir s'il est entendu qu'à l'avenir les simples assertions de l'administration envahissante de la Bibliothèque nationale suffiront à faire jurisprudence, et pourront jeter un démenti aux traditions de la loi; si, comme l'a plaidé hardiment Me Marie, possession équivaut désormais légalement à soustraction; en un mot, si la propriété c'est le vol.

Ainsi donc, d'une part, M. Naudet, qui pour le Montaigne s'était mis à la remorque de M. Jubinal, qui aujourd'hui s'est fait l'adjoint de M. Hauréau, savait que la vente n'était point mienne, et il la donne comme mienne! De l'autre, il tient l'autographe de Gabriel Naudé, il le tient depuis plus d'un an, lui-même me l'a montré alors glissé en un volume de la collection Peiresc, et par sa première demande, que j'ai lue, il fourvoie la Justice dans une revendication dérisoire ! Mme Dacier faillit, dit-on, à s'empoisonner, en se passant la fantaisie du fameux brouet noir antique, je crains que mes érudits de Bibliothèque, en faisant comme elle quelque expérience *in anima vili*, n'aient goûté du miel de ce *rhododendron*, qui, au rapport de Xénophon et de Pline, donnait le vertige. En effet, l'administration de la Bibliothèque nationale n'est plus dans son assiette. Sera-t-il donc permis à M. Naudet d'exhumer à plaisir une affaire avortée, chaque fois que le mouvement politique et le roulement judiciaire amèneront un nouveau procureur de la République, un nouveau juge d'instruction ? Faudra-t-il donc renoncer à voir jamais vider le fond du sac ? M. Naudet pourra-t-il donc toujours nous verser la même coupe, nous menacer du même coup de poignard ? Cela finit par devenir fastidieux. Gare enfin aux sifflets du parterre !

La pièce de Gabriel Naudé, à Fabri de Peiresc, cette pièce qui vaut un écu, et qui a amené tant d'écritures, ne portait ni timbre ni numéro d'ordre ; mais il y est question de l'envoi d'un imprimé qui se trouve dans un volume des papiers de Peiresc. C'est là-dessus qu'on s'appuie pour justifier la revendication. Mais tant s'en faut que cela prouve péremptoirement que la lettre en question soit la lettre d'envoi, car cet imprimé est encore envoyé par une autre lettre, et se retrouvait dans le volume du président Agier, d'où Châteaugiron avait tiré l'autographe. Si j'avais le loisir de passer une à une en revue les dix ou douze pièces que la Bibliothèque nationale a réclamées dans la vente de Châteaugiron, qui n'a jamais rien volé à personne, et achetait en tout bien tout honneur, peut-être arriverais-je à ébranler sur ses prétentions le Cabinet des manuscrits lui-même. Dans tous les cas, toutes les pièces composant sa vente ont passé sous mes yeux, et je déclare que pas une seule ne portait le moindre caractère public : estampille, cote ou pagination spéciale, propre à soulever les scrupules. Quand, à la vente de Laverdet, parut la lettre de Malherbe dont j'ai parlé (p. 112, 113), celle-là même qui a été l'objet d'une insinuation si audacieuse et si maladroite, à la réplique de mes adversaires, dans l'affaire du Montaigne, — je la reconnus sur-le-champ comme ayant appartenu à la Bibliothèque, parce qu'elle avait été *indiquée comme manquante* dans les volumes sur lesquels j'avais préparé une édition nouvelle, si nécessaire, de la curieuse correspondance de Malherbe, dont on a eu un échantillon, p. 45-53.

Je la reconnus, parce qu'elle portait encore un numéro d'ordre de la main de M. Paulin-Pâris, qui a coté ces volumes en 1838. Or, rien de tout cela ne s'appliquait à la lettre de Malherbe que fit vendre Châteaugiron en 1847. Si elle provenait primitivement des papiers de Peiresc, il est indubitable qu'elle en avait été tirée avant la pagination faite par M. Pâris, antérieurement à mon travail, et à celui de M. Bazin sur ces précieux papiers (1).

Poursuivons. Je donnerais en cent à deviner ce dont M. Hauréau et M. Naudet se sont encore avisés pour l'usage de procès faits ou à faire. On sait que les manuscrits se sont prêtés de tout temps, au dehors, à la Bibliothèque nationale; ils se prêtent seulement à des personnes très-connues, sur un reçu inscrit au livre de prêt. Examen est fait avant la sortie, vérification au retour. On raie au livre le nom de l'emprunteur, et cette radiation tient, comme de juste, lieu de *quitus*. Aujourd'hui, l'administration de la Bibliothèque prétendrait instituer une responsabilité rétroactive pesant à perpétuité sur l'un des emprunteurs, à son choix, après qu'il aurait rempli les formalités de la restitution. Depuis dix, quinze, vingt ans, vous avez rendu un manuscrit, elle découvre, ou elle suppose le détournement d'un feuillet qui a pu être enlevé derrière vous par une main infidèle, au moment même où vous rendiez le volume, — alors elle vous montre du doigt, et elle dit à un juge d'instruction : « Voilà mon voleur! » — Supplément au Code criminel, ou plutôt vrai guet-apens. Décidément il faut en revenir au mot si connu : *Credo quia absurdum*. — En vérité, pour gens si habiles et qui en général n'aiment point à faire le mal à leurs dépens, c'est prêter à rire de soi, et s'avouer bien à court d'inventions. En effet, une fois qu'un volume avait été rétabli par un emprunteur au Cabinet des manuscrits, il rentrait dans la circulation commune, il était prêté de nouveau au dehors, il passait de mains en mains dans la salle publique de lecture pour l'usage des lecteurs *transeuntes* inconnus ; il y a mieux, il était livré sans nul contrôle à certains privilégiés placés dans des salles réservées du Cabinet des manuscrits, notamment la salle Fréret. Comment le pauvre emprunteur d'il y a treize ou vingt ans, même d'il y a un an, aurait-il à répondre de tout ce que l'incurie des préposés pourrait avoir amené de soustractions.

Eh! mon Dieu! les emprunteurs du dehors sont les derniers à qui attri-

(1) Voir à la fin, page 151, une note sur les papiers laissés par Fabri de Peiresc.

buer les détournements. N'y a-t-il pas la garantie des vérifications immédiates, qui les menaçait d'être saisis en flagrant délit de turpitude, s'ils eussent été assez malheureux pour s'y exposer? — On dira peut-être, car que ne dit-on pas? que les vérifications n'avaient point lieu au retour. Dans ce cas, à qui donc aurait-on le droit d'imputer un détournement, s'il y a eu détournement? Serait-il bienséant que la Bibliothèque se fît contre le public qui la paye un titre de l'oubli de ses propres devoirs? Et puisque le même soupçon, vraie selle à tous chevaux, planerait sur tous les emprunteurs et lecteurs à la fois, M. Naudet, pour être plus sûr de son fait, n'aurait plus qu'à faire arrêter la ville et les faubourgs, pour intenter à tous et à chacun un même procès à mêmes fins, comme il infligeait naguère un *pensum* commun à toute sa classe, quand il n'avait pu distinguer le vrai coupable de quelque méfait de collége. Une telle prétention, qui blesse le bon sens, ne fait pas moins injure à tous les employés du Cabinet des manuscrits; — car, enfin, l'auteur de *la Montagne* est le seul nouveau titulaire à ce Cabinet; les employés supérieurs chargés, il y a quinze ans, de la remise et de la vérification des manuscrits, sont tous là, gens de devoir alors comme aujourd'hui : M. Paulin-Pâris, de l'Institut; M. Lacabane, professeur à l'École des Chartes; M. Miller, passé bibliothécaire à l'Assemblée nationale, et nombre d'autres. Ils seraient fort surpris sans doute qu'on fît devant la Justice aussi bon marché de leur zèle et de leur probité. Et cependant, tout absurde et odieux en même temps que soit un pareil système, la Bibliothèque *s'en va-t-en guerre* avec son drapeau de parchemin, sur lequel est écrit *Argumentabor*. M. Naudet porte l'épée et M. Hauréau la cuirasse, dont heureusement le défaut n'est pas difficile à trouver.

La Bibliothèque nationale n'en était pas encore venue aux grands coups d'estoc et de taille judiciaires contre les pauvres collecteurs d'autographes et de documents historiques, que déjà les lettres anonymes, les attaques insidieuses, les calomnies souterraines avaient peu coûté, en dehors de la Bibliothèque, à je ne sais quels limiers et recors de la fausse science, pour essayer de les exterminer. Que de fois n'a-t-on pas renouvelé à leur propos cette fameuse histoire de la dent d'or poussée, comme chacun sait, à un enfant silésien, en 1593. J'en ai eu des exemples personnels d'un haut comique. Un jour entre autres, un legs heureux fait tomber entre mes mains un dossier de cent vingt lettres, la plupart inédites, de Henri IV, les mêmes que j'ai depuis communiquées au ministère de l'Instruction publique pour être publiées dans la grande collection des *Documents sur l'histoire de France*, et que le Gouvernement, qui les tenait dans ses mains, ne s'est pas avisé de revendiquer, parce qu'elles n'appartenaient pas à l'État ; ces autographes, dis-je, du bon Henri, m'échoient de fortune, — vite une lettre anonyme, dont l'auteur a mal écouté aux portes, avertit le ministre de l'Intérieur qu'il faut que les Archives générales avisent, attendu qu'il vient de me tomber un carton d'AUTOGRAPHES DE HENRI Ier, sans doute enlevées à ces Archives. — Des autographes de Henri Ier, le fils du roi Robert et de la reine Constance, monté sur le trône en 1031 !!! Plût à Dieu ! m'écriai-je avec les Archives, sur l'annonce d'une ânerie si miraculeuse ! — La même lettre donnait ensuite l'éveil sur mon entrée en possession d'un énorme dossier de lettres de Louis XVI et de Marie-Antoinette, qui *devaient provenir* également des Archives générales, insinuation aussi fondée que la première, car les lettres que je possède de ces augustes victimes de la *Montagne*, lettres devenues publiques à force d'avoir été vues chez moi, ne font défaut dans aucun dépôt national, ne sont réclamées par aucun.

A quelque temps de là, mon argent, « en bons louis d'or et pistoles bien trébuchantes, » découvre en Hongrie l'exemplaire du *Testament de Louis XVI*, envoyé par ce prince à *Monsieur*, depuis Louis XVIII (comment de Mittau il s'était égaré là, je le sais ; mais ce n'est pas ici la question : il suffisait à moi, Français, que la pièce fût authentique). — L'existence de ce document à Pesth avait transpiré jusqu'à l'ambassade de France à Vienne ; c'est de compagnie avec le premier secrétaire de cette ambassade que je l'avais enlevé des mains du possesseur et que j'avais gagné de vitesse un grand ministre de l'Empire, qui délibérait pour le faire acheter. Certes, on aurait dû me louer d'avoir fait cette précieuse conquête : eh bien ! le bruit n'en est pas plutôt répandu à Paris qu'il se trouve quelqu'un pour proclamer partout, à cette époque d'effervescence où éclata l'affaire Libri, où M. Taschereau mettait les hommes de l'ancienne administration au pilori de sa *Revue rétrospective*, — que ma conquête ne peut être que le fruit d'une soustraction dans un dépôt public français, et que c'est chose à me revendiquer ! Il m'est revenu même qu'on en a touché quelque chose devant la Justice, à l'appui de la dernière tentative avortée de la Bibliothèque! Or, mon délateur est un délateur purement officieux, car nulles archives quelconques ne revendiquent ni ne protestent. Sur quoi donc croit-il ce qu'il avance? Sur quoi? Comme maître Jacques, il vous répondrait : « Je le crois... sur ce que je le crois. »

Une autre fois, je retrouve à Naples une collection de documents impériaux, collection rivale des célèbres *album* du musée Sainsbury. Le catalogue imprimé de cette vente a couru tout Paris; la masse des pièces a été *pendant six ans* en vente publique chez un libraire, place de la Bourse; elle a même été offerte aux Archives de l'État, et, à cette occasion, M. Letronne, directeur alors, l'a conservée durant plus d'un mois dans son cabinet et en a refusé l'acquisition faute de fonds. — (A la Bibliothèque nationale, on n'a presque jamais de fonds pour faire de bonnes acquisitions; on en a toujours pour intenter de mauvais procès à nos frais, car c'est l'argent de l'État qui y passe.) — A peine la collection est-elle entre mes mains que le même personnage qui m'avait dénoncé pour le *Testament de Louis XVI* s'en va presser le garde actuel des Archives générales, M. de Chabrier, de la revendiquer, comme si l'État y avait le moindre droit! *Ab uno disce omnes.*

Ce qui s'est passé pour quelques parties de mes modestes collections est le cas de toute grande collection existant entre les mains d'un particulier : elle excite l'étonnement ou l'envie. Devant les cabinets de portraits ou de curiosités de M. Crawfurd, du général d'Espinoys, de M. de Bruges, de M. du Sommerard, de M. Sauvageot, de M. le marquis de Biencourt; devant les collections considérables d'autographes de sir Thomas Philipps, du marquis de Villeneuve-Trans, du comte d'Hunolstein, le premier mot de tout spectateur a été presque toujours : Où a-t-on eu tout cela? On a eu tout cela avec le temps qui, s'il détruit, sait aussi édifier; on a eu tout cela par la puissance attractive d'une idée fixe, par la persistance de la volonté pendant trente à quarante années; ce qui n'implique pas, ce semble, qu'on soit un voleur; on a eu tout cela comme la fourmi meuble son grenier d'hiver; on a eu tout cela sou à sou, comme ces gens à vie économe et sévère qui laissent des sommes fabuleuses après leur mort. Où y a-t-il en tout ceci place pour les prétentions de l'État?

Avant que la recrudescence des études historiques ne poussât, depuis vingt-cinq à trente ans, un si grand nombre d'écrivains à remonter aux source indigènes ou étrangères; avant qu'autour de ces hommes studieux ne vinssent se grouper à l'envi les collecteurs d'antiquités, de chartes, d'autographes, de documents de tout genre, la Bibliothèque nationale était conservée par des hommes éminents dont j'ai déjà relevé les noms honorés. Ceux-là savaient ce que c'était que livres et manuscrits. Mais ils n'avaient point à devancer le mouvement de l'esprit public et de la mode, et leur attention spéciale ne se portait pas sur les autographes proprement dits. De qui la Bibliothèque a-t-elle reçu l'impulsion et l'émulation sur ce point? de qui a-t-elle appris à s'inquiéter de ce genre de richesses? de qui à les classer? à les faire valoir? De ces mêmes collecteurs d'autographes qu'aujourd'hui elle poursuit avec la flamme et le fer, mais à qui le Gouvernement n'en emprunte pas moins des documents pour ses publications. Procès, insultes, calomnies, rien ne coûte à l'Administration actuelle de la Bibliothèque. Pour les procès, l'État (c'est-à-dire vous et moi, nous tous, le pays en un mot) est là qui paie; quant aux insinuations calomnieuses, elle est en fonds.

> Lurida præterea fiunt quæcunque tuentur
> Arquati. (Lucret., IV, 333.)

Il y a là une injustice révoltante. La Bibliothèque nationale est comme ce fou d'Athènes qui s'était mis dans la fantaisie que tous les vaisseaux abordant au Pirée étaient à lui. Cependant aux causes de dissémination des autographes que j'ai énumérées plus haut, il y en aurait cent autres à ajouter encore. Ainsi, par exemple, les archives du département des Affaires étrangères, si riches et si bien classées, et dont je puis parler, parce que je les connais bien, ne datent guère dans leurs suites régulières qu'à partir des dernières années du règne de Louis XIV, parce qu'avant le marquis de Torcy, qui réglementa cette partie du service, les ministres et tous les agents du roi à l'extérieur gardaient par devers eux les originaux des lettres qu'ils avaient reçues. Il en était de même dans tous les autres départements de l'administration française. De là ces archives de famille, qui, à différentes époques, ont versé tant de papiers publics dans la circulation. Que sont les collections précieuses de Béthune, acquises par la Bibliothèque nationale, et dont les premières bases furent les papiers du célèbre négociateur Philippe de Béthune, frère de Sully? Que sont-elles, sinon une correspondance diplomatique autour de laquelle sont venues se grouper des lettres de tous les héros et des dieux du temps? Comment tant de lettres de souverains se sont-elles égarées dans les collections de Daurat et des Dupuy, si ce n'est à la faveur de l'insouciance alors régnante de l'État en matière d'archives? Sans ces collecteurs, qui sont les vrais conservateurs, il ne faut pas se dissimuler que presque tous ces documents, aujourd'hui si précieux, seraient détruits et « auraient fondu comme beurre, » suivant l'expression de Montaigne.

En résumé, ainsi que je l'ai dit et redit, aucune des pièces que revendique, depuis trois ans, la Bibliothèque, ne porte le caractère public, et presque tous ses catalogues sont muets ou incomplets sur ces pièces. Elle use du procédé que j'ai indiqué, page 115 : elle confisque et se retire dans sa gloire sans rien prouver. Qui ignore cependant que le jour où un fonds nouveau est entré au Cabinet des manuscrits avec ses catalogues, le Cabinet n'en a jamais fait le récolement par le menu? Telle pièce, dont le propriétaire, usant de son droit, aura disposé ou qui se sera égarée avant la cession du fonds à la Bibliothèque, sera néanmoins demeurée indiquée au catalogue ; qu'elle paraisse dans une vente, dans deux ventes, M. Naudet la laissera passer sans rien dire : à une troisième vente, il fera saisir. Les amateurs qui achètent en ventes amiables, et le plus souvent en ventes publiques, ne sauraient connaître, quand leur collection est un peu considérable, l'acte de naissance de chacun de leurs autographes : ils ont acheté honnêtement, cela leur suffit. Que si ces autographes fussent revêtus d'estampilles comme le fameux exemplaire du *Triumphe de très-haute et très-puissante dame V., Royne du puy d'amours, composé par l'inventeur des menus plaisirs honnestes* (Lyon, Fr. Juste, 1539, petit in-8°, fig. en bois), livret singulier, en prose et en vers, attribué à Jehan Lemaire de Belges, et plus vraisemblablement à Martin d'Orchesino, et dont il n'y a plus que deux exemplaires connus; acheté à la vente du comte d'Hoym pour la Bibliothèque du roi, volé à cet établissement au bon temps de la *Montagne*, vendu en Angleterre, et enfin tombé dans la possession du célèbre bibliophile anglais, sir Richard Heber, à la vente duquel un amateur de Paris en a fait l'acquisition, malgré l'estampille, indiquant sans équivoque la propriété publique, oh! alors, à la bonne heure, M. Naudet aurait le droit de se récrier. Que si encore ces autographes fussent revêtus d'estampilles grattées comme l'était ce fameux exemplaire des vingt volumes du *Recueil des historiens des Gaules et de la France* (un beau livre en vérité), par dom Mart.

Bouquet, cédé en 1849, par M. Naudet lui-même, et assurément de très-bonne foi, à notre intelligent libraire, M. Franck, comme il eût pu me le vendre à moi-même, M. Naudet pourrait de la main droite se saisir la main gauche comme l'*Avare*, et il ferait justice. — Il n'en est pas ainsi, encore une fois, à l'exception du Descartes cité p. 58, des autographes qui ont paru jusqu'ici en vente publique, et que la Bibliothèque a prétendu ou prétendrait aujourd'hui revendiquer; ils n'étaient revêtus d'aucun soupçon d'estampille. De grâce, apprenez-nous donc à reconnaître, je ne dis pas un livre, — l'histoire du dom Bouquet me prouve que vous qui voyez si vite la paille estampillée dans l'œil de votre voisin, vous n'avez plus la même justesse de regard pour vous-même ; mais apprenez-nous donc à reconnaître entre mille un autographe suspect.

Maître Jean de La Fontaine disait, en pensant à M. Naudet :

> Prenant tout, pour le faire court.
> En véritable homme de cour.

En effet, M. Naudet touche à tout, se substitue à tous. Il domine les couronnes et les trônes, comme autrefois il régnait sur les climats grammairiens. En veut-on un curieux exemple? *Paulo majora canamus*. Il s'en prend aujourd'hui à Louis XIV, le grand roi! Ce prince avait fait présent à son grand-maître de la vénerie d'un beau manuscrit à vignettes du fameux livre en prose emphatique de Gaston Phœbus, comte de Foix, si connu sous le titre de . *Phébus des déduiz de la chasse des bestes sauvaiges et des oyseaux de proye*. Le roi avait pris ce manuscrit des dernières années du XIVe siècle ou des premières du XVe dans sa bibliothèque, i. e. à la Bibliothèque royale, et y en avait mis un autre à la place. De mains en mains, le précieux ouvrage était arrivé dans la maison d'Orléans, et, après le sac du palais de Neuilly par la populace ivre, en février 1848, il s'est retrouvé, heureusement intact, parmi les débris de la Bibliothèque du roi Louis-Philippe. M. Naudet l'a fait saisir (il n'y avait plus de roi) sur le motif qu'il avait été *volé par Louis XIV* au préjudice de la Bibliothèque royale, comme si, à l'époque où régnait Louis XIV, il y avait distinction entre le domaine privé et le domaine de l'État, comme s'il y avait une liste civile réglée par des chambres! M. Hauréau n'aurait pas mieux dit.

Louis XIV taxé de vol par M. Naudet! cela est fait pour consoler des urbanités dont j'ai pris ma part. Avant de crier haro contre les honnêtes gens et de les mettre hors la loi sur le seul chef qu'ils possèdent des autographes, comme en recueillaient jadis Montaigne (1) lui-même, Daurat, Peiresc, Dupuy, Colbert, Baluze, Béthune, de La Mare, Gaignières et tant d'autres béats que nous imitons de loin, la Bibliothèque nationale ferait sagement de se mieux renseigner. Elle ne s'exposerait pas à voir retomber sur elle la honte des avanies que, dans sa marche tortueuse, elle a essayées contre un honorable possesseur de cabinet. Et pourquoi tant de bruit, après avoir échoué dans sa demande en perquisition de justice? Pour l'unique satisfaction qu'elle n'a pas davantage obtenue, de faire mettre mon nom sur le dossier anonyme, de me placer, ne fût-ce que pour un jour, par l'effet d'un simple mandat de comparution, dans la position d'un inculpé, et d'en faire ensuite grand éclat à l'audience civile. La salle des Pas-Perdus, au Palais, était pleine du vacarme des révélations terribles que la Bibliothèque devait faire éclater à l'audience. A chaque remise de l'affaire, j'avais les oreilles étourdies des espérances des amateurs de scandale, et la clameur des mêmes projets me revenait de toute part, et dans le monde, et au Cabinet des manuscrits, et au ministère de l'Instruction publique. Mais on avait compté sans la Justice. Mon retour ayant appelé l'examen, la production de la liste des autographes que Châteaugiron m'avait chargé de faire vendre, et sur laquelle ne manquait *pas une seule* des pièces revendiquées, fit balayer tout l'échafaudage des calomnies. Les adhérents de M. Naudet nous reprochaient de n'opposer à leurs revendications que des *morts*. Ici encore il y avait un mort, mais un mort qui avait parlé. Le coup était manqué cette fois. Mais le siége de mes adversaires était fait : il leur fallait à toute force du scandale. Leur avocat, Me Marie, s'en fit l'organe dans la discussion touchant le Montaigne. A la première audience, il prit un ton de modération qui, à l'audience des répliques, se démasqua tout à coup.

(1) « Vrayment cela partiroit d'une mauvaise nature d'avoir à mespris les pourtraicts mesmes de nos amis et prédécesseurs, la forme de leurs vestements et de leurs armes. I'en conserve l'escriture, le seing..... » (*Essais*, l. II, ch. XVIII.) Montaigne, qui disait deux lignes plus loin, qu'avec « son écriture, il empescheroit peut-estre que quelque coing de beurre ne se fonde au marché, » admirerait vraisemblablement avec quelle piété je dispute aujourd'hui, à la pointe d'un procès, une feuille de sa main, relique sauvée par le fils de la beurrière de Lyon. (Voir p. 81.)

Affectant d'ignorer qu'on avait totalement échoué dans les poursuites, que, malgré toutes les délations acharnées, je n'avais *jamais été un instant* l'objet d'une instruction personnelle, et que les pièces par moi fournies avaient fait évanouir jusqu'au moindre prétexte d'action judiciaire, on jeta au Tribunal et au public le récit d'une action criminelle exercée contre moi à propos de cette vente de Châteaugiron qu'on m'attribua : — mensonge! car M. Naudet lui-même n'avait pas osé prononcer mon nom dans sa plainte écrite, et n'avait présenté qu'une réclamation générale et contre inconnu; — on parla de revendications civiles, mensonge! car rien de pareil n'a été et ne peut être introduit; — on isola de la vente Châteaugiron cette éternelle lettre de Gabriel Naudé pour en faire perfidement un chef à part et me l'attribuer encore, pour se donner la joie d'une mise en scène scandaleuse, pour exploiter avec mauvaise foi l'affaire Libri contre un homme qui, ni de près ni de loin, n'a aucun rapport avec cette affaire : — mensonge! — On battit les buissons pour répandre finalement sur moi l'opprobre des plus odieuses calomnies et mettre sur le compte des faits acquis à ma charge les rêveries de l'imagination de l'auteur de la *Montagne* et les insolentes tentatives de ses amis et complices. — Une pièce de Malherbe a été dérobée, en pleine salle publique, au tome II des papiers de Peiresc, dans la première quinzaine de novembre 1838, M. Paulin-Pâris le constate par une note inscrite sur la pièce voisine de celle qui a été coupée avec brutalité aux dépens de plusieurs autres. Le 17 du même mois, ce même volume m'était confié pour la préparation d'une édition nouvelle des lettres de Malherbe; la note existait déjà. Je restituai le volume le 26. Eh bien! on ose m'attribuer par insinuation directe le détournement de la pièce volée, quand elle n'y était déjà plus alors que le volume a passé par mes mains, — quand c'est moi qui plus tard, trouvant la pièce annoncée dans un catalogue de vente, en prévins le premier la Bibliothèque, et déterminai à restitution l'honorable possesseur, quand des lettres de ce possesseur, ancien député et conseiller d'État, de M. Paulin-Pâris et des autres intéressés, établissent ces faits d'une manière irréfragable! En vérité, il serait par trop commode de souiller de fange les gens honnêtes et inoffensifs, de faire passer sur eux la roue d'une voiture, et, après les avoir écrasés, de s'esquiver adroitement, comme ce moine profanateur et assassin qui, après avoir donné son coup de poignard, s'en allait placidement chanter la sainte messe. « Nous avons pu nous tromper, diront hypocritement mes agresseurs; nous sommes administrateurs; nous n'agissons pas pour notre compte personnel. » Eh bien! vous dirai-je, quand on a l'honneur et le bonheur d'être à la tête du premier dépôt littéraire et scientifique du monde, il faut savoir se respecter soi-même en respectant les autres. Il y a autre chose à conserver encore que les livres et les manuscrits.

Vous être réfugié sous le manteau de l'intérêt public pour diffamer et calomnier, voilà ce qui rend votre conduite plus odieuse et plus coupable. Si, pour violer à l'aise et impunément les réputations et flétrir l'honneur d'autrui, il ne s'agissait que d'être administrateur, on s'inscrirait exprès pour se faire nommer. Je dis *diffamer* et *calomnier*, parce qu'en effet vous avez commis tout cela; parce que vous avez eu le triste courage de tromper, par un faux exposé, la religion du ministre pour être autorisé à poursuivre; parce que vous n'avez pas reculé devant la demande réitérée d'une descente de Justice chez la femme et les filles d'un absent, et que, pour obtenir cette incroyable mesure, vous avez osé alléguer que l'absent était en fuite, quand on pouvait si facilement s'assurer qu'il était en mission du gouvernement; parce que, pour obtenir la faculté de lui courir sus, vous avez allégué une vente faite par lui de pièces détournées de la Bibliothèque, alors que vous saviez pertinemment, pour en avoir parlé avec lui, pour l'avoir d'ailleurs appris d'une précédente instruction, que cette vente, anonyme comme le sont les quatre-vingt-dix-neuf centièmes des ventes non après décès, était celle d'un autre dont vous connaissiez le nom.

Votre conduite a été plus coupable, parce que vous n'avez indiqué à la Justice, pour déposer contre l'absent sur des faits touchant la Bibliothèque, que des étrangers à la Bibliothèque, qui sont les ennemis personnels et déclarés de votre adversaire, et qu'en même temps vous avez soigneusement évité de faire entendre les titulaires, les hommes spéciaux, personnellement chargés de lui remettre des manuscrits, de les vérifier au départ, de les vérifier au retour. Tant d'assurance étonne chez des conservateurs payés pour conserver, et qui ne conservent pas. Ils laissent dépouiller l'État, et ils croient avoir gagné un bill d'indemnité quand, s'apercevant trop tard qu'on les a volés, ils s'élancent tout à coup dans la rue et prennent à la gorge le premier passant, lui redemandant *leur cassette*. Je mets ici de côté mon ressentiment individuel : toute cette affaire que mes agresseurs ont essayé d'élever à la hauteur d'une affaire criminelle, est devenue trop grave aujourd'hui pour la renfermer dans les bornes d'une question de personne; — mais comme ami des lettres, comme ami de l'honneur de notre grand dépôt national, je crois pouvoir le déclarer en toute conscience, tant de bruit n'est qu'un scandale insensé et intéressé. Ce scandale encore une fois tournera à la confusion de ceux qui ont la main si leste à intenter de mauvais procès, dont la charge ne retombe jamais sur eux. Trop heureux s'ils savent y trouver une leçon de circonspection pour l'avenir!

Maintenant, *sat prata biberunt*. Viennent de nouvelles attaques de mes agresseurs, aujourd'hui démasqués, ils me trouveront prêts à leur arracher les masques nouveaux qu'ils pourraient prendre.

IX.

NOTE SUR LES MANUSCRITS LAISSÉS PAR FABRI DE PEIRESC.

Les papiers de Peiresc ont été cités fort souvent dans le cours des débats qui ont donné naissance à notre écrit. Il est bon, ce semble, de résumer en quelques pages ce qu'a été, ce qu'est encore aujourd'hui cette riche collection d'un homme illustre dont le maître de Poquelin de Molière, Pierre Gassendi, a écrit la vie en un volume latin, et qui a donné lieu au *Panglossia*, recueil polyglotte formé des éloges écrits sur sa personne, dans le goût de *la Puce de madame Desroches*.

La Bibliothèque nationale de Paris n'en possède que dix volumes, qui sont le fruit, non d'une acquisition, mais d'un dépôt non réclamé. Indépendamment de ces volumes de lettres écrites par divers à Peiresc, la Bibliothèque compte encore sur ses rayons plusieurs écrits de la main de ce savant, ou touchant sa personne et sa famille. Ainsi : 1° une lettre de sa main au conseiller Cattel, de Toulouse (n° 275 du supplément français, fol. 21); 2° des Mélanges, souvent autographes, d'antiquités, de mathématiques, sur les poids et mesures, sur les monnaies, avec de nombreux dessins (n°s 942-945); 3° Généalogie de la maison *Fabri de Peiresc*, non autographe (n° 156); 4° Extrait des registres du parlement de Provence, sur la personne et la famille de Peiresc, d'une autre main que celle du conseiller (n° 622, Fonds de Saint-Germain); 5° un volume d'Inventaire *après décès* de ses collections, tableaux, antiquités, dessins, etc. (n° 946, supplément français) (1).

(1) Le répertoire de la Bibliothèque indique une lettre de Peiresc au chancelier Séguier, n° 52 de la correspondance de ce chancelier (n° 709, tome VIII). Or, le volume ne contient aucune

Nous n'avons à nous occuper que des dix volumes de lettres autographes écrites à Peiresc par divers, tels que Galilée, Campanella, Malherbe, Duchesne, Dupuy, Naudé, Nostradame, fils du grand astrologue Nostradamus; Suarès, Saumaise, Gassendi, Lucas Holstenius, et autres célébrités du temps. Mais des lettres originales de tous ces mêmes personnages, sauf Malherbe, se retrouvent, éparses, dans cent et cent autres volumes des correspondances de Peiresc disséminés en Europe. La bibliothèque de la patrie de Fléchier, Carpentras, en possède *quatre-vingt-six volumes*, près de neuf fois autant que la bibliothèque de Paris. Le savant Séguier de Nimes en possédait plusieurs d'originaux qu'il a légués à la ville, et qui y forment les portefeuilles XII et XIII des collections. Il s'en trouve parmi les manuscrits du Vatican et des bibliothèques Barberine et Albani. L'abbé Marini, bibliothécaire du Vatican, possédait personnellement un volume de la correspondance de Peiresc avec Jean Selden. Le garde de la Barberine, Compagnoni, évêque d'Osimo, écrivait, il y a plus de cent ans, au prélat Vignoni, évêque de Carpentras, que, pendant qu'il était à la tête de la bibliothèque, il avait réuni en deux volumes des lettres de divers savants à Peiresc. Ce recueil lui appartenait en propre. Un avocat au parlement d'Aix, nommé Sibon, en avait de la main de Peiresc, ou écrites sous sa dictée par ses secrétaires, dix volumes, au temps de Louis XIV. Lord Buchan en possédait également plusieurs volumes *de* et *à* ce savant. Le comte de Trimond en céda quatre volumes au président de Saint-Vincens, son ami. Nombre d'autres étaient conservés dans les cabinets de différents curieux, sans compter tous ceux qui sont ignorés, sans compter non plus, bien entendu, ceux qui furent détruits par la sottise d'une nièce de Peiresc, laquelle en allumait son feu ou s'en faisait des papillotes, et en détruisit de la sorte environ quatre-vingts volumes (voir le *Menagiana*). Montfaucon, dans sa *Bibliotheca bibliothecarum manuscriptorum*, t. II, p. 1183 et suivantes, donne une liste des lettres à Peiresc qui se retrouve un peu moins complète en double manuscrit au *Fonds Saint-Magloire* de la Bibliothèque nationale, et imprimée à la suite de l'édition de 1655 de la *Vie de Peiresc* par Gassendi. De ces manuscrits, les uns ont été vendus par le baron de Rians, neveu et héritier de Peiresc, en partie à Begon, intendant de Rochefort; d'autres ont passé à Gaufridy, avocat-général au parlement d'Aix, et se sont successivement disséminés en des mains diverses. Il serait trop long de relever ici par le menu le catalogue de ces manuscrits qu'on peut lire, pour ce qui concerne M. de Rians, dans Montfaucon et dans la *Bibliothèque des auteurs de France* du Père Lelong. Mais il faut citer le curieux qui en possédait le plus.

Ce curieux était le fameux président au parlement d'Aix, Louis Thomassin de Mazaugues, qui avait épousé une nièce de Peiresc. Sa collection se composait de plus de dix mille lettres adressées à ce « procureur général de la littérature. » Le président était mort victime de son amour pour l'étude. Le comte de Frimond, neveu de son fils Joseph-Louis, dernier des Mazaugues, avait mis en vente, en 1745, le cabinet du défunt. Dom Malachie d'Inguimbert, évêque de Carpentras, connaissant le prix de ce cabinet pour l'avoir visité dans sa jeunesse, conçut l'idée d'enlever cette riche dépouille à la ville

lettre de Peiresc, *il n'y manque aucun n°*, et à la place qui est indiquée est une lettre du président Bertier de Montrault. Que le volume ait été prêté, on pourra s'appuyer sur le témoignage inexact du Répertoire pour en faire contre l'emprunteur un chef d'accusation.

d'Aix. Il part sans bruit, pour gagner de vitesse le parlement d'Aix qui méditait l'acquisition, tombe inattendu chez l'héritier, achète, paie comptant le prix convenu de 40,000 livres, fait charger sur-le-champ imprimés et manuscrits sur douze charrettes attelées en poste, et les expédie sans désemparer pour Carpentras, qui faisait partie du comtat d'Avignon, enclave pontificale sur les terres de France. Le bruit en vient au parlement, qui fait courir après les charrettes. Il n'était plus temps : la conquête, composée de 25,000 volumes, avait franchi la Durance et était en sûreté dans le Comtat. Telle est l'histoire des quatre-vingt-six volumes des manuscrits de Peiresc que possède la ville de Carpentras et qui sont généralement en bon état, si l'on en excepte deux ou trois auxquels il manquait, en 1790, quelques feuillets. L'abbé Fabre de Saint-Véran, neveu de dom Malachie, et premier garde de la bibliothèque de Carpentras, fondée par l'évêque, a donné la liste de ces manuscrits sous le titre de *Histoire de l'origine et des progrès de la bibliothèque publique fondée a Carpentras par dom Malachie d'Inguimbert, avec le détail des livres rares qu'elle renferme et des manuscrits les plus précieux*. Cette liste démontre combien la dissémination des papiers de Peiresc avait empêché que les lettres d'un même personnage y fussent réunies systématiquement en séries spéciales. En effet, là se retrouvent des lettres de Galilée, de De Thou, de Saumaise en grand nombre et fort belles, de Holstenius, Gassendi, Mersenne, Gabriel Naudé et Suarès à Peiresc, et de cent autres dont les dix volumes de la Bibliothèque nationale ne renferment que des échantillons. M. Ch. Giraud, de l'Institut, l'un des meilleurs esprits et des plus fortement savants de ce temps-ci, aujourd'hui ministre de l'Instruction publique, a donné, à la suite d'une remarquable *Notice sur la Vie de Fabrot*, doyen des professeurs en droit de l'Université d'Aix, l'ami de Peiresc, et fou de livres (p. 205-209), un catalogue des pièces qui composent quatorze volumes de papiers de Peiresc possédés par la ville d'Aix. Ce catalogue témoigne de la même dissémination. On n'y trouve, il est vrai, que des copies mêlées de fort peu de lettres originales. « Le tout, dit M. Giraud (p. 18, note 3), provient du cabinet de M. de Saint-Vincens; les originaux sont à la *bibliothèque de Carpentras*. » C'est par erreur que quelques curieux qui ont vu trop vite ont cru que ces copies avaient été prises sur les manuscrits de Paris. Eh bien ! ce sont des papiers de Peiresc, et cependant on y trouve des lettres de Gabriel Naudé *à Dupuy*, de Muret, Pithou, Reboul, Reneaulme, Saumaise *au même Dupuy;* de Rigault à de Thou, de Silla Purgius à Pierre Pithou : tous personnages dont la Bibliothèque nationale possède des autographes dans ses collections de Peiresc et de Dupuy, mais dont, on le voit, elle ne saurait s'attribuer le monopole exclusif.

Une observation curieuse qui rentre dans l'un des détails de l'affaire du Montaigne, et que je demande la permission de consigner ici en terminant sur les lettres de Peiresc, est celle que fournit la lecture du catalogue des manuscrits de ce savant vendus par le baron de Rians : je veux dire le retour du titre banal de *Lettres françaises*, *Lettres latines*, etc., dont je parlais page 80. Ainsi, l'on y trouve :

LETTRES FRANÇAISES DE DIVERS GRANDS PERSONNAGES. Sauf le dernier mot, c'est tout juste le titre du volume d'où l'on prétend que mon Montaigne aurait été arraché dans la collection Dupuy de la Bibliothèque nationale.

LETTRES FRANÇAISES MÊLÉES.

EPISTOLÆ CLARORUM VIRORUM ERUDITÆ.

LETTRES ITALIENNES. (Voir Montfaucon.)

Sur les manuscrits de Peiresc, on peut consulter, comme nous l'avons dit, Bernard de Montfaucon et le père Lelong; puis le *Menagiana*, édition donnée par Lamonnoye en 1720, p. 1-3;

— Le *Journal des Savants*, du 18 juin 1694;

— Jacob Spon, *Voyages*, tome Ier, au commencement;

— Les *Manuscrits de Calvet*, à Avignon, tome VI, p. 270;

— Max. Pazzis, *Mémoire statistique sur le département de Vaucluse* (Carpentras, 1808, in-4°);

— Gust. Haenel, *Catalogi librorum MSS. qui in bibliothecis Galliæ, Helvetiæ, Belgii, etc., asservantur* (Lipsiæ, 1830, in-4°);

— Bouche, *Essai sur l'histoire de Provence*, p. 366-397;

— Millin, *Voyage dans les départements du midi de la France*, tome IV, pages 106-112, 269-272. Millin avait connu personnellement Fabre de Saint-Véran;

— Le *Magasin encyclopédique*, année 1797;

— Barjavel, *Dictionnaire historique et bibliographique du département de Vaucluse*, articles *Fabri de Peiresc*, *Malachie d'Inguimbert* et *Fabre de Saint-Véran* (Carpentras, 1841);

— *Biographie inédite d'Inguimbert*, par l'abbé de Saint-Véran, à la bibliothèque de Carpentras.

On peut consulter aussi sur Peiresc et Inguimbert le tome Ier du supplément du *Dictionnaire* de Moreri pour servir à l'édition de 1732 et imprimé en 1735, article *Buonselazzo*; le *Dictionnaire* de d'Expilly, au mot *Carpentras*; le *Dictionnaire* d'Achard, et les articles *Peiresc* et *Inguimbert* dans la *Biographie universelle*.

X.

NOTE COMPLÉMENTAIRE SUR LA DATE RÉELLE DE LA LETTRE EN LITIGE.

J'avais, page 4, émis l'opinion que ma lettre de Montaigne, datée seulement du 23 avril, était de l'année 1584. M. le docteur Payen, d'après Dom de Vienne (*Histoire de Bordeaux*) et Nicolas Rigault (*Vita Petri Puteani*), avait cru pouvoir, de son côté, reporter la lettre à 1583. De nouvelles recherches faites par le docteur, depuis l'impression de mes défenses, lui ont fourni la preuve la plus irrécusable de l'exactitude de mes conjectures. Voici en substance ce que je trouve sur ce point dans une nouvelle brochure de M. Payen qui est intitulée : *Nouveaux documents inédits ou peu connus sur Montaigne, recueillis et publiés par le docteur J.-F. Payen. Paris*, *P. Jannet*, 1850, *in*-8°.

La chambre temporaire de justice nommée en suite des articles de pacification signés à Fleix, et envoyée en Guyenne pour remplacer la chambre mi-partie de cette province, se composait, comme je l'ai dit, de quatorze conseillers sous la présidence de Pierre Séguier. Elle avait en outre un vice-président, avec un procureur général, qui était Pierre Pithou, et un avocat-général, qui était Antoine Loysel. Rigault le dit. Indépendamment de Claude Dupuy, à qui ma lettre est adressée, et de J.-A. de Thou, son parent, on comptait parmi les conseillers : L'Hospital, Thumery, Coqueley. Rigault le dit aussi. Or, comme ce fut Loysel qui prononça les remontrances à l'ouverture et à la clôture des assises, et qu'il a réuni huit de ces harangues dans son livre intitulé *La Guyenne*, on connaît par ces documents la durée exacte, sinon du séjour des commissaires dans chaque ville, du moins des sessions de la commission. On sait donc qu'arrivée à Bordeaux en mars 1581, cette dernière n'y ouvrit ses assises que le 26 janvier 1582, et qu'elle siégea dans cette ville jusqu'au 28 août de la même année. Elle fonctionna ensuite à Agen, du 11 octobre 1582 au 26 mai 1583, puis à Périgueux, du lundi 4 juillet 1583 au mardi 10 janvier 1584; enfin à Saintes, du lundi 20 février 1584 au 8 juin suivant, époque où, ne pouvant plus depuis longtemps rendre la justice qu'au milieu des troubles, à cause de la Ligue, elle fut révoquée.

Ma lettre de Montaigne à Dupuy est donc bien de 1581. Je me plais à remercier de ces preuves authentiques la sagacité de M. le docteur Payen.

TRIBUNAL CIVIL.

PREMIÈRE CHAMBRE.

AFFAIRE

DE LA REVENDICATION D'UNE LETTRE DE MONTAIGNE.

NOTE ESSENTIELLE

POUR

M. FEUILLET DE CONCHES,

DÉFENDEUR.

La passion excessive apportée par les adversaires de M. Feuillet de Conches dans le procès qui lui est intenté en revendication d'une lettre autographe de Michel de *Montaigne* a été évidente pour tout esprit sans prévention. Les attaques sont devenues tellement violentes et étrangères au procès civil; la colère a emporté si loin qu'on a cessé d'être habile, et qu'après avoir sciemment fait circuler dans le public des accusations mensongères pouvant porter atteinte à la considération de M. Feuillet et faire suspecter sa probité, on n'a pas craint de venir répéter devant la Justice quelques-unes de ces infamies qu'un mot seul d'explication va détruire et faire retomber de tout leur poids sur ceux qui ont eu le triste courage de les articuler. Nous n'en voulons pour exemple que :

1° L'allégation relative aux autographes vendus en 1847 pour le compte de Châteaugiron, ainsi qu'il résulte de l'instruction anonyme suivie à ce sujet, et dont on a cependant attribué, d'une façon si gratuitement calomnieuse, le détournement et la vente à M. Feuillet lui-même;

2° L'odieuse et perfide insinuation touchant l'enlèvement du Malherbe, alors qu'il était de notoriété publique pour tous les employés de la Bibliothèque nationale que la pièce avait été coupée en pleine salle publique de lecture par un inconnu dans la *première quinzaine* de *novembre* 1838, par conséquent avant le *dix-sept* de ce même mois, jour où, pour la préparation d'une édition nouvelle des lettres du poëte, le volume mutilé était confié à M. Feuillet jusqu'au 26 du même mois de novembre, sous l'autorité du Conservateur, par M. Paulin-Pâris, l'auteur même de la note inscrite au volume pour constater l'enlèvement; — quand l'autographe dérobé est rentré en novembre 1848, par le fait même des diligences de M. Feuillet auprès du possesseur de la lettre, M. Genty de Bussy, ancien député et conseiller d'État, qui l'avait achetée de bonne foi, après qu'elle eut passé par plusieurs mains. (Voir les preuves dans les lettres de M. Paulin-Pâris, de l'Institut, sous-conservateur à la Bibliothèque nationale; de M. Genty de Bussy, de M. Laverdet, de Me Devin, avoué, remises à M. le président de Belleyme.)

PREMIÈRE PARTIE.

PRÉSOMPTIONS.

Doutes de la Bibliothèque énoncés à l'audience à propos de la remise de la lettre de Montaigne aux directeur et conservateurs de la Bibliothèque en 1837.

C'est un piége tendu à la religion des Juges, mais il est grossier, et le doute vient bien tard, car les adversaires eux-mêmes, dans le *Mémoire en minute*, envoyé sous le seing de M. Naudet à M. Feuillet, et remis par ce dernier à M. le Substitut, a reconnu formellement le fait de la remise de la pièce par M. Feuillet en 1837, fait qui du reste est de notoriété à la Bibliothèque et qu'atteste encore notre ennemi lui-même, l'auteur du procès, M. Jubinal, qui était présent à la remise. (Voir le *Bulletin de Paris* du 19 janvier-février 1851 signé *Achille Jubinal,* et dont un exemplaire a été remis à M. le président de Belleyme.)

De plus, dans ce même Mémoire, la Bibliothèque reconnaît solennellement l'entière bonne foi de M. Feuillet contre lequel, par un étrange contraste, elle vient aujourd'hui accumuler les accusations les plus graves.

Unanimité du Conservatoire pour les poursuites.

La Bibliothèque prétend que la délibération du Conservatoire autorisant la revendication du Montaigne a été prise à l'unanimité et signée par M. Duchesne, conservateur des Estampes; de là elle tire la conséquence qu'il est en opposition avec lui-même et que la lettre qu'il a écrite à M. Feuillet n'est qu'un acte de complaisance inspiré par l'amitié. — Et d'abord les délibérations du Conservatoire ne sont jamais signées; puis, de ce que tous les membres auraient signé, il ne s'ensuivrait pas que tous fussent d'avis d'intenter le procès. Est-il besoin de dire que là comme dans une chambre du conseil, comme à la cour d'assises, dans une commission, dans un conseil général ou municipal, la majorité fait loi, et que la minorité signe l'ordonnance ou la délibération, alors même qu'elle serait contraire à son opinion? Mais, sans examiner s'il n'y a pas eu, à ce moment, contradiction et même une protestation à laquelle nous pourrions ajouter un nom propre, nous dirons que la question n'aurait pu être discutée au fond, puisque nul catalogue, nulle pièce à l'appui n'avait été apportée au Conservatoire. On s'est borné à entendre la lecture du rapport du conservateur des Manuscrits, rien de plus.

Or, le rapport lu par M. Hauréau (le même dont copie en minute est en ce moment aux mains de M. le substitut de la république) était de nature à égarer la conscience du Conservatoire, quelles que fussent les données antérieures de tel ou tel membre, puisqu'il fondait la réclamation sur ce double fait annoncé comme prouvé, à savoir : 1° que Gouget avait dit la pièce sortie DU FONDS DE DUPUY, fait reconnu plus tard inexact; 2° que les catalogues énonçaient une lettre de MONTAIGNE A CLAUDE DUPUY, ce qui était FAUX.

Le témoignage de M. Duchesne, dans sa lettre, conserve donc toute son autorité, et il a pu, sans se contredire, rapporter le témoignage si net et si accablant de l'abbé Lespine.

Il est vrai que la Bibliothèque présente M. Duchesne comme l'ami de M. Feuillet. Celui-ci s'honorerait de cette amitié si elle existait; mais il n'a eu avec le respectable conservateur des Estampes que des relations polies de public à conservateur, et jamais intimes. Il fallait donc tout l'empire de la vérité pour déterminer M. Duchesne à s'exposer ainsi en contradiction avec un supérieur et des collègues aussi vindicatifs et aussi dangereux que le sont les adversaires de M. Feuillet.

Au surplus, cet argument banal, si commode, d'une complaisance coupable, produit contre M. Duchesne, homme honorable s'il en fut, la Bibliothèque ne s'en est pas fait faute contre M. le docteur Payen, contre M. Delarue, estimés de tous, et, sans doute, n'en fera-t-elle pas grâce à MM. Paulin-Pàris, Laverdet et Genty de Bussy, au sujet du *Malherbe* dont leurs lettres ont rétabli la véritable histoire, si scandaleusement et calomnieusement altérée par M. Naudet, inspiré par M. Hauréau.

M. Payen mis en contradiction avec lui-même.

Ici encore on veut donner le change au Tribunal, et faire passer M. le docteur Payen pour un ami complaisant de M. Feuillet, au profit duquel il viendrait faire un mensonge. M. Feuillet n'a jamais eu avec ce savant d'autres relations qu'à propos de la question bibliographique et paléographique du Montaigne. M. Payen, dit-on, a écrit, en 1837, une brochure sur Montaigne, dans laquelle il est loin de dire tout ce qu'il a révélé, depuis, dans un écrit postérieur à la publication de M. Jubinal. Dans la brochure, a-t-on ajouté, M. Payen avait reconnu l'existence de la lettre de Montaigne à la Bibliothèque.

Mais d'abord, quel est donc pour MM. Naudet et Hauréau cet indispensable besoin de mettre en suspicion la bonne foi et l'honnêteté de tout le monde? Tout à l'heure, c'était un vieillard respectable, que quatre-vingts ans d'une vie irréprochable, utile, entourée du respect de tous, n'ont pu mettre à l'abri de leurs calomnies, car rien n'est sacré pour eux; — maintenant, c'est le docteur Payen qui est en butte à leurs défiances. M. Payen, membre de la Société de Médecine, homme aussi honoré parmi ses confrères pour son caractère et ses talents, que considéré parmi les érudits pour son savoir bibliographique.

Mais examinons la prétendue contradiction entre les brochures.

Il suffit de les lire pour se convaincre qu'elles sont en parfait accord. Dans la première, les détails de la seconde eussent été oiseux et inexplicables, et M. Payen n'a été naturellement amené à en parler plus tard que pour rectifier les propos complétement inexacts que M. Jubinal lui avait attribués dans son factum.

En effet, dans son premier écrit, M. Payen n'a pas dit ce que Me Marie lui fait dire ; il s'est borné à donner son avis sur la réalité et l'authenticité de la pièce; mais cela sans la moindre indication touchant un fonds d'où elle aurait été tirée, ni sur la manière dont le calque avait été fait : — par la raison bien simple que cela n'était point la question alors, et qu'il lui suffisait, pour sa notice sur Montaigne, d'être convaincu de l'existence de la pièce, où qu'elle fût.

M. Payen s'en serait probablement tenu à son premier écrit, sans le récit dramatique et quelque peu imaginaire dans lequel M. Jubinal le faisait parler en 1850, lui faisant dire entre autres choses inexactes que Gouget avait affirmé que la lettre avait été empruntée *au fonds Dupuy*. C'est pour répondre à ce récit que M. Payen rédigea, le 19 avril de l'année dernière, quelques jours après l'ouverture du procès civil qui s'annonçait alors si amiablement, tout procès que ce fût, — le contre-récit dans lequel Gouget a été constitué en flagrant délit d'inexactitude, non volontaire, hâtons-nous de le dire, car, depuis 1831, l'esprit affaibli de ce personnage marchait vers une complète décadence, dont les tribunaux ont eu le triste spectacle. Il est évident que Gouget n'avait nul intérêt à mentir; mais mentir et se tromper sont deux. Il s'était trompé en 1820; il se trompait à plus forte raison en 1837, quand sa mémoire, la première faculté qui s'éteigne, était oblitérée.

Les brochures de M. Payen et son récit manuscrit sont joints aux pièces.

Lettre de M. Delarue détruisant le témoignage de Gouget.

Le témoignage de Gouget n'existe donc plus. « Il a calqué *lui-même.* » Et voilà qu'un lithographe de *fac-simile*, qui reproduit des autographes depuis sa première jeunesse, *M. Delarue,* qui a exécuté tous les *fac-simile* de la *Galerie française*, affirme qu'il a tracé particulièrement celui dont Gouget s'est attribué l'exécution, ce qu'il prouve dans sa lettre (voir page 127 du Mémoire imprimé de M. Feuillet) par les quelques mots de son écriture cursive personnelle, tracés au bas du *fac-simile* trentenaire; lesquels mots on ne peut dire avoir été mis là pour la cause.

Cependant Gouget aurait calqué dans une salle..... *qui n'existait pas;* il aurait reçu le volume où se serait trouvée la pièce, des mains d'un homme qui, peu d'années après, a déclaré à un de ses collègues, M. Duchesne, qu'il n'avait *jamais trouvé de lettre de Montaigne à la Bibliothèque* alors *royale.*

Certitude que la lettre de Montaigne n'a pas été reliée et a été calquée à plat sur une feuille détachée.

Ce n'est pas tout ce que rapporte M. Delarue. Le Tribunal n'a pas oublié que, s'il a calqué un grand nombre de pièces à la Bibliothèque, il en a calqué aussi chez plusieurs académiciens, notamment chez MM. de Monmerqué, *Lémontey*, Campenon, Auger et autres. Le Tribunal ne se souviendra pas moins que l'autographe revu par M. Delarue, qui s'y connaît comme *expert,* lui a paru n'avoir jamais été cousu, et que le *fac-simile* a eu pour lui, ce sont ses expressions, toute l'*apparence d'un travail fait à plat sur une pièce isolée. Ceux qui sont pris,* ajoute-t-il, *dans des collections reliées, présentent des imperfections du côté du dos qui ne sont pas sur celui-ci. Ces imperfections provenaient de difficultés qu'il éprouvait à calquer de ce côté, à raison du bombement produit par l'ouverture du volume, qui permettait bien de tout lire, mais non de tout fac-similer convenablement.* C'est désormais un argument à écarter de la cause. Que reste-t-il? Le témoignage des catalogues Examinons.

Les catalogues.

L'un de ces catalogues, au lieu de dire Montaigne, dit *Montagu*, l'autre dit *Montagne.* Le nom de Montagu est un nom illustre; il y a, entre autres, un Montagu, surintendant des finances sous Charles VI, et qui a eu la tête tranchée : personnage important dont on peut, dont on doit avoir des lettres à la Bibliothèque.

L'autre catalogue dit *Montagne:* mais Montagu ou Montagne, ce n'est point Montaigne. Si on lit Montagne, pourquoi ne serait-ce pas Montagne, contemporain de Montaigne et auteur connu? Veut-on que ce soit Montaigne? Alors pourquoi ne serait-ce pas Guillaume Montaigne, autre auteur encore contemporain de Michel. Car enfin est-ce que les catalogues disent Michel de Montagu, Michel de Montagne? Si on concède que ce qui est si peu Michel de Montaigne veuille dire ce nom et ce prénom, pourquoi s'en prendre à ma Lettre plutôt qu'à une autre? Vous cherchez une lettre de l'auteur des *Essais;* mais pourquoi s'en prendre à la mienne? Vous avez un original, vous avez deux originaux de lui dans cette même collection Dupuy, et dont vos catalogues ne font pas la moindre mention à la lettre de laquelle vous puissiez aider complaisamment, comme dans l'espèce, en faisant Michel de Montaigne, de Montagne et de Montagu. C'est là un point important. Voyons, dites-nous donc comment vous expliquez l'existence de ces deux lettres dans deux volumes distincts de la collection Dupuy; par une erreur des catalogues sans doute. Alors vous ferez-vous un titre inexpugnable de catalogues qui ne disent pas ce qui est, et seraient censés dire ce qu'ils ne disent pas? Vous aviez trompé la religion du Conservatoire et celle du Ministre, quand, pour obtenir leur assentiment aux poursuites, vous avez déclaré, sur le prétendu témoignage de Gouget, que la lettre était tirée du fonds Dupuy, mais *c'est faux*. La note de la *Galerie française* et la déclaration de M. Payen le prouvent. Gouget avait dit qu'elle est adressée à Dupuy, voilà tout, ce qui est fort différent.

Il y a des lettres à Dupuy ailleurs que dans les papiers Dupuy. — Exemple.

Mais, dites-vous, dès qu'elle était adressée à Dupuy, il était tout simple qu'elle fût tirée des papiers Dupuy. Erreur, car il y a partout des lettres aux trois Dupuy. Il y en a à Carpentras la valeur de volumes. Le catalogue des quatorze volumes de manuscrits de Peiresc existant à la bibliothèque d'Aix, catalogue publié par M. Giraud, de l'Institut, ministre actuel de l'Instruction publique, à la suite de sa notice sur le jurisconsulte provençal Fabrot, le prouve. Depuis les plaidoiries, vous avez objecté, pour infirmer ce puissant argument, que ces quatorze volumes ne sont que des copies et des copies des manuscrits de la Bibliothèque de Paris. Des copies, on le sait bien, et M. Feuillet n'a pas dit le contraire; mais des copies des *papiers de Paris*, cela est faux. Si vous ne nous croyez pas sur parole, ouvrez, à la page 48, l'ouvrage du Ministre, et vous lirez, note 2, *le tout provient du cabinet de M. de Saint-Vincens; les originaux sont à la bibliothèque de Carpentras*. Or, si vous avez dix volumes de la correspondance de Peiresc, Carpentras en a quatre-vingt-six, ce qui lui donne de la latitude pour posséder un peu de tout. Aussi voit-on aux volumes : *Lettres de Gabriel Naudé à Dupuy*, Muret *à Dupuy*, Pithou *à Dupuy*, Reneaulme et Saumaise *à Dupuy*, etc. (Voir page 154 du Mémoire imprimé de M. Feuillet.)

Coïncidence entre la provenance du Montaigne et du Pasquier.

Reste la coïncidence entre la provenance du Montaigne et celle d'une lettre de Pasquier à Picardet, suivant l'énonciation de Gouget dans la *Galerie française*. Les adversaires de M. Feuillet en tirent argument, tandis que ce fait dépose pour ce dernier et sert à établir l'origine du Montaigne. Le procureur-général au parlement de Bourgogne, Picardet, était ancêtre maternel de Lémontey, qui avait deux portefeuilles d'autographes, qui a donné le Montaigne à M. Feuillet, et à qui restaient quelques papiers Picardet. La lettre de Pasquier était du nombre de ces papiers de famille. Mais, objectera-t-on, la même coïncidence existe dans les mentions du catalogue (en admettant que les désignations si différentes de Montaigne (Montagu et Montagne) veuillent dire Michel de Montaigne). Qu'y a-t-il de surprenant qu'il se trouve là l'indication d'une lettre de Pasquier? Ce sont tous contemporains célèbres réunis en faisceau. Ce qui eût été étonnant, c'est que Pasquier n'y fût pas, d'autant qu'il n'est point rare, et que plusieurs autres volumes de cette même collection Dupuy en contiennent en nombre. Le fait est qu'à cet endroit du volume 712, volume que la Bibliothèque, dans son mémoire en minute, *déclare être resté parfaitement intact de* 1828 *à* 1831 jusqu'à l'année dernière, il manque un cahier entier qui a été enlevé ou plutôt transposé avant la première ou la seconde reliure.

Le pâté d'encre. — Le fac-simile arraché.

Reste encore un certain pâté d'encre et l'arrachement, dans l'exemplaire de la *Galerie française* de la Bibliothèque, du *fac-simile* de Montaigne exécuté par M. Delarue.

Pour le *fac-simile* on a insinué (car quelles insinuations ne s'est-on pas permises?) que ce pourrait bien être M. Feuillet qui l'eût enlevé. Il n'y a pas même apparence à cette absurdité, car le *fac-simile* de Delarue était un des moyens du défendeur, puisque l'inscription de l'écriture naturelle de cet habile lithographe au bas du *fac-simile* de Montaigne donnait un formel démenti au témoignage de Gougel. A supposer d'ailleurs que M. Feuillet eût intérêt à lacérer l'exemplaire de la *Galerie française*, ce qui répugne au bon sens, au moins faut-il admettre qu'il eût eu le soin de faire disparaître la trace de la lacération; la maladresse avec laquelle la feuille a été arrachée n'aurait pu servir qu'à attirer l'attention et à dénoncer le détournement dont on l'accuse. Et puis, quand aurait-il commis cette lacération? Est-ce avant 1837? Mais alors eût-il été, par l'offre spontanée de sa pièce, appeler lui-même l'attention sur la *Galerie française* et sur la note de Gouget? Est-ce depuis 1837? Mais alors dans quel intérêt, puisque tout le monde, par cette même offre, connaissait l'existence de la lettre et savait qu'elle était entre ses mains?

Quant au large pâté d'un des catalogues, l'artifice n'eût été ni moins grossier ni moins bête, d'autant que le pâté désignait plutôt qu'il ne cachait le nom qu'il recouvre. M. Feuillet n'accuse personne et trouve là un mystère sur lequel il aime mieux ne pas s'appesantir. Pour que ce pâté vînt du côté de M. Feuillet, il faudrait que ledit pâté eût trente ans ou du moins vingt. Or, il est *tout récent*. On n'a pu le vieillir, ce qui est regrettable pour nos adversaires. M. Feuillet le répète: il n'accuse personne, mais le déchaînement de violence dont il a été l'objet, à l'audience, de la part des chefs de la Bibliothèque, prouve assez jusqu'à quels excès a pu se porter le zèle malhonnête et maladroit des subalternes.

SECONDE PARTIE.

PREUVES MATÉRIELLES.

Mais laissons là ce combat d'inductions où, certes, l'avantage ne reste pas aux adversaires, et plaçons-nous sur un terrain bien autrement solide, où leur défaite est inévitable.

S'il est un principe non contesté en matière judiciaire, c'est que les preuves morales, c'est-à-dire les présomptions nombreuses, si puissantes soient-elles, doivent céder devant la preuve matérielle. C'est à cette occasion qu'on a dit avec grande raison que rien n'était brutal comme un fait. En effet, que peuvent contre un fait l'expression d'une conviction plus ou moins sincère, le témoignage d'un souvenir plus ou moins fidèle, l'ensemble de rapprochements plus ou moins perfides ou exacts, et d'appréciations plus ou moins justes? Que le Tribunal ne perde pas de vue un instant ce point capital, unique, du procès, qu'il s'agit d'une lettre autographe de Montaigne dont la Bibliothèque doit prouver qu'elle a eu la propriété à une époque quelconque. Or, non-seulement la Bibliothèque n'établit pas cette propriété, mais M. Feuillet de Conches, sans se prévaloir de la prescription trentenaire, va au-delà de son rôle de défendeur qui le dispenserait de rien prouver, et démontre aussi clair que le jour, par des signes matériels et saisissants, *que jamais le Montaigne n'a pu appartenir à la Bibliothèque.*

Si le Montaigne a appartenu à la Bibliothèque, il faut qu'il ait été relié; il ne l'a pas été.

Si la lettre en question a été la propriété de la Bibliothèque, elle *a été reliée* dans un des volumes autrefois cartonnés de la collection Dupuy, car pas une des pièces de cette collection n'était à l'état de feuille volante. C'est d'ailleurs un point non-seulement concédé, mais soutenu avec grande insistance par les adversaires pour appuyer cette odieuse et indirecte accusation d'arrachement adressée à M. Feuillet dans le plaidoyer de Me Marie, encore une fois si peu d'accord avec le ton du Mémoire en minute de la Bibliothèque, où la bonne foi de M. Feuillet est proclamée presque à chaque ligne.

Or, de quelque façon qu'une feuille double reliée sorte du sein d'un livre, elle portera toujours avec elle le témoignage de son ancien état, qu'elle fût cousue ou collée sur onglet. Laissons ce dernier mode, nous y reviendrons en terminant.

Quant à l'autre mode, et c'est l'hypothèse adoptée par nos adversaires, la pièce qui aura été cousue dans le fond d'un énorme volume *à dos non brisé* comme l'était la reliure à couverture de papier de cette époque, sera inévitablement percée dans le pli vertical du milieu, de trous très-sensibles et d'autant plus faciles à découvrir qu'elle aurait été arrachée de sa place, et cela sans préjudice des déchirures de trou à trou, dans ce dernier cas, à cause des fils de la reliure. Qu'on essaie d'arracher d'un livre relié quelconque une feuille, on jugera de l'état de lacération où sera la feuille arrachée, telle précaution que l'on prenne. Si le volume est épais, si le dos est bombé, on ne pourra atteindre dans le fond sans briser complétement le dos, ou bien on laissera une portion considérable de la pièce, et cet inévitable débris sera un témoin du dol, une sorte de souche qui déposera contre le voleur en s'adaptant à la feuille arrachée. Dans l'hypothèse la plus favorable au voleur, il enlèvera la pièce retenue par les fils et par la colle; mais la pièce séparée en deux, comment en rassembler les deux tronçons? Examinons.

Preuves.

M. Feuillet pourrait objecter d'abord que la Bibliothèque n'articule même pas que, lors de la substitution, en 1831, de la reliure en peau à l'ancienne reliure en papier marbré, le relieur qu'une lacune aurait dû frapper, car une lacune laisse un vide quand elle ne laisserait pas une lacération, ait révélé l'absence d'aucune pièce. Non, ce serait encore une présomption, et M. Feuillet ne veut plus combattre qu'avec des preuves matérielles. Venons donc à ces preuves : Que messieurs les membres du Tribunal veuillent bien prendre la peine d'appliquer au grand jour, sur un carreau, la pièce contestée; ils reconnaîtront au premier coup d'œil qu'elle ne porte aucune trace de l'aiguille du relieur. Les ouvertures imperceptibles qu'elle présente en divers endroits et dans le dos sont manifestement l'effet naturel de ses plis, de l'usure produite par le temps depuis près de trois cents ans, et surtout, il faut le dire, par les épreuves fréquentes et peu ménagées du procès actuel, soit à l'audience, soit ailleurs.

Encore quelques examens, et la pièce sera en deux morceaux.

La cause de M. Feuillet devrait donc être gagnée sur ce seul examen, qui suffit à démontrer sans réplique que la pièce n'ayant pas été reliée, n'a jamais appartenu à la Bibliothèque.

Suite des preuves. — Lettre de Gabriel Naudé.

Mais MM. Naudet et Hauréau, qui ne sont jamais en reste d'inventions et de suppositions déshonnêtes à la charge de leur adversaire (et en cela M. Feuillet serait-il bien téméraire de répéter ce mot du grand Condé à Gondy, au sujet des commérages de leurs ennemis respectifs : *Ces gens-là nous prêtent les turpitudes dont ils seraient capables*?); MM. Hauréau et Naudet, disons-nous, ont trouvé un ordre d'argumentation à eux pour se débarrasser d'une preuve qui les écrase.

« *C'est vrai,* disent-ils, *les trous du fil de la reliure ne sont pas très-sensibles.* » — Autrement dit, il n'y en a pas. Il faut d'ailleurs qu'il n'y en ait pas, pour donner une apparence de vraisemblance à une nouvelle calomnie de ces messieurs. « *Mais prenez garde,*
« *M. Feuillet, que nous sommes loin d'accuser de vol, est un habile homme. Nul ne possède comme lui le talent de rejoindre*
« *deux feuilles de papier après qu'elles ont été disjointes. Il en a*
« *fait preuve surtout à l'occasion d'un autographe de Gabriel*
« *Naudé, volé à la Bibliothèque, mis depuis en vente par M. Feuillet, et par lui réintégré à la Bibliothèque.* »

Par parenthèse, il y a ici autant de mensonges que de mots. La lettre de Naudé faisait partie de la vente Châteaugiron. M. Feuillet n'a rien raccommodé; M. Feuillet n'a non plus rien restitué, et n'avait rien à restituer. Purs mensonges, encore une fois. (Voir là-dessus p. 104, 139 et 140 de l'écrit publié par M. Feuillet de Conches.) Le Naudé a été rhabillé d'une double feuille et d'une façon assez grossière. Cette double feuille n'est pas de papier semblable. Qui ne sait d'ailleurs que tous les amateurs d'antiquités, de livres, d'autographes, font réparer tant bien que mal sur leurs curiosités « du temps l'irréparable outrage? » Des gens qui font profession d'archéologie ne devraient pas ignorer cela. On met de doubles feuilles à des feuilles simples, non pour tromper les yeux, il n'y aurait pas moyen, mais pour étayer leur faiblesse et leur donner plus d'apparence : cela joue le rôle d'une garde à un livre. Les adversaires de M. Feuillet font donc ici beaucoup de bruit pour rien. Mais encore une fois, ce Naudé, feuille double ou simple, raccommodé ou non raccommodé, n'était point la propriété de M. Feuillet : c'était une des pièces de la vente prouvée de Châteaugiron. Toujours la même calomnie confondue par l'instruction; toujours cette même lettre de Naudé, dont la Bibliothèque est en possession, et que l'instruction reproche à M. Naudet de réclamer, quand il sait qu'il en est nanti; toujours ce même Gabriel Naudé donné par feu M. le président Agier à son ami, le marquis de Châteaugiron!

Les adversaires de M. Feuillet, poursuivant, s'écrient : « *Que le tribunal remarque donc l'inégalité choquante des deux pontuseaux ou vergeures transparentes en hauteur du fond ou pli principal de la lettre de Montaigne, et il comprendra comment M. Feuillet a réussi à faire disparaître les traces indélébiles de reliure que la pièce eût présentées, si elle n'eût pas été ainsi sophistiquée par lui.* »

L'articulation est-elle assez nette? L'infamie est-elle assez doucereusement déversée sur M. Feuillet de Conches par l'organe de ce M. Hauréau, qui se plaint d'être diffamé parce qu'on lui récite quelques phrases de *la Montagne*, ouvrage qu'il a composé à vingt-deux ans, qu'il n'a pas retiré du commerce, et dont il se glorifie encore aujourd'hui, ouvrage publié et dont la critique, par cela même, appartient au public; — et les auditeurs qui ont recueilli ces perfides paroles de Me Marie n'ont-ils pas dû remporter de l'audience la conviction que M. Feuillet (déjà si impudemment accusé de la soustraction du Malherbe et de la vente Châteaugiron) n'était qu'un misérable digne à peine qu'on écoutât sa défense?

M. Feuillet ne craint pas de le confesser, les adversaires s'exprimaient à cet égard avec un tel degré d'assurance, qu'il pouvait un instant concevoir la crainte que quelque ancien possesseur de sa précieuse lettre n'eût pratiqué l'opération annoncée comme un fait certain par MM. Hauréau et Naudet. Un examen sur ce point, dont il ne s'était pas même occupé, l'eut bientôt rassuré.

Preuves de l'intégrité de la lettre de Montaigne.

Mais que va penser le Tribunal lorsque la seule inspection de la pièce lui démontrera que ce n'était là qu'un indigne moyen de diffamation jeté en pâture à la foule et aux journaux, afin de continuer et de centupler l'action des abominables calomnies semées chaque jour contre M. Feuillet par ses adversaires, ou plutôt par ses ennemis jurés, soit dans ce public insaisissable, qui est partout et nulle part, si crédule, que pour lui toute imputation mauvaise équivaut à vérité, — soit dans la presse, soit dans cette instruction *anonyme* qu'ils ont provoquée contre lui, et qui a tourné à leur confusion. Tout cela n'avait d'autre but que d'amener la tirade extraite de l'acte d'accusation de M. Libri, et en assimilant M. Feuillet à une personne frappée par la Justice, de lui infliger une flétrissure publique. L'épreuve en ceci ne sera pas moins victorieuse que pour l'épreuve des trous de la reliure. D'abord à qui persuaderait-on que deux feuilles de papier puissent, après solution de continuité, se fondre, s'abouter et se souder ensemble par contact ou superposition, sans traces visibles, ni plus ni moins que du plomb, de l'étain ou tout autre métal fusible? La supposition, qu'on nous permette de le dire, est tout bonnement absurde. Les plus habiles essais en ce genre n'ont jamais réussi qu'à réparer des avaries de déchirures, mais toujours en laissant apercevoir le travail de restauration. Que si, comme l'a soutenu Mᵉ Marie, on eût diminué de plusieurs millimètres la largeur du papier dans le fond pour opérer un raccommodage par superposition, la lettre, ainsi rétrécie, ne pourrait plus aujourd'hui se refermer carrément. Or, elle se referme avec une parfaite précision dans ses quatre plis séculaires, de sorte qu'on peut faire concorder ensemble les quatre fentes qui servaient à recevoir, suivant l'usage du temps, la languette de papier destinée à la fermeture. En un mot, dans la lettre de Montaigne en question, le papier a toute la largeur voulue, et conserve intacts les rapports entre toutes ses parties. Mais ce n'est pas tout, et M. Feuillet bénit ses ennemis de lui avoir fourni, dans leur rage aveugle, une arme qui va se retourner contre eux, et à laquelle il n'avait certes point pensé dans la sécurité où le laissait vivre la légitimité de sa possession.

Autres preuves de l'intégrité de la lettre de Montaigne.

Si, après avoir constaté l'intégrité évidente de la pièce contestée, messieurs les membres du Tribunal veulent bien prendre de nouveau la peine de la regarder en transparent, ils seront surpris tout d'abord de trouver, en effet, comme l'a annoncé Mr Marie, que les deux lignes verticales du fond sont beaucoup plus rapprochées que celles du surplus de la pièce. Mais qu'ils veuillent bien aussi porter leur attention sur les deux dernières lignes verticales de chacun des bords extérieurs, à gauche et à droite, ils y remarqueront la même inégalité; — de façon qu'il demeurera constant pour eux que c'est une fantaisie de fabricant qui, en plaçant ces inégalités aux deux extrémités et dans le milieu de la feuille, a voulu former autour de chaque feuillet une sorte d'encadrement, et de cette irrégularité même a fait une régularité. Plusieurs autographes contemporains, notamment un autographe d'Amyot, parfaitement identique pour le papier, et que produira M. Feuillet, compléteront la conviction du Tribunal sur ce détail important. Voilà pour la couture. Encore un argument qui n'est plus debout.

Système nouveau des demandeurs. On renonce au système de la coupure de la lettre. On introduit celui de la monture sur onglet.

Mais les adversaires de M. Feuillet, si l'on est bien renseigné, en introduiront un autre *pour la première fois et après coup.* « Vous triomphez, diront-ils, de notre prétention basée sur une reliure avec fil et ficelles; mais que répondrez-vous si nous soutenons que la pièce était peut-être fixée sur onglet, et si nous rendons oiseux votre raisonnement tiré de l'absence de trous de fil, de l'impossibilité du recollage des feuilles et de l'inégalité systématique des lignes du papier: — toutes preuves que nous abandonnons et dont nous sommes forcés de confesser l'absurdité? » — « Oh! en vérité, dira à son tour M. Feuillet, il serait par trop commode, alors qu'on est dans l'obligation de tout prouver jusqu'à l'évidence, de s'attribuer le privilége de ne procéder que sous bénéfice d'inventaire, par incertitudes et par hypothèses se succédant les unes aux autres à mesure qu'elles succombent et qu'on en a fait l'usage qu'on en voulait faire pour la diffamation et la calomnie! Le Tribunal ne saurait oublier, en effet, que dans leur attaque si développée et si riche en détails techniques, à propos de ce prétendu recollage imité des œuvres ténébreuses attribuées au cabinet noir de M. Libri, les adversaires de M. Feuillet n'ont soutenu d'autre thèse que la thèse de la reliure par fil et ficelle, et non par onglet. Le Tribunal ne saurait oublier la perfidie et la passion dont toutes les paroles de leur défenseur étaient empreintes pour mettre en relief ce qu'il appelait les *preuves de la sophistication*. Aujourd'hui que leur système est réduit en poussière, MM. Hauréau et Naudet ne sauraient faire décemment et avec succès volte-face, et recourir à un système incompatible avec le premier, puisqu'il a pour base l'intégrité de la lettre contestée. A quelles fins ce changement de front? C'est pour faire planche pour l'avenir, c'est afin de pouvoir, si cette argumentation à double détente était accueillie, mettre la main sur toutes les pièces jadis reliées ou non reliées; car de tous les documents sortis des archives de famille et qui circulent par le monde autographique, il en est bien peu qui n'aient été ou reliés ou collés sur onglet, et que, dans les deux cas, ils porteraient avec eux, suivant la Bibliothèque, des traces révélatrices de soustraction.

Réfutation du système de collage sur onglet.

Mais, en résumé, le tardif argument croule comme le premier à l'examen du volume 712, d'où l'on prétend que le Montaigne de M. Feuillet aurait été tiré. Il y a des onglets, et encore fort courts, mais seulement pour porter les feuilles *simples*, JAMAIS POUR LES DOUBLES. Pas une seule de ces dernières (et le Montaigne de M. Feuillet est double), *pas une seule* qui ne soit impitoyablement percée et cousue à grand renfort de fil et de colle-forte. Il y a mieux, tout prouve jusqu'à l'évidence qu'il a dû en être de même dans l'ancienne reliure brisée en 1828; car les neuf dixièmes de ces pièces doubles sont soutenues d'un contrefort de papier dans le fond. Montées sur onglet, elles eussent été préservées intactes, tandis que, dès le moment que les fonds ont eu besoin d'être doublés et renforcés, c'est qu'ils avaient été déjà fatigués par l'aiguille et le fil, attendu que les feuilles d'un livre ne subissent pas impunément une double reliure en règle. Il faut le dire, ce volume 712, pour se borner à celui-là, est déshonoré par une reliure fort mauvaise. Des lettres importantes et de grands personnages contribuent comme leurs voisines à former le fond ou endossure du livre, et le relieur les a battues directement et à nu, grattées, éreintées, baignées de colle-forte. M. Delarue, qui a beaucoup travaillé sur les manuscrits de la Bibliothèque nationale, disait que le *bombement* intérieur des volumes reliés empêchait d'exécuter commodément dans le fond les *fac-simile*. Il y a même telles pièces où l'écriture se perd dans le fond des volumes, et qu'on ne pourrait lire sans briser en deux le dos de ces livres. Ajoutez que les deux lettres de Montaigne, qui ont été retrouvées dans d'autres volumes de la même collection Dupuy, et qui sont sur feuilles doubles, n'ont pas été l'objet de plus de précautions. Elles ne sont pas non plus montées sur onglets, mais cousues directement comme le sont indistinctement toutes les pièces doubles du volume 712.

C'est ce dont MM. les membres du Tribunal pourront se convaincre, s'ils veulent bien se faire apporter ce volume 712 et les deux autres volumes de la collection des frères Dupuy. M. Feuillet de Conches attacherait un grand prix à ce que Messieurs voulussent bien, en présence de ses adversaires, lui accorder cinq minutes dans la Chambre du Conseil pour leur faire la démonstration de tout ce qui concerne l'état matériel du Montaigne en litige. Il apporterait des pièces de comparaison de personnages contemporains du grand philosophe du Périgord.

CONCLUSION.

Après ce rapide exposé, avions-nous tort de dire, en commençant cette partie de la discussion, que l'échafaudage de suppositions dressé à si grands frais d'invention par les adversaires de M. Feuillet, et qui, d'ailleurs, n'aurait pas résisté au faisceau de présomptions bien autrement puissantes que nous lui opposions, allait s'écrouler comme un château de cartes devant les seules preuves matérielles, preuves vivantes que nous ferions ressortir de l'état extérieur de la pièce?

En résumé, qu'a été la plaidoirie de nos adversaires? Rien qu'un tissu de diffamations et de calomnies qui étouffait le raisonnement. Ils disent dans le Mémoire signé *Naudet*, qui a été envoyé au défendeur par ce dernier au nom du Conservatoire de la Bibliothèque : « *La bonne foi de M. Feuillet est en cette affaire parfaitement établie;* » et ailleurs : « *Cela, hâtons-nous de le dire, prouve quelle confiance nous plaçons ici dans sa bonne foi.* » Et ce sont les mêmes hommes qui viennent audacieusement, à la faveur d'un procès civil dont ce Mémoire est la base, faire à M. Feuillet une sorte de procès criminel en attaquant sa probité, en lui jetant à la face l'accusation d'une vente personnelle qu'ils savent bien être celle d'un autre; d'une soustraction qu'ils savent bien être le fait prouvé d'un misérable inconnu, signalé, qui a échappé à leur vigilance! Ce sont les mêmes hommes qui viennent exhumer des profondeurs de l'affaire Libri tout ce qu'il y a de plus hideux pour en attribuer impudemment une édition nouvelle à celui dont ils ont reconnu si solennellement la bonne foi! Et certes, ce n'est pas pour le Tribunal que se distillent ces infamies; non, ils savent trop bien qu'elles ne sauraient égarer son austère conscience et sa haute sagesse; ces infamies sont à l'adresse du public. A défaut de raisons, des insultes; à défaut de succès, du bruit. On sent qu'on s'est compromis en un procès téméraire : il faut à tout prix faire du zèle pour se maintenir. Si l'on perd son procès devant les Juges, du moins l'aura-t-on gagné devant le scandale. — Et dire que toutes ces honteuses manœuvres sont pratiquées au nom de l'État dont on prostitue la sainte autorité!!! C'est ainsi que la discussion a dépassé de bien loin le procès civil : la propriété du Montaigne n'est plus désormais qu'une question secondaire : la vraie question pour M. Feuillet de Conches est la question d'honneur.

FEUILLET DE CONCHES.

L'absence de Me Chaix d'Est-Ange, actuellement à Lyon, a empêché qu'il ne signât cette note.

Extrait de la réplique de Me Chaix-d'Est-Ange.

Les plaidoiries et les conclusions du ministère public ont occupé quatre audiences. Le 5 février 1850, Me Marie, avocat de la Bibliothèque, a présenté ses moyens de revendication. Me Chaix-d'Est-Ange, avocat de M. Feuillet de Conches, a répondu le 7. Le 12, après que Me Marie eut été entendu dans sa réplique, Me Chaix s'est levé sur-le-champ, et a pris la parole en ces termes :

« Messieurs, notre adversaire, en terminant, a adressé à mon client un reproche que je tiens à relever. M. Feuillet de Conches, dit-il, se serait livré vis-à-vis des conservateurs de la Bibliothèque nationale à l'injure et à l'outrage. Ce fait n'est exact ni en dehors de cette audience, ni au sein même de cette audience. M. Feuillet n'a fait que se défendre, et a cherché seulement à montrer que la poursuite dirigée contre lui était une poursuite injuste et téméraire. Il a déclaré qu'il avait été attaqué sans avoir été entendu, avec légèreté et sans convenance. M. Feuillet l'a dit avec ardeur, avec amertume. Comment, du reste, pouvait-il en être autrement? Est-ce qu'il est possible de nous tromper sur l'intention, sur le sens du procès intenté contre M. Feuillet, et qu'à votre barre, tout à l'heure, l'adversaire appelait un petit procès? Est-ce que nous pouvons nous tromper, quand nous entendons l'adversaire s'écrier : « Je n'ai pas besoin de prouver que M. Feuillet est un voleur? » En effet, il se dispensait de le prouver; mais il ne se dispensait pas de le faire entendre, car il affectait de le mettre en regard de je ne sais quels racoleurs et regrattiers d'autographes, il affectait aussi de le mettre en regard de M. Libri, qui a été condamné par la cour d'assises; il le faisait entrer dans ce qu'il nommait le gros de l'armée des amateurs, qu'avec urbanité il traitait tous de spoliateurs audacieux. Et puis il tonnait contre « les possessions mystérieuses, contre les collections récemment enrichies qui s'accommodaient fort du silence et de l'obscurité. » Et tout cela à propos des collections trentenaires de M. Feuillet de Conches, qui ont été ouvertes avec tant de libéralité à tout venant!

« Entre honnêtes gens, de pareilles insinuations ne s'acceptent pas de sang-froid. Celui-là qui demeurerait timidement placide en présence d'une agression aussi insultante serait l'objet de mon mépris. Oui, quand on est traduit à la barre par les agents d'une administration puissante qui viennent vous dire : « Je me dispenserai de prouver que vous êtes un voleur; mais je dirai à tout le monde que vous en êtes un, » il me semble qu'on a le droit de répondre avec ardeur et amertume. Et n'eussé-je pas eu ce droit, est-ce que la péroraison de mon adversaire ne me l'eût pas donné!

« Le voilà donc enfin prononcé dès l'abord le mot de ce procès, dont la réclamation de la lettre de Montaigne n'était que le prétexte! Le motif, on l'a dit, on ne saurait plus s'en dédire, c'est la guerre sainte que vous commencez par mon client, la guerre sainte que vous venez de proclamer, du haut de cette barre, contre tous les possesseurs de ces belles collections, dont la richesse, et surtout le bon ordre, excitent votre jalousie et allument votre haine. *La guerre sainte!* mais c'est la guerre des Arabes et des Bédouins contre la civilisation; c'est la guerre qui procède par la razzia et l'assassinat. La razzia, vos clients l'ont tentée contre M. Feuillet, en sollicitant une invasion dans son foyer domestique pendant son absence; l'assassinat moral, qui ne vaut pas mieux que l'autre, il n'a pas tenu à eux tout à l'heure qu'il ne fût consommé avec la plus odieuse préméditation, car ils savaient, et je le prouverai en deux paroles, que tout l'ensemble de leurs articulations était faux, notoirement faux.

« Notre adversaire nous disait, il n'y a qu'un instant : « Est-ce qu'il s'est agi jamais d'une invasion chez M. Feuillet de Conches? » Non, grâce au ciel; mais ce n'est pas l'intention qui a manqué. Trois fois, pendant son absence, vous avez sollicité avec ardeur, avec passion, avec acharnement, l'exécution de cette mesure odieuse. Vous en avez fatigué, harcelé le magistrat. Pour la justifier et jeter dans votre parti de véritables gens de bien en prévenant leur bonne foi, vous avez sous main accumulé diffamations sur calomnies, calomnies sur diffamations; vous avez dit avec audace : « Il est en fuite! » quand il était à l'étranger, en mission diplomatique. Mais vous n'aviez pu recueillir aucune preuve; mais vos attaques tombaient à plat d'elles-mêmes; mais vos accusations se sont évanouies; la Justice, indignée, a reconnu que vous tentiez déloyalement à susciter une affaire criminelle pour venir en aide à l'affaire civile, et l'instruction suivie sur votre honteuse plainte anonyme vous a constitué en état de diffamation et de mensonge.

« Il y avait une explication toute simple, et nous l'avons donnée. Vous parlez de vente d'autographes : nous avons beaucoup acheté et échangé, jamais vendu. Cette vente de 1847, que vous nous imputez, et où vous dites qu'il se trouvait des pièces volées à la Bibliothèque (ce que, par parenthèse, il faudrait prouver, car vous affirmez hardiment et ne prouvez rien, comme si nous étions forcé de nous en rapporter à vous), vous savez bien que cette vente n'est point nôtre; vous savez bien que la collection émanait d'un homme mort tout récemment au service de la France, du marquis de Châteaugiron, dont la mémoire n'a pas besoin d'être défendue. Encore une fois, ce n'est pas nous qui étions propriétaire de ces pièces. Voilà toutes les preuves, voilà toutes les listes, voilà toute la correspondance. Eh bien! en dépit de tout cela, la Bibliothèque s'en vient résolûment, en face du public, suscitant les passions publiques, à la barre de ce Tribunal; elle vient et ose dire que c'est notre collection! Notre collection, acquise honnêtement, au clair soleil, demeure et demeurera intacte et entière, en dépit de vous, parce que tel est notre plaisir, parce que tel est notre droit.

« Ce n'est pas tout. Une lettre de Malherbe avait été prise, en 1838, à la Bibliothèque; on le savait à merveille, car c'était un malheur qui s'était passé publiquement. Vous rappelez-vous ce qu'à ce sujet a dit notre adversaire? Vous devez en avoir l'esprit frappé. Il a dit : « On a volé dans le tome II de Peiresc le numéro 63. M. Paulin-Pâris, conservateur, l'a écrit sur le volume même, au mois de novembre. Eh bien! l'on a prêté le manuscrit dans ce même mois à M. Feuillet. » Quand on sait comment la chose s'est passée, est-il possible qu'il y ait des gens, qui doivent être honnêtes et impartiaux, qui aient le cœur de venir vous accuser d'un fait pareil, dont ils ont une parfaite connaissance! Oui, la lettre avait été volée, mais dans les premiers jours de novembre 1838, et ce n'est que le 17 du même mois que le volume a été prêté à M. Feuillet, quand déjà la note de M. Pâris était inscrite. Il y a mieux : cette lettre, volée publiquement par un inconnu, presque devant vous, a été mise en vente par l'expert Laverdet. Eh bien! savez-vous ce qu'a fait mon client, qui est à l'affût de toutes ces ventes? Il a reconnu à merveille, pour avoir beaucoup étudié la correspondance de Malherbe, que cette lettre était la lettre de la Bibliothèque; il en a averti M. Pâris; M. Pâris en a averti M. Hauréau, et en même temps M. Feuillet a prévenu le propriétaire de la lettre, qui l'avait achetée de bonne foi, M. Genty de Bussy, le plus loyal des hommes, dont on taisait le nom pour laisser en relief le vol et faire planer obscurément le soupçon sur mon client. C'est donc au double avertissement donné par lui que la Bibliothèque doit d'avoir recouvré une lettre que vos perfides insinuations nous accusaient, au contraire, d'avoir détournée; et c'est ce M. Hauréau, averti par son collègue et son ancien, M. Paulin-Pâris, c'est ce M. Hauréau qui, par l'organe de son docile instrument, M. Naudet, ose réclamer contre nous!

« Il y aussi une lettre de Gabriel Naudé dont on a jeté grande clameur, bien qu'elle valût au plus *cinq à six francs*, et qui aurait disparu je ne sais à quelle époque pour reparaître en 1847, toujours dans une vente de M. Feuillet. Mensonge nouveau! M. Feuillet n'a jamais vendu, et sa prétendue vente était encore la même et unique vente de Châteaugiron, que l'on divise et subdivise pour faire plus d'effet, que l'on divise et subdivise pour se donner l'occasion de noircir gratuitement M. Feuillet avec je ne sais quelles ordures renouvelées du procès Libri. Le curieux, c'est que la Bibliothèque réclame encore aujourd'hui cette lettre, qui lui a été rendue il y a dix-huit mois, non, comme le prétend l'adversaire, par M. Feuillet qui n'avait rien à faire avec tout cela, mais par un libraire qui avait acheté la pièce à la vente Châteaugiron. Toujours du bruit au lieu d'arguments!

Et toi, loup, tu te plains, quoiqu'on ne t'ait rien pris!

« Que vient-on ensuite chercher perfidement à égarer la raison publique en nous parlant de manuscrits prêtés, dit-on, en dehors de la Bibliothèque à mon client, contre les prescriptions des règlements de cette bibliothèque, quand il est incontestable entre toutes choses incontestables que toute personne connue jouissait, avant 1848, et jouit encore (aujourd'hui avec plus de restriction) de ce privilége, sur reçu inscrit au livre de prêts, sur vérification à la sortie, vérification à la rentrée? Que des détournements aient pu être commis avant et depuis ces prêts, rien de plus présumable par les désordres qui règnent à la Bibliothèque; mais il faut une dose de courage peu commune pour oser, par insinuation, rendre de préférence M. Feuillet responsable des pertes subies dans des livres à lui prêtés, sous ces mêmes conditions de vérification, il y a dix ou quinze ans. Est-ce qu'avant comme depuis, ils n'ont pas été prêtés à cent autres, soit au dehors, soit dans la salle de lecture du Cabinet des manuscrits? En vérité, le ridicule ici le dispute à l'odieux.

« Mais, avant de poursuivre, je vous le demande tout d'abord, est-ce bien le défenseur de la Bibliothèque nationale que vous venez d'entendre? En vérité, c'est à ne pas le croire, et je serais tenté de récuser le témoignage de mes oreilles. Voilà deux heures entières employées à quoi? A plaider la question du procès? Non. A prouver la seule chose qui dût y être prouvée, c'est-à-dire le droit de propriété de la Bibliothèque? Pas davantage; mais à nous réciter par le menu l'affaire Libri, avec laquelle notre affaire civile n'a pas le moindre rapport; mais à déverser sur M. Feuillet, sous la forme perfide et commode de l'insinuation et de l'hypothèse, les calomnies les plus ignobles, mais heureusement aussi les plus ridicules.

« Ai-je tort de m'exprimer ainsi, et serais-je, en ce moment, dans cet état d'hallucination où la préoccupation de sa cause pourrait jeter un défenseur? Non, Messieurs, je veux combattre mes adversaires sur leur terrain, avec leurs propres armes; je veux en appeler de la Bibliothèque ivre à la Bibliothèque de sang-froid ; je veux vous citer ces paroles textuelles extraites du Mémoire qu'elle a rédigé pour la cause, rien que pour la cause, et qu'elle a envoyé à M. Feuillet de Conches, le 28 février dernier : « *La bonne foi de M. Feuillet est, en cette affaire, parfaitement établie.* » Et ailleurs : « *Tout cela, hâtons-nous de le dire, prouve quelle confiance nous plaçons ici dans sa bonne foi.* » Or, ces paroles ne sont pas des paroles polies d'indifférents, ce sont des vérités que la force même des choses arrache à des adversaires. Eh bien! n'avais-je pas raison de dire qu'il y avait de quoi demeurer confondu devant leur nouveau langage?

« D'où vient cette différence? Est-ce que, depuis la rédaction du mémoire, avant les vacances, quelque changement serait survenu dans la cause? Est-ce que la Bibliothèque aurait fait quelque découverte à la charge de M. Feuillet? Pas le moins du monde. Voici l'explication de ce mystère : Au début du procès, c'était l'administration de la Bibliothèque, représentée par tous les conservateurs, qui parlait. Elle pouvait se tromper dans l'appréciation de ses droits et de ses devoirs; mais elle connaissait de longue date son adversaire, et le traitait avec les égards dus à son caractère. Aujourd'hui ce sont MM. Naudet et Hauréau, ou, pour parler plus juste, c'est M. Hauréau, l'écrivain politique que vous savez, l'Homère de ce terrible Olympe qu'on appelle la Montagne, dont les rancunes viennent se faire jour et déborder dans cette audience. Et pourquoi donc tant de colère et de mensonges? Parce que, vers la fin d'août, quelques journaux de l'opinion modérée ont remis en lumière plusieurs des principaux passages de ce livre qui a nom *la Montagne*, et en s'étonnant que la Révolution de 1848 se fût montrée assez ingrate envers l'auteur pour se borner à l'improviser connaisseur en manuscrits et le gratifier du plus haut poste littéraire de France.

« M. Hauréau soupçonna, bien à tort, que les attaques pourraient venir de mon client, et la colère, toujours mauvaise conseillère, lui souffla tout ce que l'organe de la Bibliothèque est venu répandre d'audacieuses diffamations à cette audience. Moi-même, ici, vendredi dernier, j'ai ouvert ce livre de M. Hauréau, j'en ai lu quelques phrases, et à ce propos on vient de crier à la délation et à la calomnie. J'ai lu, et j'ai eu tort, car la boue et le sang me font horreur. Mais c'était un argument de ma cause, non une vengeance de ma cause et une indigne dénonciation. En vérité, il faut que j'aie été bien maladroit, bien mal inspiré pour ne pas m'être fait comprendre par mon adversaire sur une question aussi simple que la question de date. « La date de la publication de la *Galerie française*, s'écrie l'adversaire, pour se livrer à un mouvement d'éloquence, la date! Eh qu'importe? de quel intérêt peut-elle être dans le procès? » Quoi! vous ne comprenez pas l'intérêt de la date, et j'en suis réduit à vous le faire toucher du doigt! mais c'est d'un intérêt décisif! La Bibliothèque le sentait si bien, qu'elle en avait fait un de ses arguments favoris dans son fameux rapport, communiqué à M. Feuillet. En effet, si la lettre n'eût été copiée qu'en 1821, comme vous le disiez, nous aurions fait un conte en nous prétendant propriétaire depuis 1820. Mais cela n'est pas : nous vous avons prouvé que la publication de cette *Galerie française* était antérieure à 1821, et nos preuves irrésistibles et inexpugnables sont sorties de la double date de ce livre homicide de *la Montagne*, que nous avions d'autant mieux le droit de citer qu'il n'est point aujourd'hui désavoué par l'auteur.

« Ce livre, d'ailleurs, est public ; il appartient à tout le monde. M. Hauréau a trop de modestie ; ce n'est pas un ouvrage dont on ne parle point.

On en parle beaucoup, au contraire. L'autre jour encore un de mes confrères du barreau le commentait en pleine audience correctionnelle, et un gros livre avec nom d'auteur en parlait compendieusement. C'est un ouvrage qui ne sortira pas des bibliothèques, que j'ai acheté pour les besoins de la mienne, et ferai relier avec soin comme un témoin des délires de notre époque.

« Ainsi donc, si vous n'avez pas procédé par l'invasion du domicile de M. Feuillet, c'est que les agents judiciaires vous en ont empêché. Une chose vous ôtait le sommeil, c'était le besoin de raffermir votre position, peut-être ébranlée, et pour cela de faire du zèle à tout prix aux dépens d'un des premiers collecteurs et connaisseurs en matière de documents historiques. »

Me Chaix reprend les arguments de sa première plaidoirie. « Mes adversaires, ajoute-t-il, soutiennent que dès le moment que la lettre de Montaigne était portée, au livre de la *Galerie française*, comme adressée à Du Puy, elle doit forcément avoir appartenu à la collection des deux frères de ce nom. Mais des lettres à Du Puy, il y en a partout, dans les collections publiques et particulières : à Paris, à Carpentras, à Rome, à Londres. Là sont des lettres de Gabriel Naudé à Du Puy, de Muret à Du Puy, de Reboul à Du Puy, de Pithou à Du Puy, de Saumaise à Du Puy, de Reneaulme à Du Puy, etc., etc. Est-ce que par hasard, d'après la théorie de nos adversaires, la Bibliothèque serait en droit de venir dire à toutes les bibliothèques de France qui posséderaient des malles de lettres où s'en trouverait une adressée à Du Puy : « Voilà une lettre : *elle doit être à nous!* »

Me Chaix rappelle ensuite le témoignage de M. Duchesne aîné, conservateur à la Bibliothèque nationale, et il éclaircit ce qu'on peut entendre par l'unanimité prétendue du Conservatoire de la Bibliothèque pour les poursuites contre M. Feuillet de Conches à propos du Montaigne. « Là comme ailleurs, la majorité fait loi, et la minorité eût signé contre son propre avis. Il y a eu protestation. »

Il rappelle ensuite le témoignage des deux brochures du docteur Payen, et il relève le caractère de ce savant, qui a été conséquent avec lui-même dans ses deux écrits.

A cette objection de Me Marie que les arguments présentés par la Bibliothèque sont complexes, indissolubles et se soutiennent l'un par l'autre, Me Chaix répond qu'il n'a nul goût à venir jouer dans le débat le rôle d'Horace ou de Curiace, et qu'en définitive, il ne connaît qu'une méthode de combattre un argument, c'est de l'isoler et de le prendre corps à corps, et qu'après tout, cent mauvaises raisons n'en sauraient faire une bonne, comme, en grammaire, deux négations valent une affirmation.

Me Chaix s'attache enfin, comme intérêt principal et décisif du procès, à établir la pureté de la pièce de Montaigne, qui n'a jamais été touchée par l'aiguille du relieur. « Or, dit-il, la collection Du Puy est entrée en 1754 toute reliée sur les rayons de la Bibliothèque; nulle pièce n'y est restée à l'état de feuille volante. La nôtre n'a jamais été reliée, donc elle n'a jamais appartenu au Cabinet des Manuscrits. »

Il termine ainsi :

« J'en reviens au procès.

« Non, non, Messieurs, ce n'est pas pour nous un petit procès, mais un énorme procès. On ne peut pas se dissimuler qu'après toutes les imputations que nos adversaires ont jetées au travers de la revendication civile, la considération de M. Feuillet de Conches ne soit en jeu. Quelques grandes qualités qu'imposent pour conditions à leurs principaux agents les autres administrations publiques, celle des Affaires étrangères est celle qui exige des siens la délicatesse la plus irréprochable, à cause des graves intérêts déposés dans leurs mains, à cause des hauts personnages avec lesquels ils sont appelés à traiter. M. Feuillet de Conches, dans l'exercice de ses fonctions, s'est concilié l'estime des chefs éminents que les vicissitudes politiques ont successivement placés à la tête de ce département. Nos adversaires, il est vrai, n'attaquent pas en général la délicatesse incontestée de M. Feuillet; mais, abusant d'un préjugé absurde dont ils sont les ardents propagateurs, et qui dit que tout collecteur est un voleur, ils insinuent avec perfidie, avec persistance que, comme collecteur, il a bien pu oublier les principes d'une probité sévère. Toute la colère légitime de mon client se soulève avec la mienne contre cette odieuse imputation, car pour lui comme pour moi, il n'est point deux sortes de probité. Arrière donc toutes ces insinuations, toutes ces diffamations calomnieuses!

« A côté du travail est l'heure du repos. Eh bien! M. Feuillet a passé, depuis plus de trente années, ces heures de délassement à dépenser ce qu'il gagnait, ce qu'il possédait, pour se composer une fortune intellectuelle et vivre avec les personnages des temps expirés. Moi-même je l'ai vu dans des ventes acheter à des prix que je trouvais exorbitants le bonheur de posséder quelques pensées échappées à ces personnages. Il est arrivé ainsi, à force de persévérance et de savoir, à se former une collection magnifique, classée dans un ordre admirable et enviée par la Bibliothèque nationale. Ce sont là de nobles loisirs, de belles occupations pour ceux qui ont un peu de cœur et qui aiment à vivre avec les anciens. Comme lui, il faut vivre avec eux, non pas seulement dans l'histoire, qui est une lettre morte; non pas seulement dans les mémoires, où ils sont, il est vrai, moins habillés et moins solennels, mais où ils se parent encore : il faut vivre dans leur intimité, il faut les voir en déshabillé dans leur correspondance.

« Ce sont là des jouissances que tout le monde ne sent pas. Il faut cependant tressaillir quand on a dans la main une lettre de Henri IV datée du camp d'Ivry, ou une lettre de Napoléon annonçant le succès de Marengo, ou bien le double du testament de Louis XVI, titre de famille pour la France, égaré en Hongrie et rendu à notre pays par la courageuse persévérance de M. Feuillet. Il faut tressaillir quand on tient les lettres de la noble Marie-Antoinette, teintes du sang de la princesse de Lamballe; il faut tressaillir encore quand on tient des correspondances d'une autre nature, des lettres tendres, passionnées, ardentes des personnages les plus célèbres. Ce sont là, encore une fois, de nobles jouissances. Il ne faut pas que la Bibliothèque les combatte, les affaiblisse; il ne faut pas que le désespoir de trouver des gens qui sont plus soigneux qu'elle de ces richesses, qui les recherchent avec bonne foi, les possèdent avec passion, les mettent en relief avec honneur, l'entraîne non pas à de justes accusations que son devoir serait de soutenir, mais à des insinuations qui sont toujours une arme détestable, et dont une grande administration ne doit jamais se rendre coupable. »

Conclusions du ministère public.

(Voir la *Gazette des Tribunaux* et *le Droit.*)

Le 19, M. Gouget, avocat de la république, a donné ses conclusions. Il a exprimé d'abord le regret que la discussion ait été entraînée en dehors de l'affaire civile, qui fait l'objet véritable du procès. On a eu le tort d'essayer à transformer en affaire criminelle ce qui n'y avait pas le moindre trait. Jamais nulle action n'a été suivie contre M. Feuillet de Conches à propos des autographes dont on a parlé, jamais il n'a été inculpé. Il y a eu, sur la réclamation de la Bibliothèque nationale, une instruction, mais *contre inconnu*, touchant une vente de mars 1847. Dans cette instruction, M. Feuillet de Conches a été entendu comme témoin, rien de plus. En résumé, aucun soupçon, aucun indice ne permet de suspecter sa bonne foi, soit dans l'affaire du Montaigne, soit dans cette vente de mars 1847, qui était une vente de M. de Châteaugiron, mort récemment consul à Nice. Les preuves de ce fait ressortent d'une manière éclatante de l'instruction. Il en est de même de l'imputation relative à une lettre de Malherbe, que M. Feuillet de Conches a fait rentrer au Cabinet des manuscrits, loin de l'en avoir détournée. Après ce témoignage, solennellement rendu à la loyauté de M. Feuillet, M. Goujet passe en revue les motifs qui lui font penser que la lettre de Montaigne a dû, à une époque quelconque, avoir appartenu à la Bibliothèque, et conclut à ce qu'elle y soit réintégrée.

Contrairement à ces conclusions, le Tribunal, qui avait renvoyé l'affaire à huitaine, a rendu le jugement suivant le 26 février :

JUGEMENT.

« Attendu qu'il s'agit de savoir si la lettre que possède Feuillet de Conches a appartenu à la Bibliothèque nationale ;

« Que la prescription n'est pas invoquée par Feuillet de Conches ; qu'il n'y a pas lieu, en conséquence, de s'y arrêter ;

« Mais, qu'au fond, le Tribunal doit puiser ses raisons de décider dans les règles ordinaires du droit, quelle que soit la nature exceptionnelle du procès ;

« Attendu que Feuillet de Conches est depuis de nombreuses années en possession de la lettre dont il s'agit; que sa bonne foi a été reconnue, et qu'en effet les démarches faites par lui, en 1837, pour s'éclairer sur la légitimité de sa possession, ne permettent pas de suspecter sa loyauté ;

« Que le demandeur, pour établir que la lettre est la propriété de la Bibliothèque nationale, s'appuie sur un passage de l'ouvrage de Gouget et sur les catalogues de la collection Du Puy ;

« Que si ces éléments de la demande expliquent l'action intentée, il s'agit de savoir quelle doit être leur valeur aux yeux du juge ;

« Attendu qu'en admettant que la Bibliothèque n'ait pas pu se procurer une preuve littérale de la propriété de la lettre, et qu'ainsi la preuve testimoniale puisse être invoquée, aux termes de l'article 1348 du Code civil, on ne saurait prétendre, en droit, que le passage de l'ouvrage de Gouget soit l'équivalent d'une enquête ;

« Que Gouget n'a pas même eu pour objet de démontrer que la lettre appartenait à la Bibliothèque ; que ce qu'il dit n'est ainsi qu'une simple énonciation, et non pas une affirmation faite dans un but déterminé ;

« Que l'inexactitude du titre qu'il donne au volume dans lequel, suivant lui, la lettre aurait existé, prouve qu'il n'avait pas ce volume sous les yeux quand il écrivait ; qu'il a donc écrit de souvenir d'une part et de l'autre, sans aucune intention spéciale d'indiquer la Bibliothèque comme étant le lieu certain dans lequel la lettre était déposée, ce qui, même moralement et indépendamment de tout ce qui est produit en sens contraire, ne permet pas d'attacher, pour la cause actuelle, au passage émané de lui une sérieuse importance ;

« Attendu enfin que les Tribunaux ne sauraient, dans les matières ordinaires, accueillir la moindre demande, mobilière ou immobilière, sur l'autorité d'une énonciation contenue dans un ouvrage publié par un tiers, et qu'il n'existe aucun motif pour admettre dans la cause une règle qui serait repoussée dans toute autre ;

« Attendu, quant aux catalogues, qu'ils ne fournissent sur la difficulté aucun document positif ; que la lettre dont il s'agit n'y est point nommément désignée ; que le nom de Montaigne y est écrit sans *i*, quoique l'*i* appartienne à l'orthographe connue du nom de l'auteur des *Essais;*

« Qu'on ne peut ainsi savoir si la lettre ou les lettres qui manquent au volume 712 de la collection Du Puy provenaient plutôt de Montaigne que d'un sieur de Montagne, ou d'un sieur de Montagu (qu'on a pu écrire Montague), noms qui ont appartenu à des personnages de distinction ;

« Attendu, au surplus, que l'état matériel de la lettre donne la conviction que cette lettre n'a jamais fait partie d'une collection reliée, ce qui suffirait pour démontrer qu'elle n'a pas appartenu à la Bibliothèque ;

« Déclare Naudet non recevable en sa demande et le condamne aux dépens. »

La conclusion de tout ceci n'est-elle pas :

MUCH ADO ABOUT NOTHING,

que le bon sens français traduit par le proverbe : *Beaucoup de bruit pour rien?* En effet, l'administration de la Bibliothèque s'est épuisée en ardents efforts pour ameuter l'opinion contre un amateur qui n'en pouvait mais; elle a fatigué la patience des juges et l'attention du public; elle aura fait perdre au Trésor national, c'est-à-dire aux contribuables, plus de 2,500 francs, tant en frais et dépens de procédure qu'en plaidoiries et moyens extraordinaires de publicité pour répandre plus loin les diffamations lancées par son avocat, à l'audience du 12, dans un intérêt de haines privées; enfin, elle aura conclu contre M. Feuillet à la somme dérisoire de 20,000 fr. de dommages et intérêts, le tout pour perdre honteusement le procès qu'elle a intenté au sujet d'une pièce de Montaigne dont elle avait reconnu formellement que la *possession* par lui était de bonne foi, et dont enfin la valeur, dans une vente publique, ne dépasserait pas *cent* à *deux cents francs!!!*

TABLE DES MATIÈRES.

CORRECTIONS ET ADDITIONS.

Page 4, ligne 3, au lieu de : père *de* deux frères, lisez : des deux frères.

Ib. Mot coupé à la ligne 13 et fini à la ligne 16 de la note, au lieu de : *Ri-ault*, lisez : Rigault.

Page 8, ligne 4 de la note, au lieu de : *Charon*, lisez : Charron.

Page 10, ligne 4 de la note, au lieu de : *irruption*, lisez : invasion.

Page 11, ligne 11, au lieu de : *Ronsart*, lisez : Ronsard.

Page 13, ligne 5 de la note, au lieu de : *Gabriel Naudet*, lisez : Gabriel Naudé.

Page 20, ligne 20, au lieu de : *recollement*, lisez : récolement.

Page 23, ligne 3, au lieu de : *que*, lisez : qui.

— ligne 8, au lieu de : *Paris*, 17 *mars*, lisez : 7 mars.

Page 29, ligne 1, au lieu de : *Poscentes nimium diversa*, lisez : Poscentes vario multum diversa.

Page 30, ligne 21, au lieu de : *de Lamarre*, lisez : Philibert de La Mare.

Page 34, ligne 16, mettez deux points après le mot *volumes*.

Page 38, dernière ligne de la note, au lieu de : *la direction inhabile de M. Naudet*, lisez : l'habile direction.

Page 46, ligne 17, au lieu de : *Honorat de Breuil*, lisez : de Beuil.

Page 51, ajoutez à la note : Je ne suis pas le seul qui me sois occupé de cette fautive publication de Blaise : M. Bazin en a relevé minutieusement toutes les erreurs dans son exemplaire, comme je l'ai fait dans le mien, d'après les lettres originales. Un certain nombre de documents précieux existant dans cette correspondance de Peiresc avait été omis par Blaise ; M. Parelle a eu la pensée d'en ajouter quelques-uns à son édition de Malherbe, dans la collection des Classiques de Lefèvre; mais, malheureusement, son copiste n'avait pas beaucoup mieux lu que le copiste de Blaize. Est venu enfin un fort savant homme, M. Miller, qui a rendu le service de donner avec une merveilleuse exactitude le texte de tout ce que les manuscrits de Peiresc à la Bibliothèque nationale pouvaient fournir d'inédit. Ce travail intéressant, consigné au numéro de mars 1841, de la *Revue de Bibliographie analytique*, mériterait d'être reproduit, car il contient en outre de belles lettres du poëte puisées à d'autres sources jusque-là inconnues.

Page 52, ligne 13, au lieu de : *on prend une tenture*, lisez : on pend.

— ligne 20, au lieu de : *des repos*, lisez : des repas.

Page 66, ligne 27, au lieu de : *en 1849, d'un ouvrage daté de 1850*, lisez : en 1838, d'un ouvrage daté de 1839.

Page 67, ligne 19, au lieu de : *Fouquier-Thinville*, lisez : Fouquier-Tinville.

— au lieu de : *le libraire Bréauté, passage Colbert*, lisez : passage Choiseul.

Page 79, ligne 3 de la note, au lieu de : *lettres de Dupuy*, lisez : lettres de Malherbe.

Page 80, ligne 8, *Lettres de M. de Saumaise à MM. Dupuy*, ajoutez : depuis l'an 1617 jusqu'en l'année 1639.

Page 91, ligne 30, au lieu de : *antérieur à 1820*, lisez : à 1828.

Page 122, ligne 18, ajoutez : L'acquisition fut faite par M. Hase, conservateur des manuscrits grecs.

Il ne s'agissait là que d'archives étrangères, mais les scrupules n'arrêtent pas davantage la Bibliothèque nationale quand nos propres archives sont en jeu. C'est ainsi qu'elle a acheté des héritiers du procureur général au Parlement de Paris, Joly de Fleury, des parchemins précieux qui appartenaient à ces archives, entre autres un *Registre du Trésor des Chartes*, dont le procureur général avait eu communication en vertu de sa charge, et dont la propriété ne pouvait se prescrire entre ses mains. C'est ainsi encore que la Bibliothèque a acheté plusieurs autres manuscrits, et particulièrement le *Compte des dépenses faites par le roi Jean pendant sa captivité en Angleterre*, comptes volés, sous la Restauration, dans les cartons de la série K des Archives nationales, et qui portaient et portent encore des traces évidentes de ses timbres effacés; spoliations incroyables contre lesquelles les Archives n'ont fait que de vaines protestations.

Page 173, avant-dernière ligne, au lieu : *et que, dans les deux cas*, lisez : et dès lors il s'ensuivrait que, dans les deux cas.

TABLE DES MATIÈRES.

Mons

Monsieur d
en sa ... de p

Monsieur

Monsieur du Puy conseiller du Roy en sa c^t de parl^t de Paris

A Agen

+

Monsieur laction dair de uerres prisonnier qui
merite bestiren comme merite quid son iugemant
nous aporter nostre douceur naturelle si en
cause du monde nous la pouues iustement aporter
Il a faict chose non seulemant excusable selon
les loix militeres de ce siecle mais necessere
et come nous iuges louable Et la faict sans
q'il luy fust presse et contre le reste du corps
de faire rien de reprochable Je vous supplie
monsieur y aplier vostre attantion vous trouueres
laction de ce faict tel que ie vous le represante qui
en poursuiuie par une voie plus malicieuse que iuste
laude [illegible] Si cela y peut auoir faueur ie vous
ueus dire que c'est un home nouri en ma maison
apparanté de plusieurs honestes familles et sur tout
qui a tousiours vescu honorablemant et innocemant
qui m'est fort ami En le sauuant vous me
chargeres d'une extreme obligation ie vous
supplie bien humblemant l'auoir pour recomandé
et apres vous auoir baisé les mains prie dieu
vous doner

Monsieur longue et heureuse vie Du castera
ce 23 dauril

Vostre affectioné
seruiteur Montaigne

ERRATA.

Page 4, ligne 3, au lieu de : père *de* deux frères, lisez : des deux frères.

Ib. Mot coupé à la ligne 15 et fini à la ligne 16 de la note, au lieu de : *Ri-ault*, lisez : Rigault.

Page 8, ligne 4 de la note, au lieu de : *Charon*, lisez : Charron.

Page 10, ligne 4 de la note, au lieu de : *irruption*, lisez : invasion.

Page 11, ligne 11, au lieu de : *Ronsart*, lisez : Ronsard.

Page 13, ligne 5 de la note, au lieu de : *Gabriel Naudet*, lisez : Gabriel Naudé.

Page 20, ligne 20, au lieu de : *recollement*, lisez : récolement.

Page 23, ligne 3, au lieu de : *que*, lisez : qui.

Page 29, ligne 1, au lieu de : *Poscentes nimium diversa*, lisez : Poscentes vario multum diversa.

Page 30, ligne 21, au lieu de : *de Lamarre*, lisez : Philibert de La Mare.

Page 34, ligne 16, mettez deux points après le mot *volumes*.

Page 46, ligne 17, au lieu de : *Honorat de Breuil*, lisez : de Beuil.

Page 52, ligne 13, au lieu de : *on prend une tenture*, lisez : on pend.

— ligne 20, au lieu de : *des repos*, lisez : des repas.

Page 67, ligne 19, au lieu de : *Fouquier-Thinville*, lisez : Fouquier-Tinville.

Page 79, ligne 3 de la note, au lieu de : *lettres de Dupuy*, lisez : lettres de Malherbe.

Page 80, ligne 8, *Lettres de M. de Saumaise à MM. Dupuy*, ajoutez : depuis l'an 1617 jusqu'en l'année 1639.

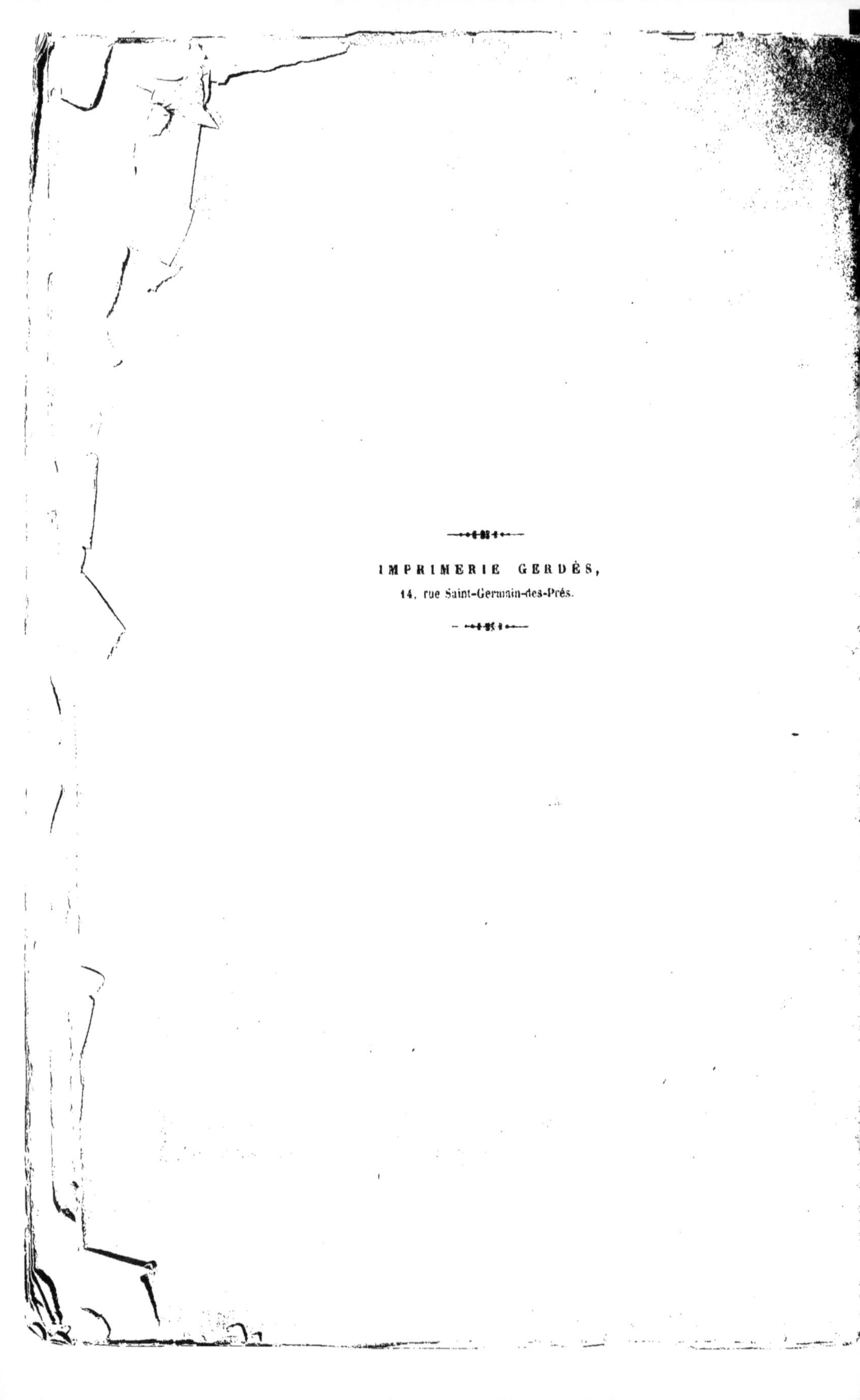

IMPRIMERIE GERDÈS,
14, rue Saint-Germain-des-Prés.

www.ingramcontent.com/pod-product-compliance
Ingram Content Group UK Ltd.
Pitfield, Milton Keynes, MK11 3LW, UK
UKHW020552180726
13838UKWH00001B/194